Andreas Korte

Das Geheimnis der Kornkreisessenzen

Andreas Korte

Das Geheimnis der Kornkreisessenzen

Geistkirch

ISBN 978-3-938889-97-8

www.geistkirch.de

1. Auflage 2010

Verlag: Geistkirch-Verlag, Saarbrücken
Titelfoto: Frank Laumen, Leverkusen
Titelgestaltung: Florian Brunner, Saarbrücken
Satz und Layout: Harald Hoos, Landau
Druck: abcdruck GmbH, Heidelberg

Inhalt

Vorwort

Wenn man im Lexikon unter der Worterklärung für »Pionier« nachschaut, dann findet man dort Begriffe wie: »Wegbereiter, Vorkämpfer, Bahnbrecher«.

Da ich den Autor des Ihnen nun vorliegenden Buches, Andreas Korte, nun schon seit einigen Jahren gut kenne und mit ihm, was Kornkreise betrifft, schon zusammenarbeiten konnte, kann ich in diesem Falle in vollem Maße bestätigen, dass der Begriff »Pionier« auf Andreas Korte und sein Lebenswerk in jedem Falle zutrifft. Die Grundlagenarbeit, die Andreas Korte in den letzten 20 Jahren geleistet hat, verdient grössten Respekt und grösste Anerkennung.

Der volle Umfang der Grundlagenarbeit von Andreas Korte wird erst in späteren Jahrzehnten – und späteren Jahrhunderten – in seiner ganzen Tiefe erkannt werden und in seinem vollen Maße zur Geltung kommen.

Warum kann man Andreas Korte einen Pionier nennen?

Andreas Korte hat seine Arbeit auf den Grundlagenforschungen von Dr. Edward Bach, dem Entwickler der so genannten »Bachblütentherapie«, aufgebaut – und in vollem Maße weiter entwickelt. Er blieb nicht stehen bei der Erforschung der Heilkräfte der Blüten, sondern er geht bis heute weit darüber hinaus und arbeitet mit verschiedenen, von ihm nach einem bestimmten Verfahren selbst hergestellten Edelstein-Essenzen, Tier-Essenzen wie zum Beispiel Wale und Delphine, aber auch mit sogenannten Kornkreis-Essenzen. Niemand ist auf diesem Forschungsgebiet so weit fortgeschritten wie Andreas Korte.

Gegen jede Konvention und entgegen jedem Vorurteil über die inzwischen weltweit auftretenden Kornkreise hat er sich dieser Thematik gewidmet und in den 90er Jahren damit begonnen, Essenzen aus Kornkreisen zu entwickeln. Hierbei ist es ihm gelungen, diese wertvollen und einzigartigen energetischen und geometrischen Informationen der jeweiligen Kornkreise zu speichern und für die Nachwelt zu erhalten.

Da ich selbst seit 1991 im privaten Bereich Kornkreisforscher bin und daher die Wirkung der Kornkreise vor Ort auf Mensch, Tier und Umwelt sehr gut kenne, kann ich an dieser Stelle bestätigen, dass Andreas Korte es geschafft hat, einen Weg zu finden, die Gesamtheit aller Informationen eines Kornkreises als Essenz zu speichern und zu konservieren. Ich kann daher aus persönlicher Sicht ganz sicher sagen: ob Sie einen Kornkreis vor Ort besuchen und die ungewöhnliche Qualität dieser »Tempel für einen Sommer« persönlich erfahren haben – oder ob Sie einmal in den Genuss gekommen sind, die Wirkung der Kornkreis-Essenzen von Andreas Korte zu spüren und zu erleben, die Wirkungen kann ich voll und ganz bestätigen.

Das reine, ursprüngliche und bereits uralte Phänomen der Kornkreise hat erst einmal entgegen aller Unkenrufe nichts mit Studenten-Schabernack und auch nichts mit Hinweisen auf böse außerirdische Besucher zu tun. Das Phänomen der Kornkreise begleitet die Menschheit wahrscheinlich schon seit Urzeiten, und zwar schon seitdem die Menschen mit dem Ackerbau begonnen haben.
In alten Mythen und Märchen begegnen sie uns, und älteste bildliche Darstellungen kennen wir aus Europa schon aus der Zeit des 17. Jahrhunderts. Wir können heute mit gutem Gewissen sagen, dass uralte Wandzeichnungen und Höhlenmalereien unserer Vorfahren möglicherweise von frühen Kornkreisen inspiriert waren, und dass auch die in vielen alten Kulturen, wie die der Kelten, vorkommenden Steinkreise möglicherweise deren einstige Fundorte markieren. Beweise gibt es dafür sicherlich keine, aber genau diese Fragen werden in letzter Zeit immer wieder in Expertenkreisen diskutiert.

Woher die natürlichen Kornkreise letztlich wirklich kommen, das muss bis heute offen gelassen werden. Wir nehmen bis heute an, dass eine noch nicht näher klassifizierte, natürliche Energieform dafür verantwortlich sein muss. Zahlreiche private Forscher, aber auch Wissenschaftler aus unterschiedlichen Disziplinen, nehmen sich heute dieser Erforschung an. Was wir aber mit Sicherheit sagen können ist, dass Kornkreise die verschiedensten Wirkungen auf Menschen, Tiere und Umwelt haben. Dieses konnten wir im Laufe der Jahre mit Erstaunen beobachten.

Die Wirkung eines Kornkreises vor Ort besteht nur so lange, wie auch der Kornkreis besteht. Wenn der Landwirt das Feld mäht und den Acker pflügt, dann geht die individuelle Information eines Kornkreises so gut wie verloren. Sie erscheinen also nur kurzfristig, etwa von wenigen Tagen bis hin zu zwei bis drei Monaten im Sommer. Was davon bleibt, das sind zum einen nur die Erinnerungen der Menschen, die einen Kornkreis vor Ort besucht haben und die von merkwürdigen Begebenheiten berichten können. Es bleiben eventuell die Fotos eines Kornkreises – und wenn Andreas Korte vor Ort war, dann konnte auch die »Qualität« des Kornkreises gespeichert und für die Nachwelt erhalten werden.

Wie Andreas Korte zu dieser Thematik gekommen ist, wie er es schafft, diese sehr speziellen Informationen der Kornkreise zu speichern und in welchen Bereichen man diese Essenzen dann einsetzen kann, das wird der Autor Ihnen nun in dieser spannenden Dokumentation näher bringen.

Dirk Möller
Kornkreisforscher, im Mai 2008

Danksagung

Dirk Möller für das Vorwort.

Eckhard Weber für seine Forschungsarbeit und seine Unterstützung auf die Teile des Buches aufgebaut sind. (Der Kornkreiscode).

Dr. Spitzer für seine wissenschaftlichen Forschungen und Textbeiträge.

Dr. Chet und Kallista Snow, für ihre Unterstützung mit der Kornkreisforschung

Corinne Schmid Tschumi für die Grafiken

und vielen anderen Helfern.

Das Geheimnis der Kornkreisessenzen

Seit den vergangenen 20 Jahren erscheinen in Getreidefeldern Südwestenglands, Norddeutschlands und auch anderenorts die Formationen, die unter dem Namen Kornkreise bekannt wurden. Waren es zunächst einfache Kreise oder Ringe, deren Ursprung nach wie vor ungeklärt bleibt, so haben sich diese Formationen im Laufe der letzten Jahre zu immer komplexeren Gebilden entwickelt, die durch ihre Schönheit und Präzision der Form die Aufmerksamkeit der Betrachter erwecken. Neben der perfekten Komposition, mathematischen Präzision und symbolischen Bedeutung sind es vor allem ihre messbaren Energien, welche die multidimensionale Information der Kornkreise ausmachen.

Zahlreiche Forscher aus allerlei Disziplinen beschäftigen sich schon seit Jahren mit diesen Phänomenen. Unter ihnen auch das bekannte Forscherpaar, Dr. Chet und Kallista Snow. Seit 1996 trifft sich Andreas Korte jedes Jahr mit dem Forscherpaar, um die multidimensionalen Informationen dieser Formationen, die ja sonst nach der Getreideernte und dem Umpflügen der Erde verschwinden, in Form von Essenzen zu speichern, die er durch seine spezielle Kristallherstellungsmethode gewinnt.

Wie alles begann ...

Im Winter 1995 führten wir ein Delfinseminar auf den Kanarischen Inseln durch. Seit ich diesen Tieren 1989 das erste Mal begegnet bin, hatten sie mich begeistert. Seitdem beschäftige ich mich intensiv mit dem Thema der Delfine und Wale und führe auch alle Jahre ein Seminar durch um Menschen die Möglichkeit zu bieten, diesen Tieren in freier Natur respektvoll begegnen zu können.

Im Laufe der Jahre und durch viele Begegnungen und Beobachtungen kam ich zu der Erkenntnis, dass das Bewusstsein der Delphine und Wale sehr fortgeschritten sind und diese Tiere als Hüter des Planeten verstanden werden können. Sie haben ein sehr hoch entwickeltes Bewusstsein, das mit allem Leben verbunden ist und Teil ihrer aktuellen Popularität ist. Es beruht auf der Tatsache, dass auch sie für uns heute ein Schlüssel des Verständnisses sein können, zu einem größeren Bewusstsein zu gelangen.

Und nun kam es zu intensiven Begegnungen mit einer Gruppe von Pilotwalen, die unser Boot während dieser Zeit immer wieder aufsuchten und mit denen wir auch schwimmen konnten.
Während solcher Begegnungen kommt es immer wieder zu sehr intensiven, energetischen Kommunikationen, Selbstheilungsprozessen und Inspirationen. Heute wissen wir, dass diese durch sehr hohe Schwingungen um die 15.000 Hertz ausgelöst werden, welche die Gehirnaktivität beim Menschen anregen und so zu den genannten Beobachtungen führen können.
Nach der Begegnung spürte ich einen intensiven telepathischen Kontakt und die Wale teilten mir Folgendes mit: »Setze Dich in Kontakt mit Deinem Bekannten Dr. Snow. Er arbeitet mit besonderen Phänomenen und Zeichen. Nun speichere diese Informationen in Form von Essenzen und erhalte so ihre Informationen für die Heilung der Menschen und des Planeten.«

Ich wusste zuerst gar nicht, worauf sich diese Phänomene und Zeichen bezogen, bis ich mich mit Chet Snow in Verbindung setzte und er mir mitteilte, dass er sich schon seit geraumer Zeit mit dem Phänomen der Kronkreise beschäftige und so machten wir aus, dass ich ihn und seine Frau auf ihrer nächsten Forschungsreise nach England begleiten würde.

Heute, viele Jahre später, wissen wir um die außergewöhnliche Heilkraft dieser Essenzen. Forschungen haben ihr grosses Potenzial gezeigt. Ihre Wirkung geht weit über die anderer Essenzen hinaus. Sie sind am ehesten noch vergleichbar mit der Delphin – und Walessenz.

Sie ähneln in ihrer Wirkung Pilzen. Sie wirken im Bereich des Unterbewusstseins und gehen dabei noch weit über die Wirkung der Pilze hinaus. Gleichzeitig wirken sie wie Edelsteine oder Blütenessenzen auf unsere Körperchakren und gehen wie die Orchideen darüber hinaus, indem sie auch unsere höheren Chakren ansprechen.

Sie wirken in der Multidimensionalität und machen uns bewusst, dass alles miteinander verbunden ist. Sie sind die Heilmittel der neuen Generation diese aussergewöhnlichen Kinder, die so wunderbar verbunden sind. Diese Kinder, welche das Gefühl und das Bewusstsein, dass alles, miteinander verbunden ist, mit sich bringen. Diese neue Generation wird diese Arbeit verstehen. Diese Kinder sind sich des Zusammenhangs von Ursache und Wirkung bewusst, diese Kinder werden sich wahrhaftig für soziale Belange und für den Umweltschutz und Artenerhalt einsetzen. Diesen Kindern ist diese Arbeit und dieses Buch gewidmet.

Die Geschichte der Kornkreise

Getreidefelder waren immer Teil unserer Mythologie. In der Geschichte haben sie eine entscheidende Rolle gespielt. Sie sind die Grundlage unserer Ernährung, und der Erfolg oder Misserfolg einer Ernte entschied über genügend Nahrung und die Möglichkeit, gut durch den Winter zu kommen oder über den Hungertod von Millionen. So haben die meisten Kriege auch im Herbst begonnen, nachdem die Ernte eingebracht war und nun die Soldaten ernährt werden konnten. Und die Entwicklung der Landwirtschaft hat überhaupt erst menschlichen Fortschritt ermöglicht.

Der Mensch war nun befreit von der Bürde, sich nur als Jäger und Sammler im Überlebenskampf behaupten zu müssen. Nun war es möglich, auf relativ kleinen Flächen genügend Nahrung für eine große Anzahl von Menschen zu gewinnen. So konnte eine immer kleiner werdende Zahl von Bauern immer mehr Menschen ernähren, sodass sich diese fortan mit der Entwicklung von neuen Betätigungsbereichen wie Wissenschaft, Handwerk und Verwaltung beschäftigen konnten.

Seit dem Mittelalter gibt es Aufzeichnungen, die auf die Existenz von Kornkreisen hinweisen. Man muss sich das einmal vorstellen, was das bei den damals lebenden Menschen für Gefühle oder gar Ängste ausgelöst haben mag. Selbst heute erscheinen vielen »aufgeklärten« Menschen diese Zeichen und Phänomene als unheimlich oder gar besorgniserregend. Stellen wir uns nun einmal vor, was der Bauer gedacht haben muss, im tiefsten Mittelalter, das geprägt war von Ängsten und Aberglauben.

Das Weltbild der Menschen wurde damals im Wesentlichen von Glauben an Hexen und Magie und der Angst vor der Kirche und der Inquisition bestimmt.
Der erste in der Geschichte dokumentierte Kornkreis ist im Jahre 1590 in Assen, Holland dokumentiert.

Aus dem Jahre 1678 ist uns eine Darstellung aus England bekannt, die in der damaligen Bildsprache vom Mähteufel oder von einem mähenden Teufel berichtet, welcher das Korn kreisförmig umgelegt haben soll. Auf anderen Darstellungen wurden solche Kreise ausser dem Teufel dem Werk von Hexen, Feen oder Naturgeistern zugerechnet.

Darstellung aus dem Jahr 1678, in Willshire, England, der einen Kornkreis zeigt, der damals als Teufelswerk bezeichnet wurde.

Es existieren aber auch Darstellungen, die zeigen, dass die Menschen nicht nur mit Angst und Schrecken auf die Kreise reagiert haben müssen. Die Formationen erscheinen im Sommer. Es ist die Zeit kurz vor der Ernte und es ist die Zeit zum Feiern. Auf verschiedenen Darstellungen sieht man so auch Menschen, welche die Kornkreise auf ihre Weise genutzt haben und vergnügt zu Musik im Kreis tanzend diese als Anlass für ein Fest genutzt haben müssen.

Auch heute noch sind allerlei verschiedene Emotionen bei den Menschen in Kornkreisen zu beobachten – auch, je nach dem, um was für einen Kornkreis es sich handelt. So wurde mir berichtet, dass z. B. in der Herzformation aus dem Jahre 2000 in West Kennet, England, die Menschen Feste und sogar Hochzeiten abgehalten haben.

Manche Wissenschaftler gehen sogar soweit, einige Darstellungen der Aborigenes in Australien oder der Hopi-Indianer in Amerika mit dem Phänomen der Kornkreise in Verbindung zu setzen. Das ist sicherlich zu diskutieren. Aber es ist auch erstaunlich feststellen zu können, dass viele der gefundenen Formationen in der Nähe von antiken Bauwerken aus der Keltenzeit und historisch bedeutenden Stätten gefunden wurden.

Einige dieser Bauwerke, wie zum Beispiel der Steinkreis von Avebury oder das berühmte Stonehenge weisen auch eine runde Bauweise auf, was die Frage aufwerfen kann, was die Erbauer dazu inspiriert haben könnte, gerade einen Kreis als Grundlage für das Bauwerk zu benutzen.
Aus jüngerer Zeit liegen uns auch Berichte vor, wie zum Beispiel von einem deutschen Bauern aus dem Jahre 1860, der von einem Kreis in seinem Feld berichtet, der »wie von einer Schleife niedergedrückt« worden sei. Auch weitere Berichte aus den 20-er Jahren des 19. Jahrhunderts aus Norddeutschland weisen auf die Existenz von Kronkreisen hin. Da die Menschen nach der Aufklärung sich von dem Glauben an Hexen und Teufel befreit hatten, wurden jetzt diese Kreise als Kinderstreiche interpretiert, die zu einem Ärgernis wurden, da das niedergedrückte Korn mühsam von Hand gemäht werden musste.

Eine der ersten Fotografien eines Kornkreises wurde 1930 in England gemacht und 1966 in Australien.

Seit 1972 erschienen immer wieder Berichte von Kornkreisen in England, und langsam wurde auch die Öffentlichkeit auf das Phänomen aufmerksam. In den Jahren vor und nach dem Jahrtausendwechsel gab es einen absoluten Höhepunkt, was Schönheit und Anzahl der registrierten Formationen betraf. Und heute gibt es professionelle Fotografen, die Kornkreise ablichten und über das Internet eine große Aufmerksamkeit erregt haben. Jeder hat heute die Möglichkeit, sich über die Kornkreise zu informieren.

Zu Beginn hatten sich die Medien mit dem Phänomen eher sensationsorientiert und oberflächlich auseinandergesetzt. Kornkreise wurden mit »UFO« Erscheinungen im Zusammenhang gebracht und später, als sich zwei Rentner in England als die Macher der Kornkreise bekannten, wurde den Formationen so gut wie keine Aufmerksamkeit mehr geschenkt. Dann kam als Segen oder Fluch, der amerikanische Film »Signs« aus Hollywood in die Kinos, bei dem böse Außerirdische als Macher der Kreise dargestellt wurden, um die Menschheit zu vernichten ...

Als ich den Film in Chicago sah – Angst war damals ein Jahr nach den Terroranschlägen das große Thema – mussten meine Begleiter und ich dermassen lachen – wir waren inzwischen alleine im Theater – dass sogar der Projektionsführer zu uns herabkam und sagte, »aber dass ist nicht möglich, dass Sie so lachen, das ist doch schrecklich was man hier sieht«. Bis wir ihm mitteilten, dass wir das Phänomen der Kornkreise kennen und schon beobachtet haben und nach unseren Erkenntnissen diese ganz im Gegensatz zum Film nicht Tod und Vernichtung, sondern Heil und Segen für viele Menschen und für die Erde bedeuten können.

Kornkreis Cleyhill 2010 (Foto: Steve Alexander)

Nach diesem Film gab es ein vermehrtes Interesse an den Kornkreisen. Filmteams berichteten. Und 2006 wurden sogar seriöse Sendungen zum Thema ausgestrahlt, nachdem ein Video bekannt wurde, auf dem man zum ersten Mal sieht, wie ein Kornkreis entsteht.

Was sind Kornkreise?

Es gibt heute diverse Literatur zu Thema und ich möchte hier nur die markantesten Punkte herausarbeiten, die für einen echten Kornkreis typisch sind.

Kornkreise treten heute weltweit auf. Das Phänomen wurde zuerst in Europa, besonders in Südwestengland beobachtet, doch heute finden wir Kornkreise auch in Australien, Tasmanien, Argentinien, Mexiko, Japan, Kenia, Kanada und den USA.

Die Beobachtung der Kreisformationen ist in den Grafschaften Hempshire und Wiltshire inzwischen zu einer Touristenattraktion geworden. Hunderte von interessierten Laien, Forschern und Wissenschaftlern pilgern jeden Sommer in die Gegend zwischen den alten Kultplätzen Stonehenge, Avebury und Glastonbury. Hier werden auch Rundflüge angeboten, um die Schönheit der Kreise aus der Luft zu betrachten und professionelle Fotografen halten die Kreise in Bildern fest.

Anderenorts werden die Kreise eher zufällig oder auch gar nie entdeckt, weil die Weiten der Präriefelder in den USA zum Beispiel es ziemlich schwierig machen, die Kreise zu finden.

In den letzten Jahren konnte beobachtet werden, wie das Phänomen langsam von Norden nach Süden in Zentraleuropa wanderte. Aber es ist unumstritten, dass die Kornkreise häufig in der Nähe von alten Kultstätten oder historischen Orten erscheinen. Oftmals handelt es sich dabei um Kraftplätze oder ehemals wichtige Orte der Kelten oder anderer Kulturepochen. In Australien wurden Kreise in der Nähe von Kultstätten der Aborigines gefunden und in den USA nahe von Grabstätten von Indianerstämmen.

Der Begriff »Kornkreise« wird dem Phänomen nicht ganz gerecht, denn es wurden schon Kreisformationen in allen möglichen Kulturpflanzen gefunden: Raps, Mais, Gerste, Roggen, Hafer, Tabak, Reis, in Blumen und Bäumen, aber auch in Eis, Schnee und Sand. Jedoch ist es dabei nicht immer klar, ob es sich um ein Kornkreisphänomen handelt. Die meisten der von uns betrachteten Kornkreise erscheinen in Raps oder ausgereiftem Getreide wie Weizen oder Gerste.

Was macht einen Kornkreis aus?

- Chemische Substanzen
- Magnetismus
- Leichte Radioaktivität
- Anomalien in den Halmknoten
- Perfektes Design
- Bodenmuster
- Anomalien bei Tierverhalten
- Reaktionen elektrischer Geräte
- Energiefrequenzen
- Veränderte Keimfähigkeit
- Lichterscheinungen
- Geräusche
- Mathematische Grundformen
- Aufbau anhand der heiligen Geometrie

► Chemische Substanzen

In vielen der Kornkreise konnte eine erhöhte Konzentration von **Siliziumdioxid (SiO_2)** festgestellt werden. Auf den Halmen und am Boden wurde diese Substanz in hochreiner Form festgestellt. Siliziumdioxid kommt zwar als Quarzsand überall auf der Erde vor, doch konnte es in Kornkreisen in vollkommen runden Kügelchen mit einem Durchmesser von 0,05 mm nachgewiesen werden. Einige dieser Kügelchen waren miteinander verschmolzen, was auf eine Hitzeeinwirkung schliessen lässt.

So konnten Wissenschaftler auch eine erhöhte Konzentration von **Magnesiumoxid (MgO_2)** und besonders Magnetit (Magneteisenstein) nachweisen. Dieser stammt von Meteoritenstaub, wie er überall in einer Konzentration von 4 mg pro Gramm Erde auf unseren Planeten trifft Doch sind die Konzentrationen, die innerhalb von Kornkreisen gemessen werden konnten, 20-25 mg pro Gramm Erde, was eine 600-fache Erhöhung des Normalwertes bedeutet. Es kann davon ausgegangen werden, dass dies mit den Magnetfeldern innerhalb der Kornkreise zu tun hat und deshalb vermehrt Meteoritenstaub angezogen wird.

► Magnetismus

Wenn man mit einem Flugzeug oder Helikopter über einen Kornkreis fliegt, so zeigte mir der Pilot der Maschine, kann es passieren, dass plötzlich sämtliche Instrumente, wie Kompass und Höhenmesser nicht mehr funktionieren. Das ist besonders bei neuen Kornkreisen der Fall. Auch Wünschelrutengänger haben festgestellt, dass die Kornkreise eine starke (magnetische) Ausstrahlung haben.

Ob diese eventuell auf das vermehrt vorkommende Magnetit allein zurückzuführen ist, oder ob noch andere Ursachen dahinter verborgen sind, ist mir nicht bekannt. Tatsache ist, dass diese Ausstrahlung wie ein »Energieschlauch« nach oben und unten wirkt. Auch Besucher von Kornkreisen konnten oftmals diese besondere Energie wie ein Knistern in der Luft beschreiben.

► Leichte Radioaktivität

In manchen der frischen Kornkreise, so wurde mir berichtet, sei von Wissenschaftlern auch eine geringe radioaktive Strahlung messbar gewesen. Eine gewisse Strahlung aus dem Universum und aus der Erde ist natürlich. In Kornkreisen konnten teilweise etwas erhöhte Werte gemessen werden.

Anomalien an den Halmknoten

Untersuchungen am Getreide haben gewisse Veränderungen an den Halmknoten ergeben. Innerhalb eines Kornkreises ist dies eine Verdickung der Halmknoten, teilweise bis zum Aufplatzen und Vergrößerungen der Poren der Zellwandmembran, in der Fachsprache Zellwandtupfel. Des Weiteren wird von kleinen Brandflecken berichtet, die darauf schließen lassen, dass bei der Entstehung eines Kornkreises Hitze eine Rolle spielt.

Das Foto zeigt das Wachstum der Halmknoten aus einem Kornkreis (Foto: Andreas Korte)

Zum Vergleich ein Halmknoten ausserhalb eins Kornkreises (Foto: Andreas Korte)

Eine weitere Veränderung der Pflanzen innerhalb von Kornkreisen sind Molekularveränderungen und Veränderungen der Zellstrukturen.

Der **Biophysiker William C. Levengood** hat schon 1994 entdeckt, dass die Wachstumsknoten des Getreides im Innern von Kornkreisen Anomalien aufweisen. Wie bei Gräsern sind auch beim Getreide die Wachstumsknoten der Bereich der Pflanze, der wie ein »Gelenk« funktioniert und an dem sich die Pflanzenhalme wieder aufrichten können, falls sie herabgedrückt wurden. Sie sind der Bereich, wo die Pflanze wächst und daher auch besonders elastisch ist. Levengood konnte nun eine Verlängerung und Veränderung dieser Wachstumsknoten feststellen.

Er vermutet, dass diese durch eine starke Erhitzung verursacht wird. Durch eine Erhitzung dehnt sich das Innere der Pflanze aus und lässt die Zellen platzen. Aufgrund ihrer besonderen Elastizität behalten die Wachstumsknoten auch nach dem Abkühlen ihre veränderte Form bei. **Eltjo Haselhoff**, ein holländischer Forscher ging nun einen Schritt weiter. Er entnahm Proben von Halmen in gleichmässigen Abständen entlang dem Durchmesser des Kornkreises. So wollte er herausfinden, ob es einen Zusammenhang zwischen den Abweichungen in der Länge der Wachstumsknoten und der Symmetrie der verursachenden Entstehungsenergie gibt.

Kontrollproben von auf dem Feld entnommenen Pflanzen haben gezeigt, dass die durchschnittliche Knotenlänge zwei mm beträgt.

An jeder Markierung (0-8) wurden Proben entnommen
(Grafik: Corinne Schmid Tschumi)

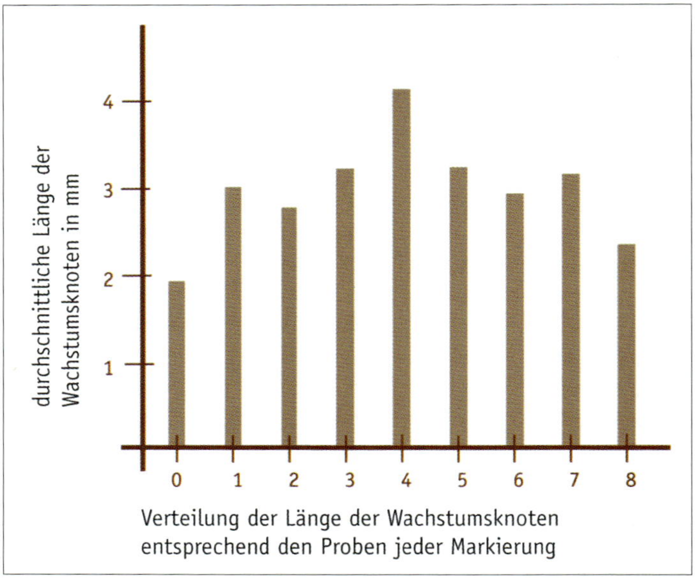

(Grafik: Corinne Schmid Tschumi)

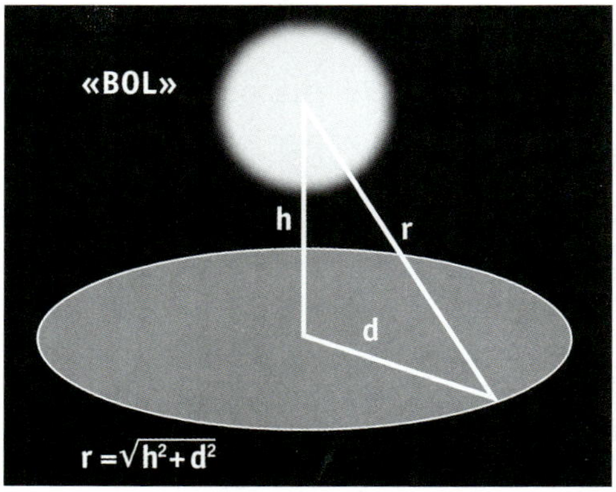

(Grafik: Corinne Schmid Tschumi)

Es fällt sofort eine symmetrische Verteilung der durchschnittlichen Knotenlänge zum Mittelpunkt der Kreisformation auf. Es liegt wieder eine kreisförmige Symmetrie vor.

Aufgrund dieser Beobachtung kam er nun zu dem Schluss: »Nimmt man an, dass sich das Anschwellen der Wachstumsknoten proportional zum

Hitzeanstieg verhält, können die Knotenlängen als Indikatoren der lokalen Temperaturen dienen. Nimmt man des weiteren aufgrund der vielen Augenzeugenberichte an, dass diese Temperaturen, welche die Knoten zum Anschwellen bringen, von Lichtkugeln verursacht werden, kann man sich bei der Berechnung der Temperaturverteilung folgende Tatsache zunutze machen:

Bei doppelter Entfernung reduziert sich die Strahlung um den Faktor vier, bei dreifacher um den Faktor neun usw. …«

Nach Pythagoras lässt sich nun folgendes berechnen:

$$r = \sqrt{h^2 + d^2}$$

Von den oft beobachteten und auch schon gefilmten Lichtkugeln, die über die Felder schweben und die Kornkreise verursachen, geht eine Hitze und Strahlungseinwirkung aus, welche die Kornkreise verursacht. Wenn diese Kugel nun in der Höhe h über dem Feld kreist, ist die Entfernung zwischen der Lichtkugel und einem Punkt und dadurch die Temperaturverteilung am Boden zu berechnen. Durch eine lineare Regressionsanalyse, bei der die Messungen als Punkte in einer Grafik dargestellt werden, zeigte Haselhoff, dass die gemessenen Knotenlängen exakt mit der Strahlungsintensität übereinstimmen, welche von der Lichtkugel abgegeben werden würden. So konnte Haselhoff die Hypothese der Lichtkugeln als Verursacher der Kornkreise wissenschaftlich untermauern.

► Anomalien bei Tierverhalten

Es war während meines alljährlichen Englandaufenthaltes im Jahr 2005. Wir hatten am Abend nach dem Essen unsere Heimfahrt angetreten, als ich beim Kreisverkehr bei Avebury die falsche Ausfahrt nahm. Nun fuhren wir fälschlicherweise in Richtung Avebury, und ich suchte einen Platz zum Wenden des Wagens, als plötzlich vor uns ein Fuchs im Scheinwerferlicht auftauchte, der die Straße überquerte. Gerade angekommen auf der anderen Seite, machte er plötzlich kehrt und lief zurück, kehrte wieder um und das Ganze wiederholte sich abermals.

Wie merkwürdig, dachte ich mir, und ich beschloss, mich erst einmal in der Umgebung umzusehen. Wieso verhält sich der Fuchs so auffällig? Wollte er uns ein Zeichen geben? Ich nahm den Feldweg Richtung Windmill Hill, einem Ort, an dem jedes Jahr Formationen auftauchen, als ich plötzlich ein Wiesel sah. Und genau so wie der Fuchs überquerte auch das Wiesel den Weg, machte kehrt, überquerte ihn wieder und machte wieder kehrt, bevor es verschwand. »Hier muss irgendwas los sein« sagte ich zu meinen Freunden und wir verliessen den Wagen.

Beim Verlassen des Wagens spürten wir alle sofort eine starke elektromagnetische Strahlung. Die Luft war wie elektrisiert. Wir machten dann noch einige Fotoaufnahmen in der schwarzen Nacht und konnten auf diesen dann viele Lichtpunkte sehen. Es ist bekannt, dass in den Kornkreisen mitunter kleine tote Fliegen gefunden werden, die beim Entstehen der Kreise mit den Halmen verkleben. Es wurde auch schon beobachtet, dass Vogelschwärme die Kornkreise umfliegen.

Das hat sicherlich mit der elektromagnetischen Strahlung zu tun, die ja auch über einem Kornkreis wirksam ist, denn Vögel orientieren sich auf ihren Flügen anhand des Erdmagnetfeldes was direkt über einem Kornkreis verändert ist. Tiere merken instinktiv, wenn etwas nicht in Ordnung ist, und flüchten. So wurden vielleicht auch Fuchs und Wiesel aufgeschreckt und zeigten deshalb ein so auffälliges Verhalten.

Rotfuchs (Vulpes vulpes)

Wiesel (Mustela frenata)

(Fotos: Andreas Korte)

In den Feldern leben viele verschiedene Tiere wie Füchse, Mäuse, Hasen, Kaninchen, Fasane etc. All diese Tiere müssen offensichtlich spüren, wenn ein

Kornkreis sich bildet und daraufhin die Flucht ergreifen. Doch wie verhält es sich bei anderen Tieren, bei denen Gefahr nicht gleich zur Flucht führt? Von einem kanadischen Agrarwissenschaftler hörte ich, dass in Kanada 1992 ein Stachelschwein in einem dort entstandenen Kornkreis tot aufgefunden wurde.

Das ist nicht verwunderlich, denn wie unsere einheimischen Igel auch, rollen sich Stachelschweine bei Gefahr zusammen um sich zu schützen, anstatt die Flucht zu ergreifen. Und so geschah es, dass das Tier von der Energieform, die den Kreis bildete, erfasst wurde und dann flach tot am Boden lag. Seine Stachel wurden in Richtung der umgelegten Halmknoten am Boden verteilt aufgefunden. Dabei handelte es sich sicherlich um einen bedauernswerten Unfall. Ansonsten sind Kornkreise absolut lebensbejahende Formationen.

Gewöhnliches Stachelschwein (Hystrix cristata)
(Foto: Andreas Korte)

Bei frischen Ähren richten sich die Ähren wieder auf (bis zu einen 60-Grad-Winkel) und das Korn reift aus. Wenn ein Kornkreis entstanden ist, dann besteht auch keine Gefahr mehr für Tiere. Kotspuren von Vögeln weisen darauf hin, dass sich viele von ihnen hier sich am Boden aufhalten.

Oft schon hatte mich mein Hund während Kornkreisbesuchen begleitet. Er konnte den Kornkreis immer schon von Weitem feststellen und zeigte keinerlei Scheu, in einen Kornkreis zu gehen. Im Gegenteil, er zeigte immer eine grosse Neugier und wollte immer gleich alles Untersuchen.

► Menschliche Reaktionen

Je nach Einstellung zum Thema Kornkreise ist die Reaktionsbreite menschlichen Verhaltens auf einen Kornkreis sehr gross. Viele Bauern reagieren mit Wut, da sie glauben, es handele sich um einen Akt von Vandalismus. Manche reagieren derart rabiat, dass sie Besuchern der Zugang verweigern. Andere drohen mit der Polizei, ganz rabiate Bauern wurden auch schon Verhaftet, da sie auf Leute schießen wollten.

Manche Landwirte haben sogar davon berichtet, dass man ihnen Geld anbot, wenn sie einen Kornkreis sofort nach Entstehen wieder vernichten würden. Und leider haben manche dies auch schon gemacht.
Gerade in Südwestengland und der Schweiz hat sich durch den Kornkreistourismus und die Zusammenarbeit mit den Kornkreisforschern die Situation etwas verbessert.
So sind manche der Landwirte kooperativ. Einige stellen sogar Kassen auf für einen Unkostenbeitrag, um den Schaden, der durch den Besuch des Feldes entsteht auszugleichen.

Aber immer noch sind viele Landwirte davon überzeugt, dass böse Menschen absichtlich ihre Felder verwüsten, und sind deshalb sehr abweisend.

Besuchern von Kornkreisen wird deshalb dringend empfohlen sich darüber im Klaren zu sein, dass sie sich auf einem Privatgrundstück befinden und sich deshalb auch an gewisse **Regeln** halten sollten.

- Bitte informieren Sie sich gezielt, über den genauen Zugang, um nicht durch langes Suchen das umliegende Korn zu schädigen. Das Getreide ist unser Brot.
- Es dürfen nur die Traktorspuren zum Laufen benutzt werden, deshalb ist es wichtig zu wissen welche Traktorspur die Richtige ist.

- Es herrscht absolutes Rauchverbot. Es könnte ein Brand entstehen.
- Versuchen Sie so wenig wie möglich auf dem Getreide zu stehen und bewegen Sie sich in der Richtung wie das Getreide am Boden liegt.
- Bitte verhalten Sie sich ruhig und respektvoll auch anderen Besuchern gegenüber.
- Ziehen Sie festes Schuhwerk an. Oftmals sind die Böden aufgeweicht, je nach Witterung.
- Besuchen Sie nicht mehr als einen, maximal zwei Kornkreise am Tag.
- Trinken Sie ausreichend Wasser.
- Bedecken Sie Ihren Kopf und benutzen Sie Sonnencreme um sich gegen Sonnenbrand zu schützen.
- Machen Sie genügend lange Pausen zwischen den Kornkreisbesuchen.
- Wenn ein Landwirt eine Kasse aufgestellt hat, dann ist es anständig und ehrenhaft, auch den geforderten Betrag einzuwerfen, schliesslich profitieren Sie von dem Kornkreis und der Bauer hat den Schaden als Ernteausfall zu beklagen.

- **Mein Tipp:** Nehmen Sie vor einem Kornkreisbesuch eine Edelsteinessenz ein oder verwenden Sie direkt einen Edelstein, den Sie während des Besuchs für eine bessere Erdung bei sich tragen. Sie können dadurch die hohen Informationen besser integrieren. Wenn Sie am Kornkreisrand stehen, verbinden Sie sich abermals in Gedanken mit der Erde und der göttlichen Quelle. Halten Sie einen Moment inne, und gehen Sie erst dann hinein. Und wenn Sie einen Kornkreis verlassen, bedanken Sie sich in Gedanken.

Kornkreise werden auch Tempel für einen Sommer genannt Sie sind etwas ganz Besonderes. Verhalten Sie sich also so, wie Sie sich beim Besuch einer wunderbaren Kathedrale (mit offenem Dach) verhalten würden. Spüren Sie die Präsenz des Sakralen in Demut. Danken Sie Gott für seine Zeichen.

Reaktionen bei Kornkreisbesuchern

Die Reaktionen bei den Kornkreisbesuchern sind so verschieden wie die Besucher selbst. Es gibt seriöse Wissenschaftler und es gibt Spinner. Beim Besuch eines Kornkreises können viele Menschen die hohen Energien und den Magnetismus spüren. Viele spüren dies als ein Gefühl des Kribbelns an Händen oder am Körper.
Für manche Personen ist dies ungewohnt und kann Reaktionen von Benommenheit bis Unwohlsein hervorrufen.

Viele empfinden ein Gefühl von Wohlsein, Freude und Glück.

Andere Personen empfinden einen Kornkreisbesuch wie eine tiefe mystische Erfahrung. Als einen Ort der Meditation und Stille, um sich ganz mit der göttlichen Quelle zu verbinden.

Andere Menschen wiederum berichten von Erfahrungen spontaner Heilungen. Ich selbst erlebte in dem Kornkreis »Blume des Lebens«, der 2001 in einem Rapsfeld bei Zierenberg neben zwei alten Grabhügeln erschien (Kornkreisessenz Nr. 39), wie sich innerhalb einer Minute eine Warze an der Fußsohle löste und von selbst abfiel.

Es ist offensichtlich, dass viele der Kornkreise Selbstheilungsprozesse auslösen können.

Reaktionen elektrischer Geräte

Es sind nicht nur die feinen Messinstrumente der Flugzeuge, die auf einen Kornkreis reagieren. Es wird oft von Funktionsstörungen technischer Apparate in Kornkreisen berichtet. Diese Funktionsstörungen sind meist von kurzer Dauer. Manchmal kommt es zu Entladungen von neu eingelegten Batterien in Fotoapparaten oder Videokameras.

Bei Messungen mit einem Kompass konnte ich häufig in Kornkreisen Veränderungen feststellen, die sicherlich auf die elektromagnetische Strahlungen zurückzuführen sind, welche von anderen Forschern entdeckt wurden.

Energiefrequenzen / Erdenergien

Es ist schwierig, die in einem Kornkreis vorhandenen Energien zu definieren. Die genannten Beobachtungen sind Begleiterscheinungen dieser in einem Kornkreis vorhandener Energien.

Gewisse Energien können mit technischen Apparaten objektiv gemessen werden andere unterliegen subjektiven Eindrücken, wie z. B. die Messungen von Rutengängern oder Pendlern, welche die Radiästhesie benutzen um Anziehungs- oder Abstoßungskräfte zu messen. Dabei wurde schon häufig berichtet, dass die Ruten oder Pendel oftmals in die Richtung zeigen, in der das Getreide am Boden liegt.

Die geografische Lage von Kornkreisen

Ich persönlich bin aufgrund von vielen Beobachtungen davon überzeugt, dass Kornkreise nicht »zufällig« an gewissen Orten entstehen.

Die meisten der heute bekannten Kornkreise wurden in konzentrierter Dichte im Südwesten Englands und in Nord- und Mitteleuropa entdeckt. In Deutschland wurden zur Jahrtausendwende viele Kornkreise im Raum Kassel entdeckt.

Dann begann das Phänomen langsam nach Süden zu wandern, zuerst in den südwestdeutschen Raum, dann in die Nord- und später in die südlichere Westschweiz.

Es ist auffällig, dass viele Kornkreisformationen in unmittelbarer Nähe von historischen Plätzen auftauchen.

Sowohl in Südwestengland, als auch im mitteleuropäischen Raum treten sie häufig in der Nähe früherer keltischer Siedlungsplätze auf. Wenn man die geografische Lage der damaligen Siedlungen mit den Fundplätzen heutiger Kornkreise vergleicht, so kann viel Übereinstimmendes gefunden werden.

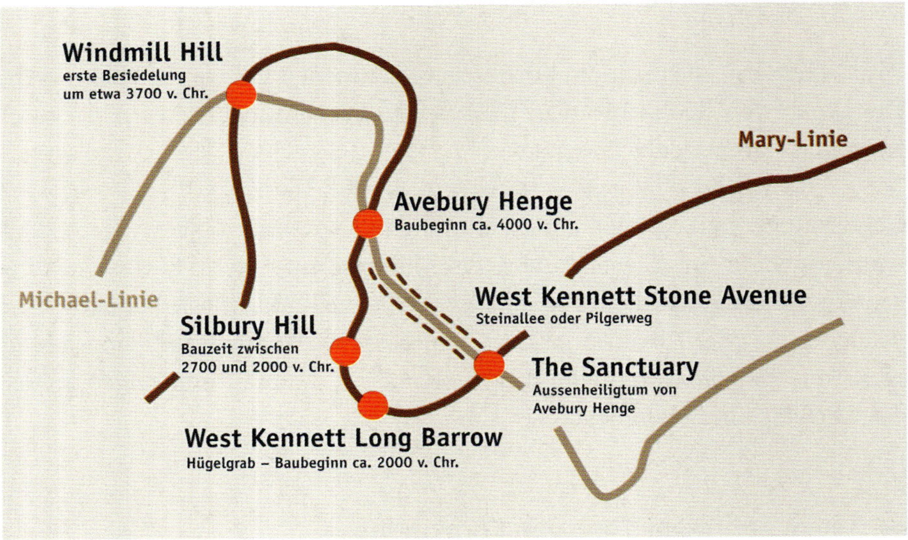

Diese zwei Energielinien – Michael-Linie und Mary-Linie – kreuzen sich in Süd-West-England mehrmals. An diesen Stellen wurden von den damaligen keltischen Kulturen 4000 bis 2000 vor Christus sakrale Bauwerke errichtet. (Grafik: Corinne Schmid Tschumi)

Stonehenge Bodenaufnahme (Foto: Frank Laumen)

Stonehenge Luftaufnahme (Foto Frank Laumen)

Stonehenge ist ein in der Jungsteinzeit begründetes und mindestens bis in die Bronzezeit genutztes Bauwerk in der Nähe von Amesbury in Wiltshire, England, etwa 13 Kilometer nördlich von Salisbury. Es besteht aus einer Grabenanlage, die eine Megalithstruktur umgibt, welche wiederum aus mehreren konzentrischen Steinkreisen gebildet wird. Die beiden auffälligsten Steinkreise sind dabei ein äußerer Kreis aus Pfeilersteinen, die von Decksteinen überbrückt werden, sowie eine innere, hufeisenförmige Struktur aus ursprünglich fünf Trilithen (jeweils zwei Tragsteine, die von einem Deckstein überbrückt werden). Dazwischen befinden sich weitere Strukturen aus kleineren Steinen sowie Löchern im Boden. Weitere Megalithe sowie zwei Hügelgräber finden sich in unmittelbarer Nähe.

Die Entstehung der Anlage lässt sich grob in drei Phasen unterteilen. Die Frühphase der Anlage, mit einem kreisrunden Erdwall und einem Graben, wird auf etwa v. Chr. datiert. Die auffällige Megalithstruktur wurde etwa zwischen 2500 v. Chr. und 2000 v. Chr. errichtet.

Luftaufnahme Avebury (Foto Frank Laumen)

Der Steinkreis/Henge von Avebury liegt im Dorf Avebury in der Grafschaft Wiltshire östlich von Bath. Er ist einer der größten Steinkreise auf den britischen Inseln.
Die Sandsteine stammen aus etwa zwei Kilometer Entfernung. Der Steinkreis von Avebury umfasst inklusive des umgebenden Walls eine Fläche von ca. 15 Hektar.
Er besteht aus dem großen äußeren Kreis und zwei kleineren inneren Kreisen. Die Mittellinie ist auf den Mitsommersonnenaufgang ausgerichtet.
Die Henge wurde 2600 bis ca. 2500 v. Chr. errichtet.

Es sind viele Kornkreise neben alten Kultplätzen, Ringwallanlagen, Megalithen, Hügelgräbern oder anderen Grabanlagen gefunden worden.

(Foto: NASA)

Die Erde ist ein lebendiges Wesen mit Bewusstsein. Wie der menschliche Körper hat auch die Erde Energiepunkte (Chakren) und Energielinien (Meridiane).

Die Erde als lebendiges Wesen besitzt auch Energiezentren. Dies sind wahrscheinlich die Äquatorregionen mit den Regenwäldern und Korallenriffen.

Laut medialen Aussagen scheint Süd-West-England eine der Akupunkturregionen der Erde zu sein, was erklären würde, dass dort gehäuft das Kornkreisphänomen auftritt.

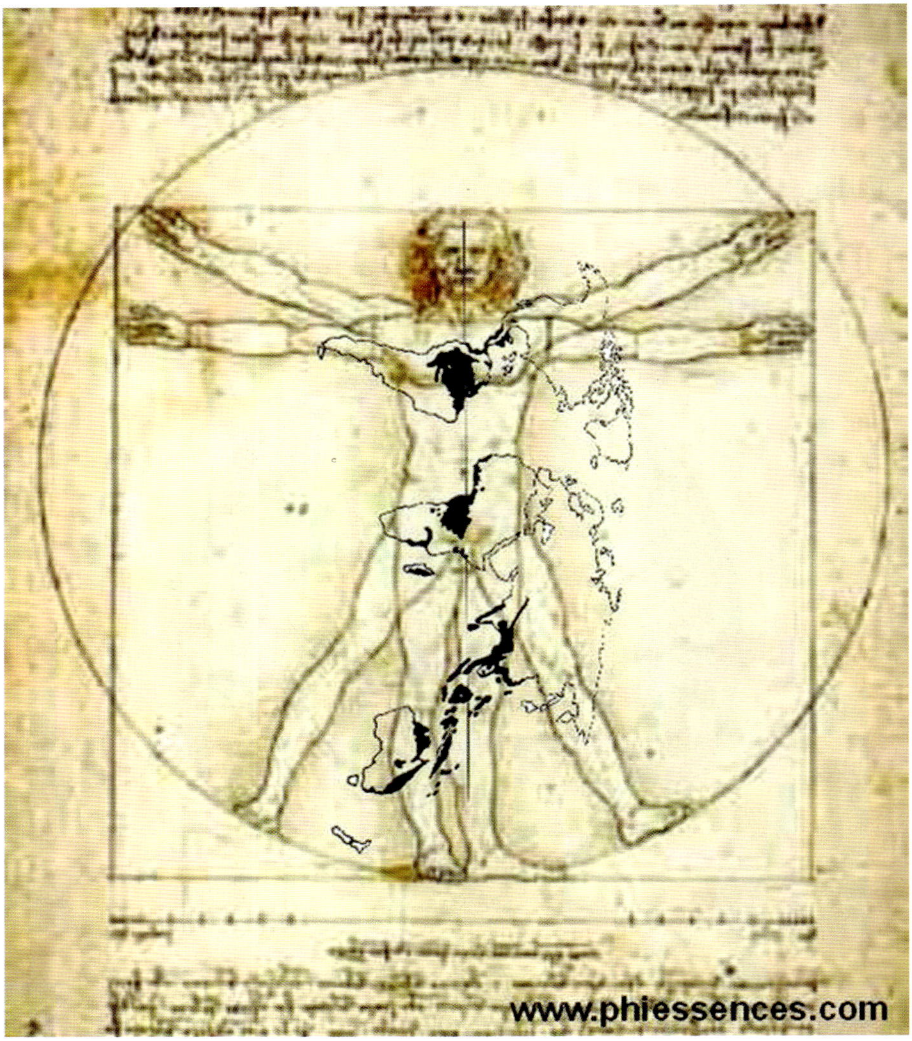

Leonardo da Vinci

(Bild: Leonardo da Vinci, Grafische Gestaltung: Corinne Schmid Tschumi)

Darstellung der äquatorialen Regenwälder und Korallenriffe analog zu den menschlichen Chakren. Hier befinden sich die Zonen der größten Biodiversität (=Energiekonzentrationen).

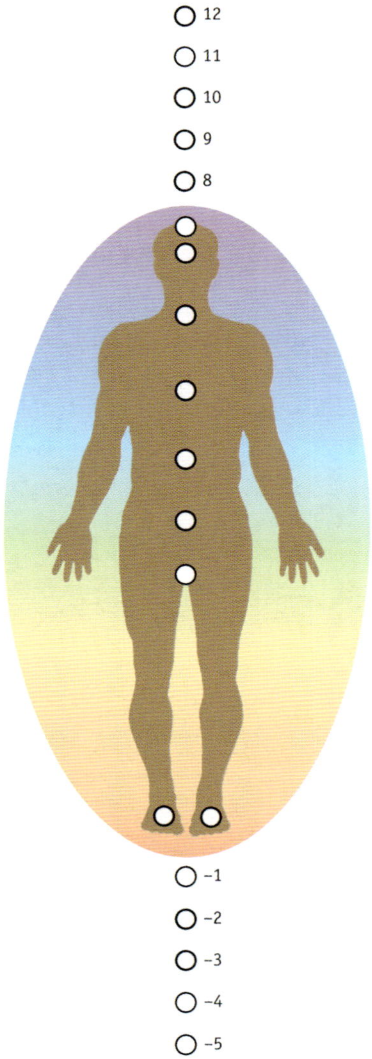

Das menschliche Chakrensystem mit Ober- und Unterchakren.
(Grafik: Corinne Schmid Tschumi/Typografik)

In alten Zeiten wurde das Wissen um die Energielinien der Erde gepflegt und es wurden ganz bewusst Tempelstätten, Kultplätze und später Kapellen, Kirchen und Kathedralen auf solchen Energiepunkten gebaut.

In den Grafschaften von Wiltshire und Hampshire in Südwestengland sind die Hauptfundorte von Kornkreisen.
Es ist eine Region, die sehr reich ist an kulturhistorischen Anlagen.

Hier befinden sich zwei wichtige Energielinien, die in England »Leylines« genannt werden. An den Kreuzungspunkten dieser Energielinien (hier St. Mikel und St. Mary line genannt) wurden in Vorzeiten wichtige Steinmonumente errichtet.

Vor der Pyramide von Silbury Hill in einem Kornkreis (Foto: Andreas Korte)

Jedes Jahr wurden hier viele Kornkreise in unmittelbarer Nähe dieser Kraftplätze entdeckt.

Auch bei den Kornkreisen in Deutschland im Raum Kassel befinden sich eine große Anzahl von Ringwällen, Kultplätzen, Hügelgräbern, Grabanlagen, ehemaligen Siedlungsplätzen und historisch wichtigen Burgen, die sich in unmittelbarer Nähe von dort gefundenen Kornkreisen befinden.

Kornkreis bei der Burg Desenberg (Foto: Frank Laumen)

Veränderte Keimfähigkeit

Wir hatten von ausgereiften Weizen – und Gerstepflanzen jeweils Ähren aus dem Zentrum von Kornkreisen und aus dem gleichen Feld von außerhalb des Kornkreises entnommen. Diese wurden dann unter gleichen Bedingungen ausgesät.

Es konnte festgestellt werden, daß das Wachstum der Pflanzen, die sich aus den vom innern des Kornkreises entnommenen Samen entwickelt haben, bis zu viermal schneller war, als bei den Pflanzen aus der Kontrollgruppe.

Aus den sich daraus entwickelnden Pflanzen wurden dann abermals Samen entnommen und im nächsten Jahr ausgesät. Diese Pflanzen zeigten keine einheitliche Wachstumsgeschwindigkeit mehr. Einige wurden rasch groß während andere vor sich herkümmerten.

Akustische Geräusche

Es gibt immer wieder Berichte von Menschen, die in den Kornkreisen verschiedene Geräusche wahrgenommen haben. Diese Palette reicht von

- Brummen
- Zirpen
- Summen
- Klopfen

Diese Geräusche fanden sich auch auf Tonträgern wieder, wie Videokameras und Aufzeichnungsgeräten. Eine Auswertung dieser Geräusche ergab, dass sie nicht indentifiziert werden konnten.
Ich vermute, dass diese Geräusche so eine Art Warnsignale sind. So wie manche Schiffe spezielle Tonfrequenzen außenden, um eventuell schlafende Wale zu warnen um Unfälle zu vermeiden, so könnten derartige Töne eventuell auch eine Art Akustische Warnsignale für Tiere darstellen, damit diese den Ort wo ein Kornkreis entsteht, rechtzeitig verlassen können und durch den Entstehungsprozess nicht zu Schaden kommen.

Lichterscheinungen und das Entstehen von Kornkreisen

Es war am 11. August 1996, als zum ersten Mal die Entstehung eines Kornkreises mit einer Videokamera aufgezeichnet wurde. Auf diesen Bildern, die auch im deutschen Fernsehen ausgestrahlt wurden, konnte man zwei weiße ca. 30 – 40 cm große Lichtkugeln sehen, die in einer Höhe von etwa 2-3 Metern über ein Getreidefeld bei Olivers Castle in England flogen. Darauf legte sich das Getreide wie von einer unsichtbaren Hand niedergedrückt innerhalb von wenigen Sekunden zu Boden.

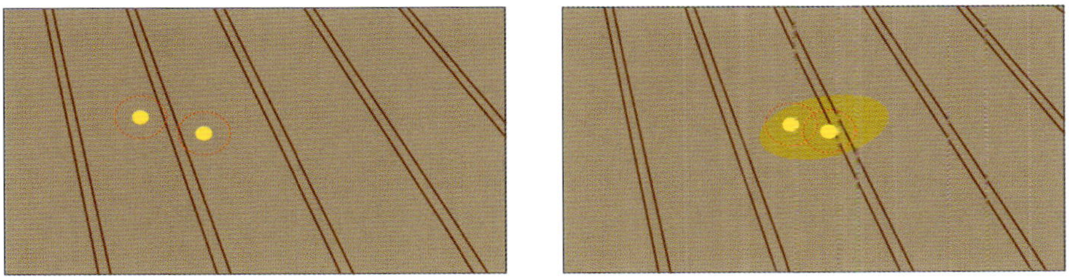

Zwei Lichtkugeln kreisen in ca. 2 Meter Höhe über dem Feld. Ein erster Zentralkreis entsteht.

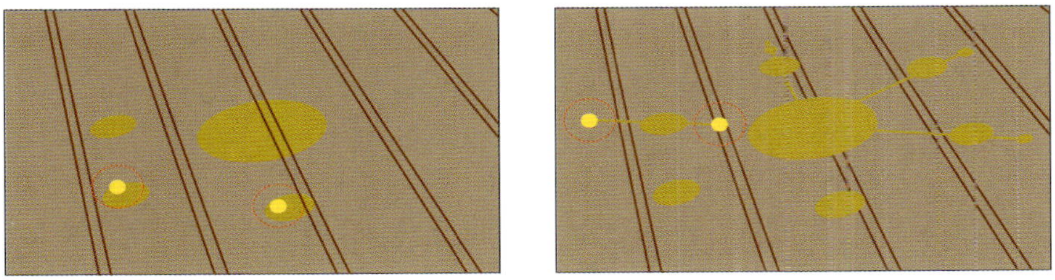

Danach bilden sich mehrere Satelliten, die dann mit dem Zentralkreis verbunden werden.

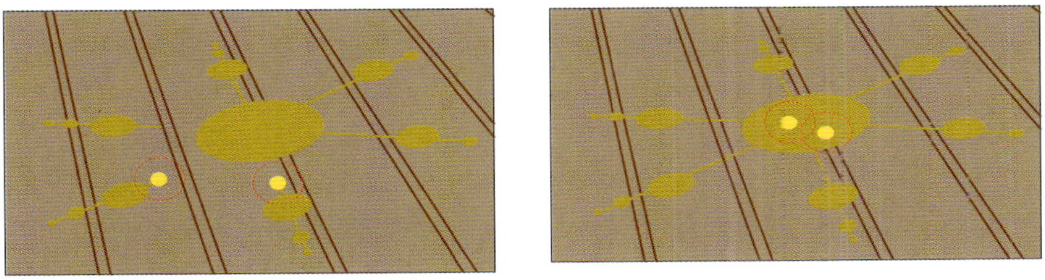

Genauso schnell, wie die Lichtkugeln erschienen sind, sind sie nach einer Minute wieder verschwunden.

(Grafiken: Corinne Schmid Tschumi)

Erfahrungsbericht von Marianne H. :

»Am 16.05.2009 ist ein Kornkreis entstanden. Ich bin gegen Mittag erst aufgestanden ,es muss so gegen zwölf halbeins gewesen sein. Irgendwie spürte man schon eine mystische Atmosphäre. Ich stand auf dem Balkon und merkte das mir ganz sanft die Beine zitterten. Es war gar nicht so richtig hell, eher wie ein Zwielicht . Ich sah auf das Kornfeld unterhalb vom Gudenberg. Ich beobachte immer gern, wie der Wind das Feld bewegt, da schob sich plötzlich auf halber Höhe des Berges ein eigenartiger Nebel aus dem Warmetal Richtung Gudenberb. Es sah wie eine langgezogene Wolke aus, ich habe im Internet einmal eine Wolke der Art gesehen ,die englisch »Glory Morning Cloud« genannt wird. Sie schob sich über das Feld. Auf einmal gab es einen riesigen Blitz und einen gewaltigen Donner, dass sogar die Scheiben vibrierten . Viele Zierenberger hatten diesen Donnerschlag an diesem Mittag gehört und wir hatten später noch darüber gesprochen wie heftig es war.
Es fuhr mir wesentlich heftiger noch durch die Glieder, als dieses feine Vibrieren, als die Wolke kam. Nach dem Schlag setzten Wind und feiner Regen ein. Die Wolke zog davon und ich konnte das Feld wieder sehen. Ich sah eine Veränderung. Ich sagte ganz aufgeregt: »Da ist irgend etwas im Feld und es war vorher noch nicht dort.« Ich holte das Fernglas. »Tatsächlich, ich glaube das ist ein Kornkreis« – ich rief eine Freundin an ,die im Haus ganz oben wohnt. Ich lief zu ihr hoch und wir schauten beide zusammen auf den Kronkreis. Der Bauer muss wohl auch darüber informiert worden sein. Er war der erste, der nun das Feld betrat. Eines ist sicher, in so kurzer Zeit hätte kein Mensch dort etwas, sagen wir mal »herstellen« können. Meine Freundin informierte die Menschen ,die sich mit Kornkreisen beschäftigen . Es wurden Fotos aus der Luft aufgenommen – und nach wenigen Tagen durfte der Kreis auch besucht werden .
Ich hatte schon immer eine große Achtung vor den Naturkräften, aber nach diesem Erlebnis noch viel mehr. Ich zweifle nicht daran, das Elemente oder Kräfte dies bewirkt haben. Erst Wo-

chen später habe ich den Kreis besucht, der meiner Meinung nach, ein altes urchristliches Kreuz darstellt, oder ein Kleeblatt mit vier Blättern und sechs Halbkreisen. Es liegt aber nicht in meiner Absicht, es bewerten zu wollen. Für mich ist einfach nur klar, dass es nicht »Menschengemacht » ist – und ich diese Kräfte achte und eine Ehrfurcht empfinde .«

Viele Menschen wurden selbst schon Augenzeugen von solchen Lichterscheinungen. So wurde schon häufig von Lichtkugeln oder diffusen Lichterscheinungen etwa in drei Meter Höhe über den Feldern berichtet. Es existieren auch einige Fotoaufnahmen, auf denen auch größere Lichtobjekte zu sehen sind.

Häufig kann man auch auf Fotos die in Kornkreisen gemacht wurden, diffuse Lichtobjekte erkennen.

Lichtphänomen über einem Kornkreis bei Desenberg (Foto: Frank Laumen)

Bild oben: Vergrößerung

Kommen diese Lichtkugeln eventuell aus einer anderen Dimension?

Durch diese Videoaufzeichnung können wir endlich die Entstehung eines Kornkreises sehen. Wir wissen zwar nicht, wie diese Lichtkugeln entstehen, noch woher sie genau kommen und wohin sie wieder verschwinden, doch ist das Phänomen an sich schon erstaunlich.

Lichtkugeln am Amazonas (Fotos: Andreas Korte)

Da wir wissen, dass es mehrere Dimensionen gibt, legt sich auch die Vermutung nahe, dass diese Lichtkugeln eventuell aus einer anderen Dimension kommen und auch dorthin wieder verschwinden.

Für mich sind diese Kornkreise Zeichen Göttlichen Ursprungs. In unserer Zeit der Umweltzerstörung und der Kriege. In der Bibel lesen wir dazu:

Im Buch Joel lesen wir (3:3 bis 4:16):

»Und Ich will Wunderzeichen geben am Himmel und auf Erden …«

Eventuell bezieht sich dies auf die Kornkreise?

Die Frage woher die Kornkreise stammen scheint sich am 30. Juli 2010 beantwortet zu haben, als an der Autobahn M4, bei Wickham Green, Hungerford in Buckinghamshire, England, zwei Kornkreise entstanden sind, die zusammengesetzt ein menschliches Gesicht ergeben. Die zwei Kornkreise wurden übereinander gelegt, gedreht und so wurde diese erstaunliche Entdeckung gemacht:

Experten haben herausgefunden, das dies wie das **Gesicht von Jesus** vom Grabtuch aus Turin aussieht!

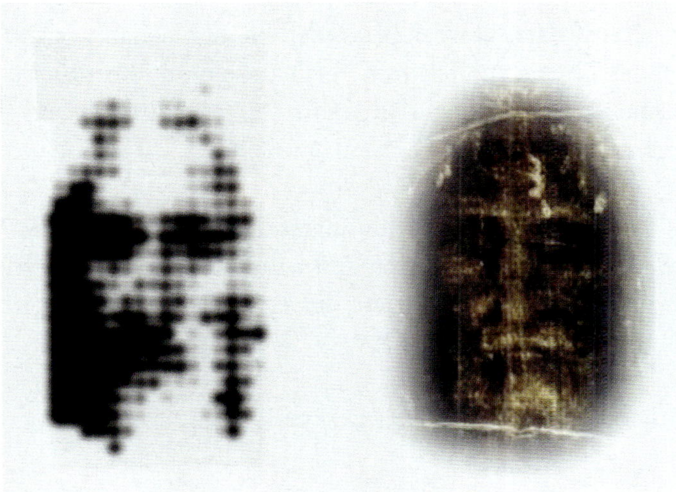

Gegenüberstellung der beiden überandergelegten Kornkreise mit dem Turiner Grabtuch
(Grafik: Corinne Schmid Tschumi)

Eine klare Botschaft an die Menschheit. An die Menschen **aller** Religionen, ob gläubig oder nicht gläubig: Die Botschaft Jesus »Liebe Deinen Nächsten, wie Dich selbst«. Erinnern wir uns daran, dass auch die großen Monotheistischen Religionen, Judentum, Christentum und Islam von einander abstammen und es nur einen Gott gibt, egal wie wir ihn auch nennen. Ich denke dass es darum geht, das die Menschen egal welcher Religion, **sich wieder direkt mit Gott unserem Schöpfer verbinden, die Nächstenliebe praktizieren und seine Schöpfung schützen und achten.**

Darüber hinaus gibt es auch immer wieder sensationell aufgebauschte Diskussionen und Berichte von »Fälschungen.«

Von Menschen gemachte Kornkreise

Die Kornkreise stellen natürlich eine große Herausforderung für viele Menschen dar, da sie vermeintliche Sicherheiten in unserem allgemeinen Weltbild hinterfragen und uns zu neuem Denken anregen.

So war es dann eine Erleichterung für viele Menschen, als in den achtziger Jahren ein großer Medienwirbel um zwei Rentner aus England veranstaltet wurde, die sich als die vermeintlichen Macher aller Kornkreise zur Schau stellen ließen. Vor laufenden Kameras zeigten sie wie mit Stricken und Brettern und Gartenwalzen gearbeitet werden kann. Nachahmer gab es genug. Nun schien das Thema endlich vom Tisch zu sein und Kornkreise galten für viele Menschen nun einfach als »irgend so ein Unsinn, der von irgendwelchen Spinnern gemacht wurde«..

Und tatsächlich gibt es nicht nur in England auch von Menschen gemachte Kornkreise. Gerade auch in Deutschland wurde so viel und so heftig über das Phänomen gestritten und diskutiert, bis es schließlich eine zeitlang keine Kreise mehr im Raum Kassel gab.

Die wesentlichen Unterscheidungsmerkmale sind:

Merkmale	»echter Kreis«	Menschen gemacht«
Halme	gebogen, flachgedrückt,	gebrochene Halme
frische Halme	richten sich wieder auf (60 Grad Winkel)	Keine Aufrichtung
Bodenmuster	einfache und verschiedene Lagen	nur einfache Lagen
Formvariation	alle Formen	begrenzt
Ausführung	perfekt	fehlerhaft bis gut
Kreisränder	saubere Linien	fehlerhaft bis gut
Bodenschäden	keine	Löcher, Fußspuren
Wachstumsknoten	verändert	unverändert
Chemische Substanzen	gleichmäßig verteilte	nicht vorhanden
Eisenteilchen und Meteoritpartikel	vorhanden	nicht vorhanden
Magnetismus	vorhanden	nicht vorhanden
Radioaktivität	teils vorhanden	keine
Samen	Wachstumsveränderungen	keine
Geräusche	teilweise	keine

An der Universität von Massachusetts in den USA wurde der bisher einzigartige wissenschaftliche Versuche durchgeführt, einen Kornkreis mit allen technischen Mitteln, die uns zur Verfügung stehen, in einer begrenzten Zeit herzustellen. Das Ergebnis lautete eindeutig, dass es nicht möglich ist, einen, unter diesen Bedingungen authentischen Kreis herzustellen.

Doch was passiert, wenn Menschen Kornkreise herstellen? Manche sind sehr stümperhaft im Aussehen, bei anderen ist es sehr schwer, schnell einen Unterschied festzustellen ohne eingehende wissenschaftliche Untersuchungen.

Und es hat sicherlich mit dem Gesamtphänomen der Kornkreise zu tun. Manche der Kornkreishersteller berichten, wie sie plötzlich, während sie im Feld standen, selbst Zeuge wurden, wie Lichtkugeln oder andere Erscheinungen auftauchten.

Die Forscher **Joachim Koch** und **Hans Jürgen Kyborg** stellen ganz gezielt Piktogramme her, um zu versuchen mit den »Kornkreismachern« zu kommunizieren. Und tatsächlich kam es schon zu Interaktionen.

Und aus meiner eigenen Erfahrung kann ich berichten, dass ich mit mindestens einem menschlich hergestellten Kreis gearbeitet habe und auch in diesem eine starke Heilenergie zu spüren vermochte. (Kornkreisessenz Nr.60). Dieser Kornkreis aus Alton Barnes, England aus dem Jahr 2002 wurde von einem Filmteam zu Werbezwecken angelegt.

Ich denke, es hat sehr viel mit der Absicht und dem Zusammenwirken mit den Naturkräften zu tun.

Als Hersteller von Blütenessenzen arbeite ich mit Pflanzen aus verschiedenen Kontinenten, reise viel und suche die Pflanzen an ihrem möglichst natürlichem Habitat auf.

Doch wie verhält es sich zum Beispiel gerade mit den Rosen? Hier gab es ein wunderbares Zusammenwirken zwischen Natur und Mensch. Aus den Wildrosen haben die Menschen in Persien, Ägypten, in Rom und später in den Klostergärten der Mönche angefangen, immer neue Sorten auszulesen, zu kreuzen und zu züchten.

Und die Resultate sind wunderbar. Wir haben dank dieser Züchtungen heute eine große Anzahl verschiedenster Rosensorten in allen möglichen Farben und Duftrichtungen. Und auch diese Rosen besitzen Heilkräfte, die im Zusammenwirken mit Gottes Natur und viel Liebe entstanden sind.

Perfektes Design

Es ist ihre atemberaubende Schönheit, der Kornkreise, welche die Betrachter in ihren Bann zieht. Die Vollkommenheit und Perfektion der Form wird dem Betrachter eines Kornkreises aber erst zuteil, wenn man Luftbilder von den Kornkreisen sehen kann. Mir ging es auch schon oft so, dass ich zwar in einem Kreis stand, aber mir absolut kein Bild machen konnte, wie es denn gesamt aussieht. Die Bilder zeigen uns einen Aufbau der Kreise, die von einfachen Formen ausgehend, immer komplexere entwickeln.

Typologie der Kornkreise

Entwicklung der Kreise und ihre ursprünglichen Grundformen

Einzelkreis

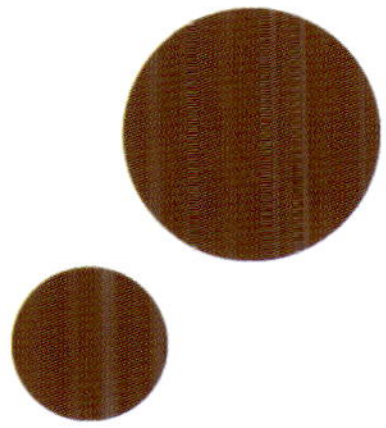

Ungleiches Paar

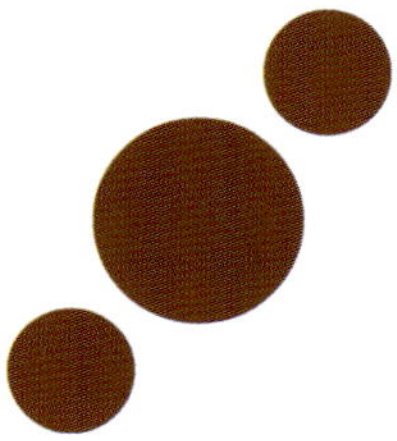

Dreiergruppe

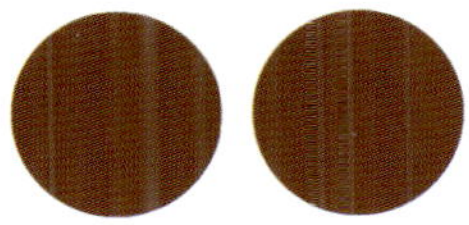

Gleiches Paar

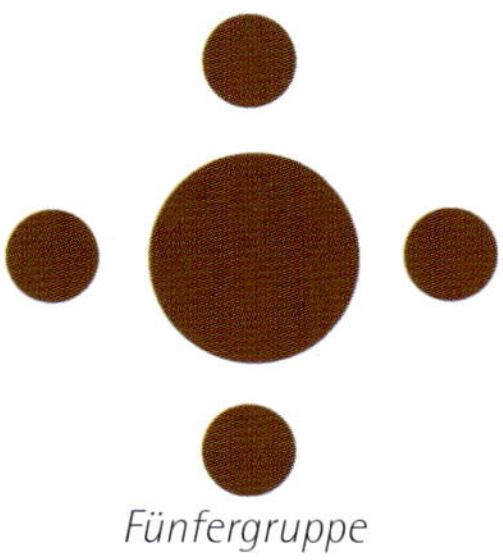

Fünfergruppe

Kreis mit Außenring

Kreis mit zwei Außenringen

Kreise mit Außenring und Pfeil

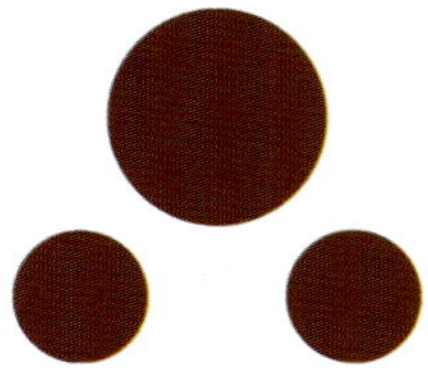

Kreis mit zwei Satelliten

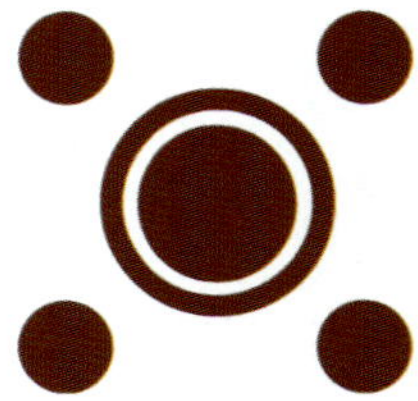

Fünfergruppe mit Ring

Fünfergruppe mit Ring durch die Satelliten

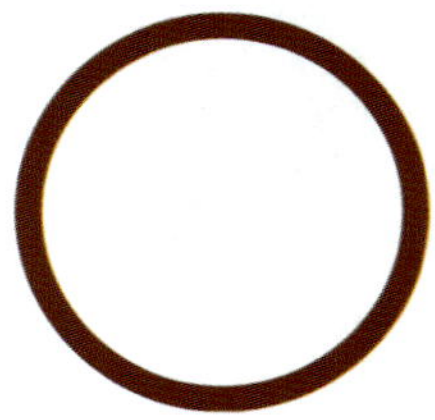

Einzelring

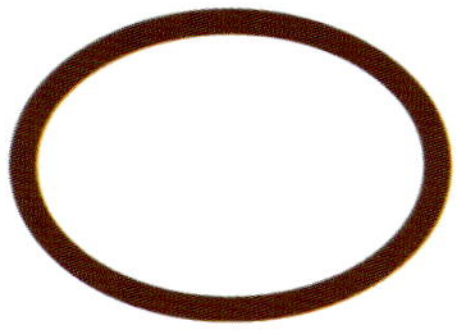

Elliptischer Ring

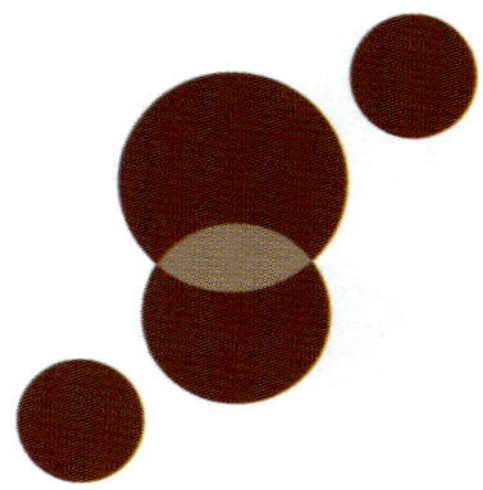

Kreise mit Überschneidungen

Die neuen Formen ab 1990

Ringsegmente

Hanteln

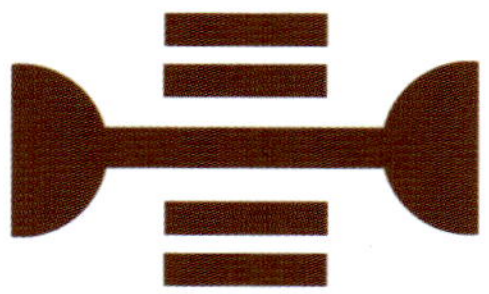

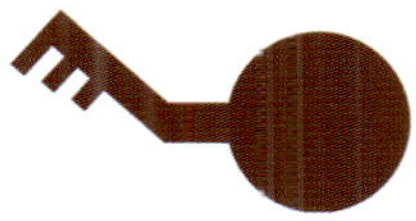

Rechtecke *Kreise mit Zeiger*

(Grafiken: Corinne Schmid Tschumi)

Diese neuen Formen werden meist in kombinierter Form gefunden. Aus Einzelzeichen entsteht so etwas wie eine Frequenz. Aus Buchstaben werden Wörter, aus Wörtern werden Sätze.

Hier einige Beispiele solcher Lang-**PIKTOGRAMME** wie sie dann in den Jahren ab 1990 /91 gefunden wurden:

Im Laufe der Zeit entwickelten sich aus den Kornkreisen immer komplexere geometrische Formen, Stern- und Blumenmuster erscheinen in immer komplexeren Mustern.
Ein Beispiel geometrischer Formationen:

Nr. 62. Der Kornkreis zeigt einen gedrehten Torus (Foto: Steve Alexander)

Bodenmuster in den Kornkreisen

Um einen Kornkreis in seiner ganzen Schönheit erfassen zu können, muss man sich auch die Komplexität der Bodenmuster ansehen. Es ist eine unglaubliche Vielfalt, wie diese erscheinen. Auch hier gab es einen Evolutionsprozess zu beobachten.

Bis 1986 gab es immer eine klare Kreismitte, von der aus die Stränge der Halme von einem Fleck freiliegender Erde spiralförmig nach außen liefen. Dadurch entstand ein geordneter Eindruck.
Seither entwickelten sich erstaunliche Variationen. So wurden auch schon gescheitelte Zentren entdeckt oder Zentren, die aussehen wie ein Vogelnest, sogenannte »Schüsselformationen«. Manchmal beobachtet man Strahlenmuster mit einigen noch stehenden Halmen in der Mitte, manchmal nur mit einem stehenden Halm und manchmal sieht das Zentrum aus wie ein Blumenbouquet. Bei Formationen, die aus vielen verschiedenen Kreisen bestehen, sind viele unterschiedliche Zentren anzutreffen. Ganz besonders erstaunt hatte mich die Komplexität der Muster in der Formation.

Spirale im Uhrzeigersinn (Foto: Andreas Korte,)

Hier kann am sehen, wie Halme teilweise miteinander verflochten sind (Foto: Andreas Korte)

Nach außen geneigte Halme

Nach innen geneigte Halme

(Fotos: Andreas Korte)

Prinzipiell kann man folgende Bodemuster unterscheiden:

Spiralmuster im Uhrzeigersinn

Spiralmuster in Gegenuhrzeigersinn

Spirale mit einer rechtsdrehenden Windung

Spirale mit einer linksdrehenden Windung

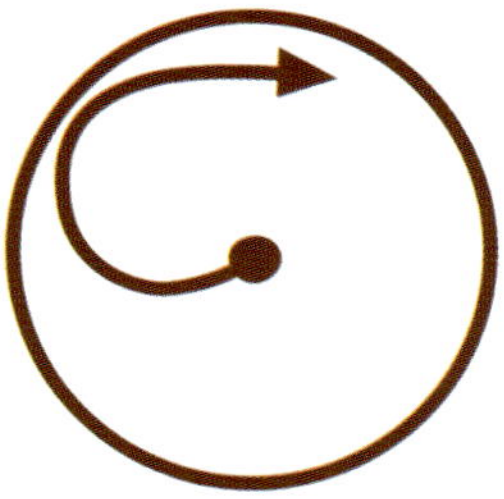

Halbspirale in Uhrzeigersinn

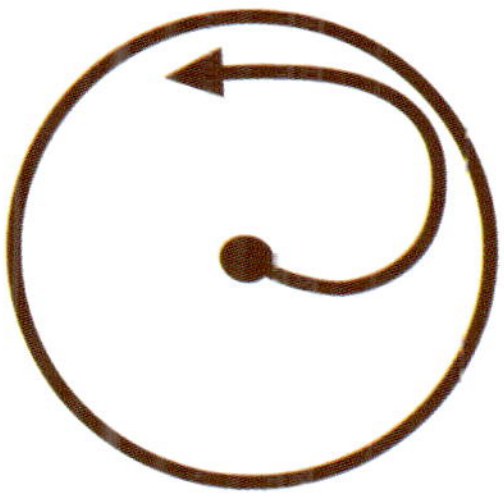

Halbspirale im Gegenuhrzeigersinn

Strahlenmuster

Gerade Strahlenstränge mit inneren Spiralband

mit äußeren Spiralband

Strahlenmuster mit gewundenem Ende

Anfangsspirale

S-förmige Spiralen

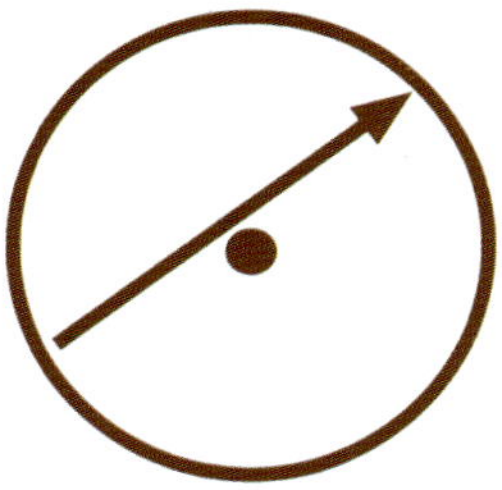

Versetzte Strahlenform

Gegenläufige Spiralen

(Grafiken: Corinne Schmid Tschumi)

In vielen Formationen kann darüber hinaus noch eine Schichtung von mehreren, teilweise unterschiedlichen Bodenmustern entdeckt werden, die miteinander verwoben sein können.

Die Kreiswand

Die Außenränder der Kreise variieren vom meist klar definierten, wie mit einem Lineal gezogenen Rändern.

Kornkreis All Cannings Nr. 98 (2008) (Foto: Andreas Korte)

Gerade in Kreisen mit einem strahlförmigem Bodenmuster sind die Kreisränder wie mit einem Lineal gezogen.

Es kommt jedoch auch zu teils unregelmäßigen Rändern, die auf eine Gewalteinwirkung hinweisen können. Solche Ausfransungen können schon durch die Energie bei der Entstehung des Kornkreises entstanden sein, oder durch Wind und Wetter und manchmal auch durch menschliches Zutun, wie zum Beispiel in der Formation Heart aus dem Jahr 2000 (Essenz Nummer Nr. 32)

Kornkreis Heart Nr. 32 (Foto: Janet Ossebaard)

Kornkreise als mathematische Grundformeln

In den Kornkreisen finden sich häufig mathematische, geometrische und auch musikalische Strukturen, die von verschiedenen Forschern untersucht werden.

So hat sich gezeigt, dass ein Kornkreis oftmals in ganz klaren Mustern entsteht.

1978 begann **Gerald S. Hawkins** mit der Untersuchung von englischen Kornkreisen aufgrund ihrer Größe, ihres Musters und der Zuordnung zu den Traktorspuren im Feld. So unterzog er alle Diagramme einer eingehenden mathematischen Analyse.

Die Proportionen von Durchmesser und Kreisfläche wurden von ihm ermittelt. Dabei fand er heraus, dass die ermittelten geometrischen Verhältnisse immer ganze Zahlen ergaben. Und diese Zahlen 0, 2, 4, 5, 7, 9, 11 und 12 entsprachen genau dem Anordnungsschema der weißen Tasten eines Klaviers. Die Proportionen dieser akustischen Frequenzen, die eine Tonleiter ausmachen, ergeben eine harmonisch klingende Tonfolge für unsere Ohren. 1998 präsentierte der englische Musiker **Paul Vigay** eine auf diese Arbeit basierende Kornkreismelodie, die sehr harmonisch klang.

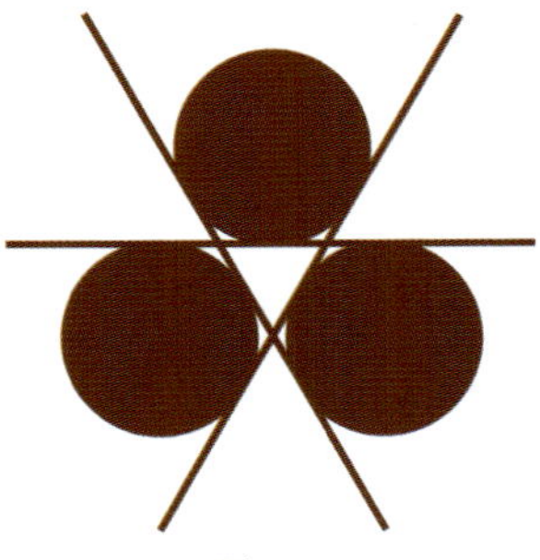

1. Theorem

2. Theorem

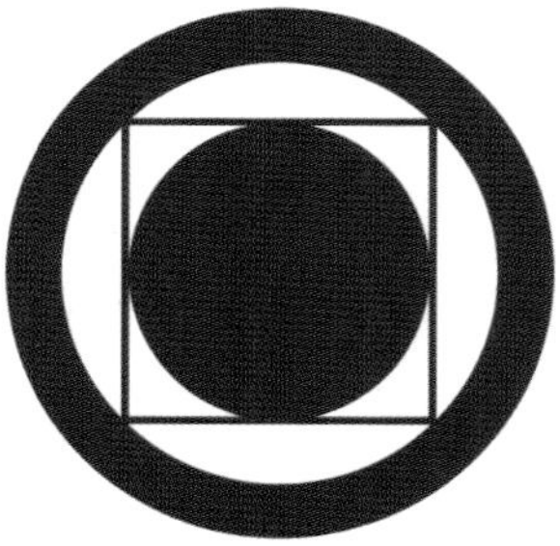

3. Theorem

4. Theorem

Die Melodien, die er jedoch von durch Menschen gemachten Kornkreisen entwickelte, klangen für unsere Ohren unschön. Die Arbeit von Hawkins beschreibt im ersten Theorem die Anordnung der Kreise zueinander, die weiteren Theoreme betreffen das Verhältnis der Kreise zu den Ringen um sie herum.

Mickey Mouse, Alton Barnes, UK (2002) (Foto: Steve Alexander)
Von Menschen gemachte Kornkreise ergeben Disharmonien

Hawkins entdeckte, dass sich zwischen einem Kreis und einem Ring häufig ein Dreieck (Satz 2), ein Quadrat (Satz 3) oder ein Sechseck (Satz 4) einfügen lässt.
Obwohl sich die Kornkreise heute zu hochkomplexen Formen entwickelt haben, lassen sich auch bei diesen Grundformen entdecken. Das Pentagramm (Fünfstern) ist ein weiteres Konstruktionsprinzip. Hier sehen wir es bei der Einbeziehung von den Traktorspuren an beiden Seiten des Kornkreises.

Der Holländische Forscher **Bert Jannsen** entdeckte die Siebenersymmetrie in der Formation.

Seven Petal Rose, East Field, UK (1998) (Foto: Steve Alexander)

Er entdeckte auch in einigen der Kornkreise gefundene Hilfslinien. Diese sind niedergedrückte Halme, die auch in liegendem Getreide zu finden sind. Diese Hilfslinien sind für die Herstellung der Kornkreise nötig.

Kornkreise und die Heilige Geometrie

Viele Kornkreise basieren auf der Heiligen Geometrie. Diese Matrix der Schöpfung ist das noch in vielen Kulturen vorhandene Wissen über die morphogenetische Struktur der Realität. Sie ist Symbol und Sinnbild der Realität im gesamten Kosmos und eine Grundform in der Natur. Von verschiedenen Kulturen wird sie auch die »Sprache der Stille« oder die »Sprache des Lichts« genannt.

Der Schlüssel zur heiligen Geometrie ist die »Blume des Lebens«, ein einzigartiges Symbol, wie es in Ägypten, in Irland, in der Türkei, in Griechenland, in Japan, in Tibet, in China, in Mexiko, in Lappland und Grönland gefunden wurde. Es handelt sich hierbei um ein spezielles Wissen über den Aufbau der Natur und des Kosmos, ein Schlüssel zum Verständnis der Schöpfung.

Die Abbildung zeigt die »Blume des Lebens« (Grafik: Corinne Schmid Tschumi)

Eine vollständige »Blume des Lebens« besteht aus 19 ineinander verschlungenen Kreisen, die von zwei größeren konzentrischen Ringen umschlossen sind. Alle Kreise haben den gleichen Durchmesser und der Bogen jedes Kreises verläuft durch den Mittepunkt des nächsten Kreises und teilt diesen in zwei Abschnitte auf. Die »Blume des Lebens« ist ein sehr wichtiges Zeichen der heiligen Geometrie. Sie enthält in ihren Proportionen jeden einzelnen Aspekt des Lebens. Sie enthält jede mathematische Formel, jedes physikalische Gesetz, jede Harmonie in der Musik, jede biologische Lebensform, jedes Atom, jede Dimensionsebene, schlichtweg alles, was im Universum existiert.

Die »Blume des Lebens« hat nicht nur das Aussehen einer Blume, sie versinnbildlicht den Zyklus in der Natur. So entwickeln sich aus den bestäubten Blüten die Samen tragenden Früchte. Die Samen enthalten wiederum den Bauplan für die gesamte Pflanze. Zu Boden gefallen, entwickeln sich diese Samen wieder zu einer ausgewachsenen Pflanze. Und diese entwickelt wieder neue Blüten. Und der Zyklus beginnt von Neuem.

Und die Samen sowie jede Zelle lebendiger Formen in der Natur, sowie auch die unseres Körpers enthalten ihre Bausteine, die DNS (Desoxyribonucleinsäure). Über die Gene ist diese »Geometrie des Lichts« in jeder Zelle wirksam. Die Anordnung des Moleküls der DNS, unseres Erbträgers, wird wiederum von der »Blume des Lebens« bestimmt. Die Proportionen innerhalb der Struktur, die Anzahl und die Winkel der Verzweigungen, sowie die Länge in den Aminosäuren der DNS haben innerhalb der »Blume des Lebens« ihre genaue Entsprechungen.

Die »Blume des Lebens« enthält unter anderem den Code für:

- die Anordnung der essenziellen Aminosäuren der DNA
- die geometrische Struktur der fünf platonischen Körper
- die Programme für das Wachstum in der Natur
- die Proportionen des menschlichen Körpers
- das Mengenverhältnis von Männern und Frauen in der Bevölkerung
- das Verzweigungsmuster von Pflanzen und ihren Wurzeln
- die Form von der elektrischen Entladung in der Atmosphäre

Um nur einige Beispiele zu nennen. Sie ist ein Grundprinzip in der Natur und eine Metapher für die alles durchdringenden Kraft im Universum.

Das uralte Wissen um die Heilige Geometrie ist die Wurzel aller religiösen und mystischen Lehren.

Mitten in der »Blume des Lebens« befinden sich sieben miteinander verbundene Kreise. Für sich selbst betrachtet und mit einem Kreis umschlossen, werden sie als »Same des Lebens« bezeichnet.

Innerhalb des »Samens des Lebens« befindet sich ein Zeichen, das als »Baum des Lebens« bezeichnet wird. Er gehört zum Wesenskern der Natur. Die mystischen Schulen des Judentums bezeichnen ihn als »Kabbala«.

Der Same des Lebens beinhaltet den Baum des Lebens.

Baum des Lebens (Grafik: Corinne Schnid Tschumi)

Die Matrix der Schöpfung

Die sieben Kreise, der »Same des Lebens« genannt wird, stehen auch für die sieben Tage der Schöpfung der Erde. Und die Schöpfungsgeschichte der Bibel berichtet:

»Am Anfang schuf Gott den Himmel und die Erde.
Und die Erde war wüst und leer,
und Finsternis war über der Tiefe;
und der Geist Gottes schwebte über den Wassern.
Und Gott sprach: Es werde Licht! Und es ward Licht.«
(Genesis 1,1)

Bildhafte Darstellung der Schöpfung

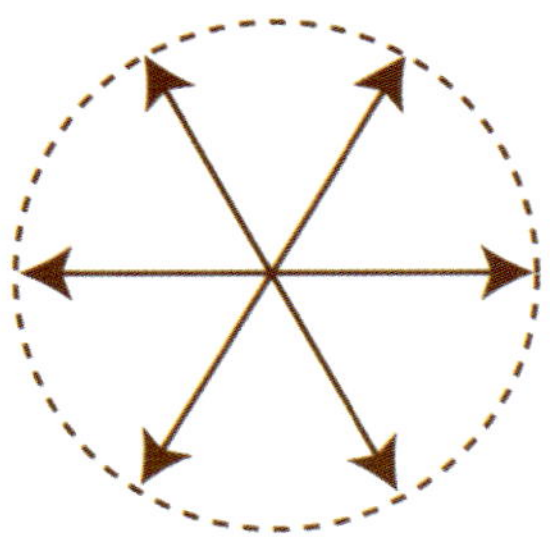

Die Projektion des Geistes in sechs Richtungen und die Rotation um die Achsen

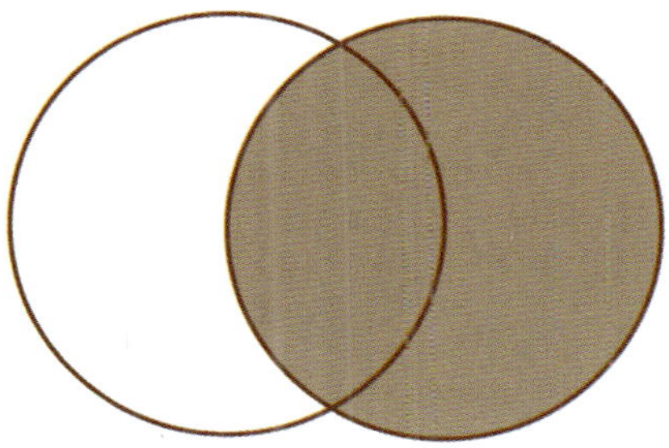

Der erste Tag der Schöpfung: Die Fischblase

Der Geist Gottes trifft auf das Nichts. Er projiziert einen Bewusstseinsstrahl und definiert den Raum. Eine Kugel entsteht als Erfahrungsraum.

Der erste Tag der Schöpfung, die Fischblase (lat. Vesica piscis).
Der Geist begibt sich an den Kugelrand und projiziert sich nochmals. Dadurch entsteht eine Überlagerung der beiden Kreise. Die Fischblase entsteht. Die Fischblase enthält die metaphysische Struktur des Lichtes: »und Gott

Sprach: Es werde Licht« und das Licht entstand. Auch das Auge, das diese Licht aufnehmen kann, hat die Form einer Fischblase. Im Überlappungsbereich der beiden Kugeln entsteht eine Spannung, weil beide Kugeln die Tendenz haben, sich gegenseitig auszubalancieren. So entschied das Bewusstsein, sich weiter auszudehnen.

Und so entsteht, ausgehend vom Schnittpunkt beider Kugeln, eine weitere usw.

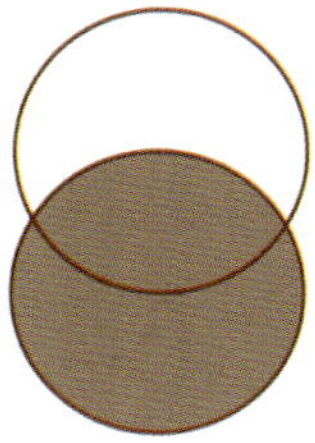

Der erste Tag der Schöpfung

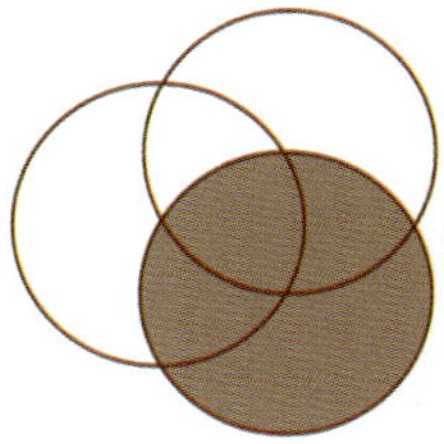

Der zweite Tag der Schöpfung

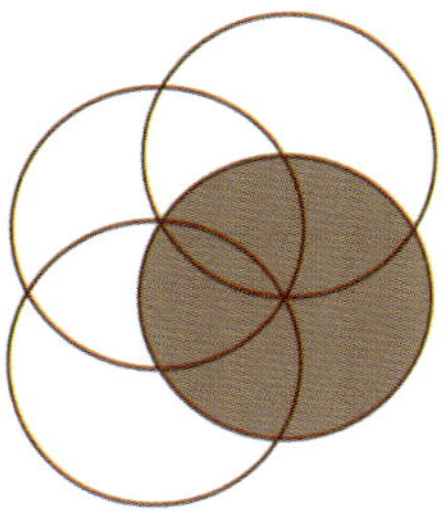

Der dritte Tag der Schöpfung

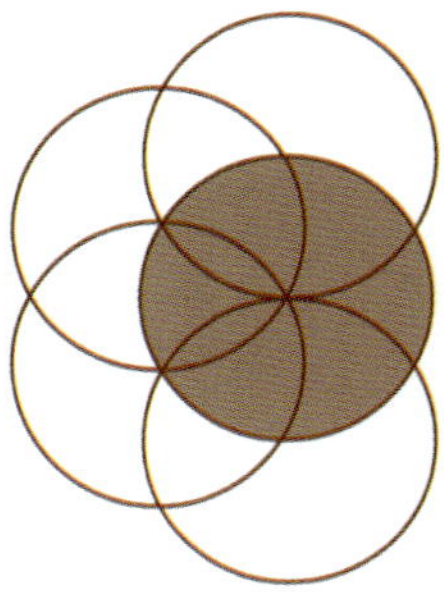

Der vierte Tag der Schöpfung

Der fünfte Tag der Schöpfung

Der sechste Tag der Schöpfung

(Grafiken: Corinne Schmid Tschumi)

Am siebten Tag aber ruhte der Geist, denn das Werk war vollendet. Und so stellen die sieben ineinander verschachtelten Kugeln des »Samens des Lebens« das Schöpfungsmuster des Universums dar.

Der Erste Tag der Schöpfung
Vesica Piscis von 1996 (Kornkreisessenz Nr. 3)

(Foto: Steve Alexander)

Der Fünfte Tag der Schöpfung
Kornkreis Lotus von 1998 (Kornkreisessenz Nr. 19)

(Foto: Steve Alexander)

Analogie zu Zellteilungsprozess

Die ersten acht Zellen formen einen Stern-Tedraeder
(Grafik: Corinne Schmid Tschumi)

Der Torus

Die Form eines Torus entsteht, wenn man nun die Form des »Samens des Lebens« um eine zentrale Achse dreht. Es entsteht ein amonnitenförmiger Ring mit einem winzigen Loch in der Mitte.

Bild eines Ammonitenfossils (Foto: Andreas Korte)

Bild von Muschelschnecken. (Foto: Andreas Korte)

Der Torus ist die erste Form, die aus dem Schöpfungsmuster entspringt. Es ist die einzige Form, welche sich um sich und in sich zu drehen vermag.

Der amerikanische Forscher **Stan Tenen** machte eine unglaubliche Entdeckung.
Er setzte diese Schneckenspirale in einen dreidimensionalen Tetraeder und beleuchtete diesen aus allen möglichen Perspektiven. Er fand heraus, dass so sehr eigentümliche Schatten entstehen. Als es diese untersuchte, fand er zu seinem großen Erstaunen heraus, dass diese Buchstaben waren. Buchstaben des hebräischen Alphabets in alphabetischer Reihenfolge und in korrekter Schreibweise!

Durch leichtes Drehen der Schneckenspirale innerhalb des Tetraeders konnte er Buchstaben anderer Sprachen wie arabisch oder griechisch entstehen lassen. Insgesamt konnten 27 verschiedene Positionen ermittelt werden.

Die Sprachen der Erde entspringen alle dieser Quelle und sind während der ersten sieben Tage der Schöpfung erschaffen worden.

Die Frucht des Lebens

Durch drei Drehungen der »Blume des Lebens« entsteht die Form der »Frucht des Lebens«.

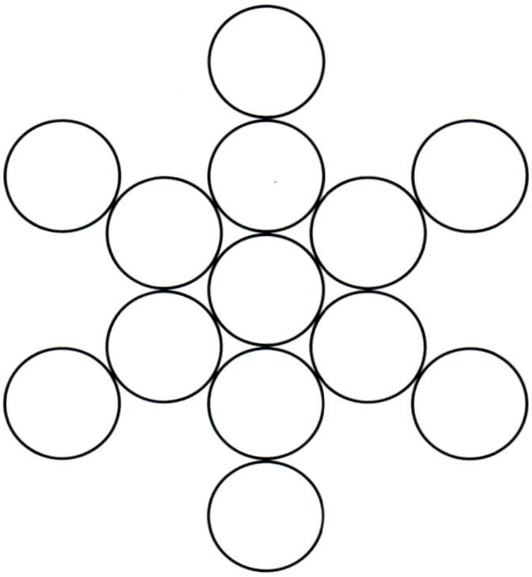

Die 13 Kugeln der »Frucht des Lebens« *13 Kugeln mit 13 weiteren verbunden*
(Grafiken: Corinne Schmid Tschumi)

Runde Linien sind in der Heiligen Geometrie weiblich und gerade Linien männlich. Verbinden wir nun die Mittelpunkte der Frucht des Lebens, so entsteht eine Form, die »Metatrons Würfel« genannt wird.

Die Platonischen Körper

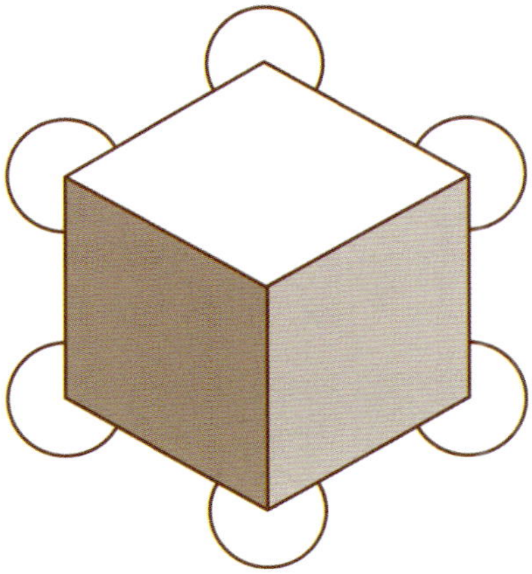

Der Würfel innerhalb »Metratrons Würfel«
(Grafik: Corinne Schmid Tschumi)

In Metatrons Würfel sind sämtliche Platonischen Körper enthalten

Abb. Kornkreis Cley Hill von 1997 (Kornkreisessenz Nr. 15)
(Foto: Steve Alexander)

Im Asmolean Museum in Oxford, England werden Modelle dieser Körper aufbewahrt, deren Alter auf ca 3400 Jahre geschätzt wird. Sie sind also ca. 1000 Jahre älter als Platos Lebenszeit.

Die Platonischen Körper sind die Grundformen der Geometrie.

Definition der Platonischen Körper:

- sie werden von Flächen gleicher Größe begrenzt
- sie haben gleiche Kantenlängen
- sie haben den gleichen inneren Winkel zwischen den Flächen
- wird eine Kugel entsprechender Größe in einen Plantonischen Körper gesetzt, so berühren alle Eckpunkte die Oberfläche der Kugel

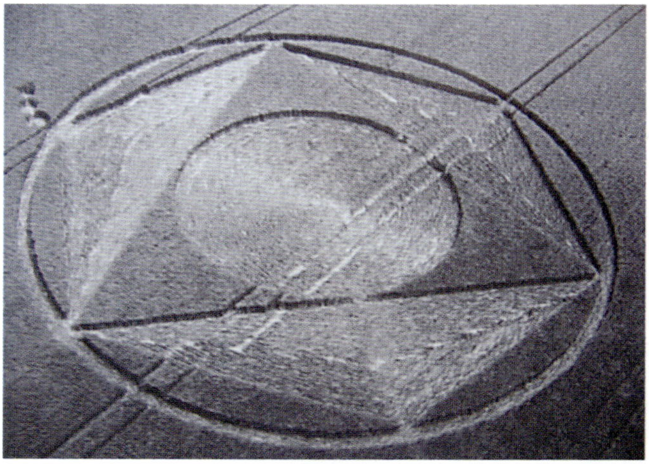

Oktaederform im Kornkreis »Eye of God«, Silbury Hill, 2000 (Kornkreisessenz Nr. 34)

Abb. Stern Tetraederform im Kornkreis Devils Den, 1999 (Kornkreisessenz Nr.25) (Foto: Steve Alexander)

Beispiele aus dem Mineralreich

Fluorit Oktaeder
Entspricht dem Element Luft

Granat Ikosaeder
entspricht dem Element Wasser

(Fotos: Andreas Korte)

Der Gebrauch von Edelsteinen oder die Einnahme von Edelsteinessenzen wird sehr empfohlen, bevor man sich mit den Kornkreisen oder Kornkreisessenzen beschäftigen möchte. Sie verhelfen uns zu einer besseren Erdverbundenheit und helfen uns, die hohen Energieschwingungen der Kornkreise besser integrieren zu können. Eine Liste von Edelsteinessenzen befindet sich im Anhang.

Kornkreise und Pyramiden

Pyramiden sind einzigartig. Sie sind eine perfekte Form. Sie dienten schon immer der Kommunikation mit den Sternen. Sei es, dass sie genau in alle Himmelsrichtungen ausgerichtet gebaut wurden, wie die Cheops-Pyramide, oder dass Sie den Menschen als Kalender dienten, wie die Pyramiden auf Teneriffa oder die Pyramiden der Sonnenanbeter in Mexiko und Peru.

Wie auch in den Steinmonumenten von Stonehenge oder Avebury wurde in den Pyramiden altes Wissen verbaut.

Die einzige Pyramide in England, Silbury Hill (Foto: Andreas Korte)

Nach zwei Millionen Jahren der kulturellen Finsternis begannen die Menschen vor etwa 5000 Jahren mit dem Pyramidenbau in Ägypten und Mesopotamien. Aber nicht nur hier finden wir Pyramiden. Später wurden auch Pyramiden in Mexiko, Guatemala und Peru gebaut. Und auch auf Samoa, Tahiti, auf Sardinien, Sizilien und in England haben die Menschen Pyramiden erbaut.

In England erscheinen jedes Jahr immer wieder Kornkreise in den Kornfeldern um die Silbury Hill Pyramide.

Silbury Hill mit Kornkreis Scarabe – 2005 (Nr. 80) (Foto: Steve Alexander)

Die älteste Pyramide der Welt, die Sakara Pyramide, wurde Anfang des dritten Jahrtausend v. Chr. für König Djioser errichtet. Sie wurde in der Stufenbauweise errichtet. Erst Pharao Cheops hat die neue Sitte eingeführt, für königliche Begräbnisse spitze Pyramiden mit dreieckigen Seiten bauen zu lassen.

Von den Pyramiden Ägyptens ist uns bekannt, dass diese als Grabstätten für die Pharaonen erbaut wurden. Die Toten wurden mumifiziert und in Steinsarkophagen beigesetzt.

Neueste Forschungsergebnisse sprechen davon, dass eine Wahrscheinlichkeit besteht, dass die Erbauer der Pyramiden Mittel und Südamerikas eventuell Impulse von anderen Völkern aufgenommen haben könnten.
So dachte die Forschung zunächst, die Pyramiden Mittel- und Südamerikas seien von Sonnenanbetern erbaut worden und dienten ausschliesslich als Kultstätten.
Doch 1947 wurde diese Hypothese widerlegt, als in der Pyramide in mexikanischen Palenke die Grabeskammer eines Königs entdeckt wurde, der genau wie in Ägypten mumifiziert und in einem Steinsarkophag beigesetzt worden war.

Etwa zeitgleich mit dem Pyramidenbau entwickelte sich auch die Technik zur Herstellung von Booten aus Papyrus, wie sie auch auf Darstellungen im alten Ägypten und der Inkas zu sehen sind.

Bislang galt es jedoch als unmöglich, dass solche Boote sich zum Überqueren von Ozeanen eignen würden.

Doch dem norwegischen Forscher **Thor Heyerdahl** gelang es unter anderem 1970 mit einem Boot, das nach traditioneller Bauweise aus Papyrus hergestellt wurde, von Marokko in Afrika 6100 Kilometer bis nach Barbados in der Karibik zu segeln.
Die Meeresströmungen sind wie Salzwasserflüsse, die von der Sonne angetrieben werden. Genauso könnten schon vor der europäischen Geschichtsschreibung die ersten Menschen von Ägypten losgereist sein, und dann eventuell über die Kanarischen Inseln mit der Meeresströmung des Golfstroms bis zu den Küsten Mittelamerikas gelangt sein.

Vieles deutet auf diese Theorie hin. So konnte der Bau von Pyramiden, die Mumifizierung von Toten und die Operationstechnik der Trepanation sowohl bei den alten Ägyptern, den Indianern Südamerikas als auch bei den Guanchen, den Ureinwohnern der Kanarischen Inseln, nachgewiesen werden.

Es war auf dem Rückflug von einer Expedition nach Ostafrika im Jahr 1991, wo ich die K 9 Essenz entdeckte, als wir mit der Fluggesellschaft keinen direkten Anschluss für den Rückflug hatten, sondern drei Tage in Kairo Aufenthalt hatten, bevor wir weiterfliegen konnten. Wir suchten uns ein Hotel in der Nähe von Gizeh und so konnte ich die Pyramiden zum ersten Mal vom Hotelfenster aus sehen. Am Abend machte ich noch eine Meditation, und in diesem Moment sah ich die Cheops-Pyramide, wie eine Pyramide aus Kristall, aber in der Dunkelheit. Dann wurde mir mitgeteilt, wie die Delphinessenz, Delph, an die vier Basispunkte der Pyramide gebracht werden sollte und dann noch eine Flasche auf die Pyramidenspitze um sie dann alle miteinander zu verbinden. Und in diesem Augenblick war es dann als, ob die Pyramide plötzlich im Licht erstrahlt und dieses Licht dann über die vier Himmelsrichtungen ausstrahlt.

Am nächsten Morgen machten wir uns dann auf den Weg. Da ich genügend Delph Essenz und Flaschen dabei hatte, war es kein Problem, die vier Basispunkte der Pyramide zu aktivieren. Doch dann stellte sich heraus, dass überall Schilder waren auf denen geschrieben stand, es sei verboten auf die Pyramide zu steigen und überall war auf Kamelen reitende Polizei unterwegs. Plötzlich gab es einen Riesentumult. Offensichtlich war eine Schlägerei zwischen Banditen und der Polizei im Gang. Alle Polizisten ritten nun dorthin. um ihren Kollegen beizustehen. Ein klares Zeichen. Der Weg war frei und ich begann sofort mit dem Aufstieg. Zum Glück hatte ich meine Bergschuhe und war Bergklettern gewohnt, denn die Pyramide ist ein richtiger Berg aus großen, steil aufragenden Blöcken. Erst als ich etwa auf halber Höhe war wurde ich entdeckt. Einige Polizisten riefen auf Englisch ich solle herunterkommen. Doch ich dachte mir, bis die mich einholen können, bin ich schon mit der Arbeit fertig. Und so war es dann auch. Ich konnte die fünfte Flasche hier oben deponieren und stellte mir vor, wie sie sich mit den vier der Basis verbinden würden. Und in diesem Augenblick spürte ich wie eine sehr starke Energie, die von oben her auf die Pyramide einströmte. Und in diesem Augenblick habe ich die Cheops-Pyramidenessenz hergestellt.
Als die Arbeit fertig war, blieb ich noch einige Zeit auf der etwa zehn Mal zehn Meter großen Plattform, die durch das Abtragen der Außenblöcke entstanden ist, in der Hoffnung, dass die mich da unten vergessen haben mögen. Und so war es dann auch. Ich konnte unbehelligt wieder hinabsteigen. Etwa auf halber Höhe hatten mich dann einige arabische Händler entdeckt. Und eine immer größer werdende Schar von Zuschauern sahen mir zu, wie ich die letzten Meter hinab stieg. Mir war schon ganz mulmig, wie die Leute wohl reagieren würden. Ein Ausländer, der auf ihr Nationalkulturerbe klet-

tert... Und dann applaudierten alle plötzlich und ich verschwand so schnell ich konnte, bevor jemand vielleicht anders reagieren wollte.
Es bilden sich immer wieder Kornkreise mit dem Thema der Pyramiden. Aber 2007 war ich perplex, als ich das Bild der Pyramide mit den Kreisen sah, die mich sofort an mein Erlebnis erinnerten.

Das Pyramidenareal von Gizeh besteht aus den drei Hauptpyramiden, Cheops als die größte Pyramide, dann die Chephren und die kleinere Mykerions Pyramide. Sie sind umgeben von weiteren kleineren Pyramiden, weitläufigen Grabanlagen und der berühmten Sphinx.

Die Cheops-Pyramide (Foto: Andreas Korte)

Sie ist die größte und wahrscheinlich auch am besten erforschte Pyramide weltweit. Es ist eines der Sieben Weltwunder. Kein anderer Bau der Erde kann sich an ihrer Größe messen. 24,4 Millionen Kubikmeter Gestein, 5,3 Millionen Tonnen Gewicht, aus etwa 2,3 Millionen Blöcken gebaut, die bis zu 70 Tonnen schwer sind. Es ist atemberaubend sich vorzustellen, welcher Anstrengungen es vermochte, diese gewaltige Masse von dreissig Mal der des Empire State Wolkenkratzers in New York zu bewegen und hierher zu schaffen und dann noch Millimeter genau miteinander zu verarbeiten.

Je mehr man über sie herausfindet, desto mehr neue Fragen stellen sich. Wie war es möglich. dass ein solch unglaubliches Wissen über Astronomie in einem solch gewaltigen Bauwerk für die Ewigkeit bewahrt werden konnte?

Ist es nicht auch ein Wunder, so wie das Wunder der Kornkreise? Ganze Generationen von Forschern und Mathematikern fördern immer wieder neueste Erkenntnisse zutage.

Der Querschnitt der Pyramide liegt genau auf dem 30. Breitengrad nördlicher Breite. Auf einer Felsenplatte neben Kairo in Ägypten erbaut, erhebt sie sich mit einer Seitenlänge von 332,71 Metern in einem Winkel von 51 Grad 51 Minuten zu einer Höhe von 148,148 Metern.

Das ganze Gebäude an sich ist eine mathematische Vollkommenheit. Die Höhe der Pyramide ist ein milliardstel Teil der durchschnittlichen Entfernung der Erde zur Sonne. Die Pyramide wiegt 5,3 Millionen Tonnen. Die Erde wiegt 5,3 x 10^{20} Tonnen.
Der Querschnitt der Pyramide ist aus den Größenverhältnissen der Sonne und der vier großen Planeten unseres Sonnensystems, Jupiter, Saturn, Uranus und Neptun abgeleitet.
Die kleineren Planeten unseres Sonnensystems, Venus, Erde, Mars, Merkur und unser Erdenmond sind in der Außenansicht enthalten.
Der Querschnitt der Pyramide, sowie die Lage der Gänge und der Königskammer sind vom Durchmesser der Sonne und der übrigen Planeten abgeleitet.

Die deutsche archäologische Gesellschaft gibt die Zeit von 2600 bis 2900 vor Christus als mögliche Erbauungszeit an, andere Forscher sprechen von 7000 Jahren vor Christus.

Ursprünglich war die Pyramide von einem weissen, glatt polierten Kalksteinüberzug, der die Sonne scharf reflektierte, bedeckt. Diese weisse Mantelsteinschicht bestand aus Blöcken, die so exakt zusammengefügt waren, dass man keine Messerspitze zwischen sie stecken konnte.

Im 12. Jahrhundert gab es ein großes Erdbeben, das ganz Kairo verwüstete und so begannen die Menschen, die Pyramide als Steinbruch für den Wiederaufbau ihrer zerstörten Stadt zu benutzen. Blöcke wurden herausgebrochen und Schutthaufen neben der Pyramide entstanden. Aus dem Material der Pyramide wurde unter dem damaligen Herrscher die Sultan Hassan Moschee errichtet.

Pyramide mit Kreisen aus dem Jahre 2007.
Eine Erinnerung an die Aktivierung der Pyramiden? (
Foto: Steve Alexander)

Die Pyramide von Chichén Itzá (Foto: Andreas Korte)

Anders als die Pyramiden von Mesopotamien und Ägypten, die in Wüstenlandschaften stehen, ragen die Pyramiden Mittelamerikas aus tropischem Regenwald hervor.

Und wieder war es ein »Zufall«, der mich 1993 hierher führte. Es war Winter in Deutschland und ich wollte einfach nur weg. So ging ich in ein Reisebüro und sah dieses Sonderangebot für eine Woche Mexiko. Als ich in Cancún ankam, sah ich sofort die Bilder von den Mayastädten und machte mich sogleich auf den Weg nach Chichén Itzá.

Das Volk der Mayas stammt ursprünglich aus den Hochebenen von Guatemala. Um das Jahr 1000 vor Christus sind sie dann in das Tiefland von der mexikanischen Halbinsel Yucatán eingewandert, wo sie das Sumpfland trocken legten und Landwirtschaft wie den Maisanbau betrieben. Im siebten Jahrhundert vor Christus begannen sie Pyramiden zu errichten, die dem Schlangengott Kukulcan gewidmet waren. Grausame Menschenopfer waren Teil ihrer Kultur. Heute zeugen noch die Chaak-Mol Gottheitsskulpturen mit dem typischen Opferteller auf dem Bauch davon, von denen auch zwei Statuen auf der Pyramide zu finden sind.

Die Tempelanlage von Chichén Itzá umfasst eine Sternwarte, verschiedene Tempelanlagen, Ballspielplätze und die Stufenpyramide, die von den Spaniern El Castillo genannt wird und in deren Nähe die eindrücklichen, runden Chenote-Brunnen sind.

Die Pyramide wurde Kukulcan gewidmet. Sie stellt ein Gemisch von Maya- und Toltekenkultur dar. Sie erhebt sich 24 Meter hoch und symbolisiert einen Jahreskalender. Auf jeder Seite führen 91 Treppenstufen nach oben. 4 X 91 = 364 Tage.

Am unteren Ende der Treppe säumen zwei Schlangenköpfe den Boden. Sie stellen vermutlich Kukulcan dar.

Die Stufenpyramide wurde derart errichtet, dass sie in einem Winkel von 25 Grad zu den Himmelsrichtungen versetzt steht. Dadurch entsteht ein besonderer Effekt von Licht- und Schatten. So werden jeweils nur zwei Pyramidenseiten von der Sonne bestrahlt. Und nach der Sonnenwende werden dann die anderen zwei Seiten beleuchtet. Es ist ein Sinnbild für das Sommer- bzw. das Winterhalbjahr.

Und am Nachmittag der Tagundnachtgleichen (Äquinoktium), dem 21. März und dem 21. September, erscheint ein besonderes Lichtspiel. Es erscheint der Schatten einer Schlange an der Pyramide, die den Treppenaufgang herunter zu kriechen scheint und ihren riesigen Kopf auf die unterste Stufe der Pyramide legt. Diese Illusion einer Schlange auf der Treppenbrüstung entsteht durch den besonderen Winkel, in dem die Pyramide errichtet wurde.

Der Kalender und der Wechsel der Jahreszeiten waren der Taktgeber für die agrarkulturelle Zivilisation.

Auch hier konnte ich mit der Delphinessenz- und der Cheopsessenz arbeiten und eine Essenz der Chichén Itzá Pyramide herstellen.

Die Pyramiden von Teneriffa

Ich erhielt einen Anruf von Mitarbeitern der Universität von La Laguna, die mich hierher einluden, um Kurse an der Fakultät über Blütenessenzen anzubieten. So kam ich zum ersten Mal auf die Insel Teneriffa, deren Schönheit mich bezauberte und bis heute begeistert.
Teilnehmer des Kurses erzählten mir von Pyramiden in Güimar, einem Ort auf der Ostseite der Insel gelegen. Als ich die Stufenpyramiden mit ihren Zeremonientreppen auf der Ostseite sah, erinnerten sie mich sofort an die Pyramiden Südamerikas.

Später sah ich dann noch weitere Pyramiden dieses Bautyps. Eine weitere hier auf Teneriffa auf der Nord-West-Seite der Insel und noch weitere auf der Insel La Palma, eine weiter westlich gelegene Insel.

Die Pyramidenanlage von Güimar bestehen aus einer ganzen Ansammlung von Pyramiden, von denen heute noch sechs erhalten sind. Leider wurden einige schon zerstört. Auch erinnerte mich der Platz damals eher an eine Müllhalde, als an einen Museumspark und mitten durch die Anlage sollte eine Straße gebaut werden. Doch Jahre später wurde dann endlich auf Initiative von Thor Heyerdahl ein Museum gebaut und das Gelände als Park erschlossen und geschützt.

Damals wurden die Pyramiden noch als sinnlose Steinhaufen betrachtet, die »zufällig« hier von den Bauern aufgeschichtet worden seien. Doch inzwischen ist auch von der Universität in La Laguna bestätigt, dass diese Pyramiden von gelernten Maurern unter Beachtung der jährlichen Sonnenbewegung errichtet wurden und zeremoniellen Zwecken dienten.

Alle Pyramiden haben eine Treppe auf der Ostseite, sodass der sie besteigende Priester die aufgehende Sonne sehen konnte.

Die Stufenpyramiden sind hier länglich gebaut und mit Zwischenplätzen und Zeremonienaufgängen versehen.

Forscher des astrophysischen Instituts der Kanaren haben festgestellt, dass der Hauptkomplex der Pyramiden so ausgerichtet ist, dass diese zur Sommersonnenwende zum Sonnenuntergang ausgerichtet sind, und im Winter zum Sonnenaufgang.

Pyramiden von Güimar auf Teneriffa (Foto: Andreas Korte)

Funde sprechen von einer Erbauungszeit von 780 vor Christus. Könnten Sie das fehlende geografische und zeitliche Puzzleteil zwischen den Pyramiden Ägyptens und Südamerikas sein?

Welcher Zusammenhang besteht zwischen den Pyramiden Mesopotamiens/ Ägyptens und denen Südamerikas?

1932 wurde von W.C. Bennett in Bolivien die Tiahuanaco Statue entdeckt, die den Sonnenkönig Kon Tiki aus der Prä-Inkazeit darstellt. Laut der Tradition der Inkas brachte dieser wandernde Kulturheld die Zivilisation in die Anden, bevor er den Ort auf einem offenen Floß in Richtung Pazifik verliess. Der spanische Eroberer Pizarro wurde aufgrund seines Bartes mit ihm verwechselt.

In Mexiko und Peru wurden Darstellungen von hellhäutigen und bärtigen Männern gefunden. Die Indianer selbst sind dunkelhäutig und bartlos.
Auch viele Keramikfunde veranschaulichen die kulturellen Ähnlichkeiten zwischen den frühen Zivilisationen in der Alten und in der Neuen Welt.

Wäre es also denkbar, dass es Kontakte in frühen zivilisatorischen Zeiten gab, noch lange bevor Kolumbus Amerika entdeckte? Die Kornkreise erzählen jedenfalls von den Pyramiden. Genauso wie Kornkreise weltweit vorkommen, sind auch die Pyramiden an mehreren Orten der Welt zu finden.

Und ebenso wie die Pyramiden den Menschen seit jeher als Kultplätze dienten, als Kalender oder als Plätze, an denen man sich mit den Sternen verband, sind die Kornkreise spontan auftretende »Tempel für kurze Zeit«, an denen der Mensch sich mit anderen Dimensionen verbinden kann.

Pyramide und Sonne, erschienen 2001 in East Field, England (Kornkreisessenz Nr. 52) (Foto: Steve Alexander)

Pyramide mit aufgehender Sonne. Ein Bild für die Erinnerung an den Sonnenkult wie an den Pyramiden von Güimar, oder eine Erinnerung an die ersten monotheistischen Religionen?
Eine Erinnerung an die einerseits erdende Funktion einer Pyramide, die uns aber andererseits mit den Kräften des Kosmos verbindet?

Die Pyramidenessenz (Foto: Andreas Korte)

Kornkreise, Wale und Delphine

Flaschenhalsdelphin (Tursiops truncatus) (Foto: Andreas Korte)

Die Familie der Delphine und Wale, die Gattung der Cetaceen, ist sehr viel älter als der Mensch, und zwar um mehr als zwölf Millionen Jahre. Tierisches Leben entwickelte sich vom Wasser aus zu Lebensräumen an Land. Evolutionsstudien anhand der Embryonalentwicklung der Delphine und die Analyse ihrer Knochenstruktur ließen die Forscher zu einem sehr interessanten Schluss kommen: Delphin und Wale waren ursprünglich Landtiere, die in ihrer weiteren Entwicklung ins Wasser zurückkehrten.
Durch Funde von Fossilien wurde diese Theorie bestätigt.

Alle heute lebenden Großwale und Delphine sind miteinander verwandt und haben gemeinsame Merkmale. Sie haben sich über 50 Millionen Jahre hindurch kontinuierlich entwickelt. Die zoologische Klassifizierung ist nicht ganz einfach. Grob lassen sich Wale und Delphine durch ihre Größe unterscheiden: Als Wale werden in der Regel die Cetaceen bezeichnet, die größer als etwa drei Meter sind, die kleineren als Delphine, wobei es allerdings Überschneidungen gibt. So werden zum Beispiel die Orcas oder Schwertwale auch der Gruppe der Delphin zugerechnet. Unterscheiden lassen sie sich auch durch ihre Mundwerkzeuge. Elf der großen Walarten haben sogenannte Barten. Das sind dichtstehende Fasern aus Keratin, mit denen sie Kleinlebewesen wie den Krill aus dem Meer herausfischen können. Zahnwale besitzen ein voll ausgebildetes Gebiss. Sie ernähren sich von Fischen und Plankton. Die Delphin gehören auch zu dieser Gruppe. Die Schnabelwale haben nur zwei oder vier Zähne im Unterkiefer und ernähren sich in erster Linie von Kopffüßlern wie zum Beispiel Kalmaren.

Delphine und Wale kommen in allen Ozeanen der Erde vor. Einige Delphinarten haben sich auch an ein Leben im Süßwasser angepasst. Zu ihnen zählen die Flussdelphin, wie der Ganges oder Indusdelphin, der Beji oder der Chinesische Flussdelphin und der Boto oder Rosarote Amazonasdelphin.
Die Delphine und Wale haben ein hoch komplex entwickeltes Gehirn, das auch das Volumen eines menschlichen Gehirns übersteigt. Es ist heute wissenschaftlich bewiesen, dass sie über ein hoch entwickeltes Bewusstsein verfügen.

Sie orientieren sich durch ein hoch entwickeltes Sonarsystem, mit dem sie ihre Umwelt wahrnehmen. Sie nehmen ihre Umwelt also vornehmlich akustisch wahr. Die von ihnen ausgesendeten Töne übersteigen bei Weitem den Bereich menschlicher akustischen Wahrnehmungsmöglichkeit. Man vermutet, dass die Pfeiftöne der Delphin, deren Frequenz bis zu 130.000 Hertz beträgt, das zentrale Nervensystem und die Gehirnströme des Menschen stimulieren und auch unsere Chakren aktivieren.

Die Delphin sind geistig hoch entwickelte Wesen, die mit den Menschen in uralter Freundschaft verbunden sind. Delphin kommen in vielen Mythologien verschiedener Völker vor. Schon immer spürten die Menschen etwas Besonderes, das von ihnen ausging. Bei den Etruskern wurden Delphin im Zusammenhang mit Heilungen dargestellt und auch in den antiken griechischen und römischen Mythologien wird von intensiven Begegnungen zwischen Menschen und Delphin berichtet. Sie halfen Fischern bei ihrer Arbeit und retteten in Not geratene Seefahrer.

Das berühmte Orakel von Delphi in Griechenland geht auf eine Sage zurück, nach der Apollon, Gott des Lichtes, der Kultur und der Vernunft, das Orakel der alten Erdmutter Gaia durch ein eigenes Orakel ersetzen wollte. Durch einen Sieg mit dem Ungeheuer Delphyne kam er zu delphinischen Energien, konnte sich fortan in einen Delphin verwandeln und bekam zusätzlich den Namen Delphinios, was so viel wie Delphingott bedeutet. Sein in Delphi errichteter Tempel wurde zu einer Stätte der Weissagung für Menschen von nah und fern.

Eine Reise führte mich nach Italien an den Golf von Neapel. An einem verregneten Nachmittag besuchten wird die antike Stadt Pompeji, die durch den berühmten Vulkanausbruch des nahe gelegenen Vesuv im Jahre 79 unserer Zeitrechnung zerstört und verschüttet wurde. 1500 Jahre wurde die Stadt vergessen, bis sie bei Viaduktarbeiten zufällig wieder entdeckt wurde. Die Ausgrabungen haben erstaunlich gut erhaltene Fresken und Mosaike hervorgebracht, die über Jahrhunderte unter den Ausstößen des Vulkans konserviert lagen. Wegen des schlechten Wetters gingen die anderen Mitreisenden schon in die Pizzeria. Doch ein inneres Gefühl sagte mir, da ist etwas... und tatsächlich fand ich zwei erstaunliche Mosaiken auf denen die Interaktion zwischen Menschen und Delphin zu sehen ist.

Mosaik in Pompeji (Foto: Andreas Korte)

Ein Mensch ist mit Delphinn im Wasser dargestellt. Sein rechter Arm ist als Spirale dargestellt. Sind damit die Delphinkräfte gemeint, die Dr. Haffelder im Jahre 1998 als eine Fibunetchi Spirale bezeichnete? In der anderen hält er eine Schale mit Obst. Ein Sinnbild des Gebens und Nehmens, als Energieausgleich?

Mosaik in Pompeji (Foto: Andreas Korte)

Die Interaktion Mensch Delphin auf zwei Ebenen. Im unteren Bereich sehen wir die erste Interaktion. Laut Aussage eines polnischen Mediums: Der Kreis könnte die Placenta beim Geburtsprozess darstellen. – Delphin sind tatsächlich sehr gute Geburtshelfer und viele Ärzte und Hebammen arbeiten sehr erfolgreich mit der Delphinessenz Delph® – Die zwei Linien bedeuten die väterliche und die mütterliche Linie. Die Delphine helfen, uns von unseren alten Mustern zu befreien und unseren eigenen Weg zu gehen. (Linie in der Mitte nach oben)

Stellt sie die Delphinenergie in Form einer Spirale dar?

Nun kommen wir zur zweiten Interaktion, Mensch Delphin. »Hier ist die spirituelle Geburt gemeint, die Vollkommenheit des bewussten Menschen. Der Mensch, der sich seiner selbst und seiner Umwelt voll bewusst ist.«

1991 entwickelte ich die weltweit erste Delphinessenz, Delph®. Es war an der Nordküste Kolumbiens. Für mich war es ein wunderbares Erlebnis. Es war die erste Essenz, die von wilden Tieren entstand.

Delphine bringen uns in Berührung mit unserer eigenen Spontanität, mit Lebensfreude, Vertrauen und Lachen – kurz: mit unserer Seele. Sie sind die Heiler und Therapeuten der Meere, die unser Herz öffnen und helfen, unsere Verbundenheit untereinander und mit der Natur wieder besser zu spüren.

Einige Jahre später arbeitete ich dann mit Walen, zuerst mit Pilotwalen bei der kanarischen Insel La Gomera, später dann mit Glattwalen bei Hermanus an der Küste Südafrikas.

Die Wale haben eine sehr starke, liebevolle, aber auch ernste Energie.
An dieser Stelle möchte ich die Botschaft der Wale wiedergeben, die mir bei der Essenzherstellung in Südafrika übermittelt wurde:

> *»Wir möchten Euch daran erinnern, dass wir alle Brüder und Schwestern sind.*
> *Wir möchten Euch daran erinnern, dass wir alle Kinder Gottes sind.*
> *Wir möchten Euch daran erinnern, dass uns die Schönheit des Planeten nur geliehen ist;*
> *Wir sind die Hüter des Planeten und der Natur und*
> *Wir möchten Euch daran erinnern, dass auch Ihr Euere Verantwortung wahrnehmt, um die Schönheit des Planeten zu bewahren.*
> *Seht, wie einfach es ist, glücklich zu sein,*
> *Öffnet Euren Geist und Euer Herz, damit wir Euch unsere Liebe übermitteln können«*

Die Wale möchten uns liebevoll an unsere Hüterrolle erinnern. Und sie sind es auch, die uns weltweit Zeichen geben, wie zum Beispiel durch die Walstrandungen.
Eine ganz besondere Rolle kommt hier noch einer in Südamerika beheimateten Delphingruppe zu.
Im Flusssystem des Amazonas und des Orinokos leben die Delphinarten Tuxuki und der Rosarote Amazonasdelphin, auch Boto genannt. Mit dem Rosaroten Amazonasdelphin verbindet mich eine ganz besondere Freundschaft. Diese Delphinart hat eine dünne Haut, durch welche die Kapillaren zartrosa scheinen. Sie können ihre Köpfe in sämtliche Richtungen drehen. Da sie in den nahezu undurchsichtigen, mit Sedimenten versetzen Gewässern leben und bei Hochwasser zwischen den Bäumen herumschwimmen,

haben sie ein ganz besonders hoch entwickeltes Sonarsystem. Es hat sich durch jahrelange Forschung gezeigt, dass diese Delphin besonders gut Emotionen heilen können. Und da sie in Amazonien leben, sind sie die Hüter dieser ganz besonderen Region der Erde, die energetisch dem Herzchakra der Erde entspricht.

Seit meiner ersten Begegnung mit den Delphinen 1991 arbeite ich mit dem Thema der Wale und Delphin. Seit jener Zeit führen wir auch regelmäßig Seminare durch, um Menschen den Zugang zu diesen Tieren in einer respektvollen Art zu ermöglichen. Wir arbeiten in Gruppen auf Teneriffa und La Gomera und auch am Amazonas. (Infos unter www.phiessences.com)
Andererseits ermöglichen wir durch die Essenzenarbeit und die Holistischen Lichtbehandlungen einer großen Anzahl von Therapeuten und interessierten Menschen, Zugang zu dieser wunderbaren Delphinenergie zu haben und Möglichkeiten zu erlernen, wie wir Delphintherapie machen können, ohne die Tiere zu beeinträchtigen.

Es waren die Wale, die mich dazu inspirierten, mich mit meinem Bekannten Dr. Snow in Verbindung zu setzen und mit der Arbeit der Kornkreisessenzen zu beginnen.

Aufgrund vieler Jahre der Forschung kann ich heute sagen, dass das Bewusstsein der Wale und das Phänomen der Kornkreise miteinander verknüpft sind. Sind ihre Botschaften nicht auch die gleichen an uns?

Delphin und Wale sind gerade heute sehr populär geworden. Und auch das Phänomen der Kornkreise ist in den letzten Jahren bekannt geworden.

Von beiden Seiten können wir Zeichen interpretieren, als einen Appell an ein Umdenken, als einen Appell, das Verhalten uns selbst, der Natur und dem Planeten gegenüber zu verändern, also bewusster zu werden.
Die Ureinwohner Australiens, die Aborigines, fühlten sich schon immer verantwortlich für das Wohlergehen der sie ernährenden Mutter Erde. In Nordaustralien gibt es ein Volk, das sich das »Delphinvolk« nennt, der Delphin ist ihr Totemtier. Die Schamanen dieses Volkes verständigen sich telepathisch mit Delphinen. Sie sind der Überzeugung, dass aufgrund ihrer engen Verbindung zu diesen Tieren, ihr eigenes Überleben vom Wohlergehen der Delphin abhängt.

Und die Delphin und Wale versuchen jetzt so intensiv uns zu helfen, da auch ihr eigenes Überleben von der Weiterentwicklung unseres Bewusstseins und die dadurch hervorgerufene Veränderung in unserem Verhalten abhängt.

Wir sind dabei, unsere Lebensgrundlage und die Lebensgrundlage der Delphin und Wale, die Meere, zu zerstören.
Durch massive Überfischung, durch rücksichtslose Ausbeutung, durch die Einleitung von Giftstoffen und Abfällen und nicht zuletzt nun auch durch die Verwendung eines Sonarsystems durch das Militär. Dieses Sonarsystem soll angeblich dazu dienen, feindlichen U Boote aufspüren zu können. In Wahrheit tötet es Wale und Delphin. Nachdem ein NATO-Manöver bei den Kanarischen Inseln durchgeführt wurde, wurden tote Grindwale an Land gespült. Als diese von der Universität in Las Palmas obduziert wurden, stellte sich heraus, dass ihr Gehirn zerstört wurde. Diese Wale hielten sich in dem Gebiet auf, wo das Manöver stattfand.

Nr. 74: Dolphins, Droycott Hill, UK (2004) (Foto: Steve Alexander)

Dieser Kornkreis erschien kurz, nachdem tote Wale nach Manövern aufgefunden wurden.

Was können Sie für Wale und Delphin tun?

- Verzichten Sie auf den Besuch von Delphinarien.
- Fordern Sie die Freilassung von Delphinen und Walen.
- Setzen Sie sich für den Delphin- und Walschutz ein.

- Fordern Sie Meeresschutzgebiete und ein Ende der Treibnetze.
- Fordern Sie ein Ende der Sonarverseuchung der Meere (www.oceancare.com).
- Helfen Sie mit, die Gewässer und Meere zu schützen.
- Kaufen Sie nur Fisch aus Nachzucht oder von kleinen Fischereien oder verzichten Sie auf Fisch.
- Achten Sie beim Kauf von Thunfisch auf das Emblem »delphinfreundlich«.
- Aktivieren Sie Gewässer mit der Delph Essenz* (www.phiessences.com).

Wasseraktivierung

Wir können die Wasserqualität durch die Einwirkung der Delphinnergie verbessern. Die hohe Schwingung der Essenz (ca. 15.000 Hertz) überträgt sich auf die Wassermoleküle und erhöht auch deren Schwingung. Verunreinigtes Wasser kann dadurch wieder energetisch rechtsdrehend werden und Beobachtungen haben gezeigt, dass im Wasser vorhandene Schwebeteilchen und Verunreinigungen schneller absinken können.

Vorbereitung

Stellen Sie zunächst einige Fläschchen von Delph Essenz Verdünnungen her. Hierzu besorgen Sie sich einige saubere oder gesäuberte Glasflaschen mit intakten Verschlüssen, etwas Alkohol z. B. Brandy oder Cognac, eine Flasche stilles Mineralwasser.
Füllen Sie zunächst ca. 30 % Alkohol in die Flasche und füllen diese dann mit Wasser auf. Achten Sie darauf, dass Sie sie nicht ganz füllen. Geben Sie nun für einige Tropfen aus der Delph Essenz Flasche in die Mischung dazu.

Mischungsverhältnis (Empfehlung)

Auf 30 ml	2 Tropfen
Auf 100 ml	3 Tropfen
Auf 500 ml	5 Tropfen
Auf 1000 ml	9 Tropfen

Es muss hygienisch gearbeitet werden. Dann verschließen Sie die Flasche und mischen Sie durch Schütteln.

Durchführung:
Gehen Sie nun mit den vorbereiteten Flaschen an das Gewässer, welchen Sie zu aktivieren gedenken. Konzentrieren Sie sich in einem Moment der Ruhe. Dann werfen Sie die Flaschen in einen Abstand von ca. 100 Metern voneinander in das Gewässer. Konzentrieren Sie sich und spüren Sie in sich hinein.

Ist hier eventuell mit starker Strömung zu rechnen, befestigen Sie die Flasche mit einer Nylonschnur an einem Stein, den sie zusammen mit der Flasche versenken.
Die Flasche bleibt für etwa 70 Jahre aktiv. Viele Menschen berichten, dass sie in diesem Augenblick schon eine starke Energie spüren. Andere berichten von Tierreaktionen, die unmittelbar während und nach der Aktivierung beobachtet werden konnten.

Weitere Informationen: „Delphine und Wale, ihre Botschaft und ihre Essenz“, Korte/Huber, Verlag Gesundheit und Entwicklung, Schaffhausen. ISBN 3-9520830-4-6 und www.delph-activation.com

Das Foto zeigt die energetische Wirkung der Delph-Essenz bei der Wasseraktivierung. (Foto: Laure)

Kornkreis Nr. 126 Windmill Hilton 2010 (Foto: Steve Alexander)

Kornkreise mit Tierzeichen

Die Delphine sind Botschafter für das gesamte Tierreich. Nachdem ich 1991 zuerst mit Delphinen gearbeitet habe, dachte ich mir: Gut, noch die Wale und dann fertig. Doch es kam anders. Auf einer Seminarreise in Chile wollte ich mich mit dem Thema der Algen beschäftigen. Doch die raue Brandung machte es mir unmöglich direkt mit Algen im Meer zu arbeiten. So wollte ich mit einer Alge arbeiten, die in einem Wasserteich, der sich zwischen den Felsen gebildet hatte. Und ich hatte nur eine einzige Flasche. In einem anderen Wasserteich war ein Seestern, der mich immer wieder rief: »Arbeite mit mir, arbeite mit mir«. Doch ich wollte nicht jetzt auch noch mit Tieren arbeiten und wand mich der Alge zu. Aber es wurde mir durch Fliegen, die sich scharenweise auf meinen Armen niederließen, geradezu unmöglich gemacht, mich auf meine Arbeit zu konzentrieren, bis ich schließlich entnervt aufgab. Dann sah ich nach dem Seestern und es war unglaublich – es war keine einzige Fliege mehr zu sehen... So beschäftigte ich mich in den nächsten Jahren mit den Tieressenzen. Dabei folgte ich den Entwicklungsschritten der Evolution. Zuerst arbeitete ich mit einfachen Meerestieren und dann mit einigen Insekten und schließlich auch mit Säugetieren.

Die Tiere haben eine starke therapeutische Wirkung. Die heute populäre Delphintherapie ist nur ein Beispiel für die Heilkraft der Tiere. Doch sollten wir nicht mit Tieren in Gefangenschaft arbeiten. Stellen Sie sich nur für einen Augenblick vor, wie Sie sich fühlen würden, wenn Sie in einer Garage leben müssten, getrennt von ihren Lieben. So fühlen sich auch Tiere in Gefangenschaft.

Bei jeder Begegnung mit den Tieren in freier Natur konnte ich diese Sehnsucht spüren, diese Sehnsucht der Tiere, dass wir sie endlich als die Lebewesen erkennen, die sie sind. Dass wir endlich wieder beginnen mit ihnen wahrhaftig zu kommunizieren und sie zu respektieren und zu schützen.

Oroborus Kornkreis erschienen 2001 in Badbury, England. (Kornkreisessenz Nr. 47)
(Foto: Steve Alexander)

Eine Schlange gebiert sich selbst zusammen mit der Darstellung einer Schildkröte. Ein Symbol für den Lebenszyklus und eine Erinnerung an unsere Verantwortung den Tieren gegenüber?

Wir bringen immer mehr Tier- und Pflanzenarten in Bedrängnis.

Artensterben

Nach Schätzungen des berühmten Biodiversitätsexperten **E. O. Watson** von der Harvard Universität (USA) sterben jede Stunde drei Arten aus. Dabei gilt diese Einschätzung unter Experten schon eher als konservativ. Derzeit geht man von einem Artensterben aus, das 1000 bis 10.000 Mal schneller abläuft, als durch den natürlichen Prozess der Evolution.

Andreas Troge, Leiter des Deutschen Bundesumweltamtes sagt, es stehen derzeit weltweit 15.000 Arten kurz vor der Ausrottung und der Klimawandel werde das Artensterben noch beschleunigen.

Stellen Sie sich nur für einen Augenblick vor, wie leer und traurig die Erde dann wäre.

Und hier ist der Punkt. Die Tiere sind dermaßen in Bedrängnis geraten, dass viele Arten heute schon gar nicht mehr in der Natur vorkommen, sondern die letzten ihrer Art nur noch in zoologischen Gärten leben, und es versucht wird, durch Zuchtprogramme diese vor dem totalen Verschwinden zu bewahren.

Hilfe für bedrohte Tierarten

Unterstützen Sie Tierschutzvereinigungen und Umweltorganisationen.

Setzen Sie sich für Schutzgebiete ein, um Tieren eine neue Heimat und die Chance zum Überleben zu geben.

Eine Artenvielfalt kann nur entstehen durch

- eine Vielfalt der Lebensräume
- eine Artenvielfalt innerhalb der Lebensräume
- genetische Vielfalt innerhalb der Arten

Zusätzlich haben wir heute noch die Möglichkeit, auch mit den Essenzen unterstützend zu arbeiten.

Die gleiche Vorgehensweise wie bei der Aktivierung mit der Delphinessenz Delph kann auch mit anderen Tieressenzen gemacht werden. (Siehe vorheriges Kapitel)

Wir können die Essenz eines Tieres aus einer Familie (zum Beispiel Cetaceen) für sämtliche Arten der gleichen Familie verwenden.

Suchen Sie sich eine Tierart aus, die Sie unterstützen möchten und können. Verwenden Sie die Tieressenz der Familie des Tieres und stellen Sie möglichst viele Verdünnungsflaschen her.

Bringen Sie dann die Flaschen in Schutzgebiete, in denen die Tierart, der sie helfen möchten, noch vorkommt. Informieren Sie sich über das Tier, wie es lebt. Das erfordert die Möglichkeit des Reisens. Informieren Sie sich vorab, wie die Besuchsmöglichkeiten in der betreffenden Region sind. Bringen Sie dann die Flaschen in das Schutzgebiet, ohne die Tiere zu stören. Halten Sie sich an die Vorschriften und gehen Sie kein Risiko ein. Wilde Tiere können gefährlich sein.

Je nach Lebensgewohnheit des Tieres bringen Sie die Essenz in den Bereich, in dem das Tier lebt. Zum Beispiel:

- für die Adler auf die Berghöhen,
- für einen Delphin ins Meer
- für den Tiger diskret zwischen Felsen oder unter Baumwurzeln etc.

Das Tier nimmt so seine eigene Schwingung verstärkt wahr und fühlt sich dadurch an diesem Ort zu Hause.

Beobachtungen haben gezeigt, dass die Tierpopulation in dem Gebiet nach etwa zwei Jahren nach der Aktivierung zunimmt.

Bei Alligatoren, Fröschen, Libellen und Walen konnte dies schon festgestellt werden.

Wir können dadurch die Arten stärken und hoffentlich einige vor dem Aussterben bewahren.
Schreiben Sie kurz auf, in welchem Schutzgebiet sie für welche Tierart gearbeitet haben. Bitte senden Sie uns dann eine kurze Nachricht an info@phiessences.com
Damit so die Aktivierungen auf die Internetseite eingetragen werden können und andere sehen können, in welchen Schutzgebieten bereits für welche Tierart aktiviert wurde.

Hilfe für bedrohte Pflanzen

Wenn Sie einen Garten besitzen, dann könnten Sie mithelfen, bedrohte Pflanzen vor dem Aussterben zu bewahren.

Informieren Sie sich im Internet oder bei Fachleuten und Umweltbehörden, welche Pflanzen in Ihrem Bereich vom Aussterben bedroht sind. Suchen Sie sich eine oder mehrere Pflanzenarten aus, die Sie unterstützen wollen.

Informieren Sie sich über die Pflanze und ihre optimalen Bedürfnisse. Es ist wichtig für optimale Bedingungen, was Boden, Feuchtigkeit, Temperatur und Sonneneinstrahlung angeht, zu sorgen. Nur wenn alles optimal ist, kann sich die Pflanze optimal entwickeln.

Besorgen Sie sich nun die zu schützende Pflanze. Entnehmen Sie aber keine Pflanzen aus der Natur. (Geschützt!)

Sammeln oder kaufen Sie Samen der Pflanze. Auch hier können Ihnen Fachleute helfen. Kultivieren Sie die Pflanze in Ihrem Garten. Sammeln Sie die Samen der Pflanze. Nur bei einheimischen Pflanzen können diese dann auch wieder in die Natur gebracht werden. Informieren Sie sich bei Fachleuten.

Geben Sie Samen an andere Interessenten weiter.
Sie können auch nur schon durch die Einrichtung eines Biotops in ihrem Garten oder durch das Aufhängen von Fledermaus- und Vogelkästen zur Bereicherung der Artenvielfalt beitragen.

Jeder kann so einen kleinen Teil dazu beitragen, dass die Schönheit des Planeten wieder hergestellt wird.

Gerade Schmetterlinge brauchen unsere Unterstützung Sie sind leider immer seltener geworden. Durch den Anbau von Pflanzen wie Flieder, die Schmetterlingen Nahrung bieten, und die Vermeidung von Giften können wir die schönen Insekten unterstützen.

Kornkreis Butterfly Hailey Wood, Ashbury, erschienen 2007 (Nr. 95)
(Foto: Janet Ossebaard)

Aufbau des Kornkreises anhand der Heiligen Geometrie im 4er System. Es ist die Darstellung einer Biene. Ist es ein Hinweis auf das Bienensterben?

Die Bienen sind für unsere Ernährung sehr wichtig. Sie liefern nicht nur den Honig, sie bestäuben auch die Blüten. Ohne Bienen gibt es weder Früchte noch Gemüse.

Durch den Einsatz von Chemie in der Landwirtschaft und durch die zunehmende Verstrahlung unserer Landschaft durch die massive Zunahme von Funkantennen sind die Bienenvölker zunehmend bedroht.
Dadurch wird das Immunsystem der Bienen geschwächt und Parasiten, beispielsweise die Varoa, werden so zu einer Bedrohung für die Bienenvölker.

Mit der Bienenessenz können wir die Bienenvölker unterstützen. Geben Sie diese den Imkern. Stellen Sie Verdünnungsfläschchen her (siehe Wasserakti-

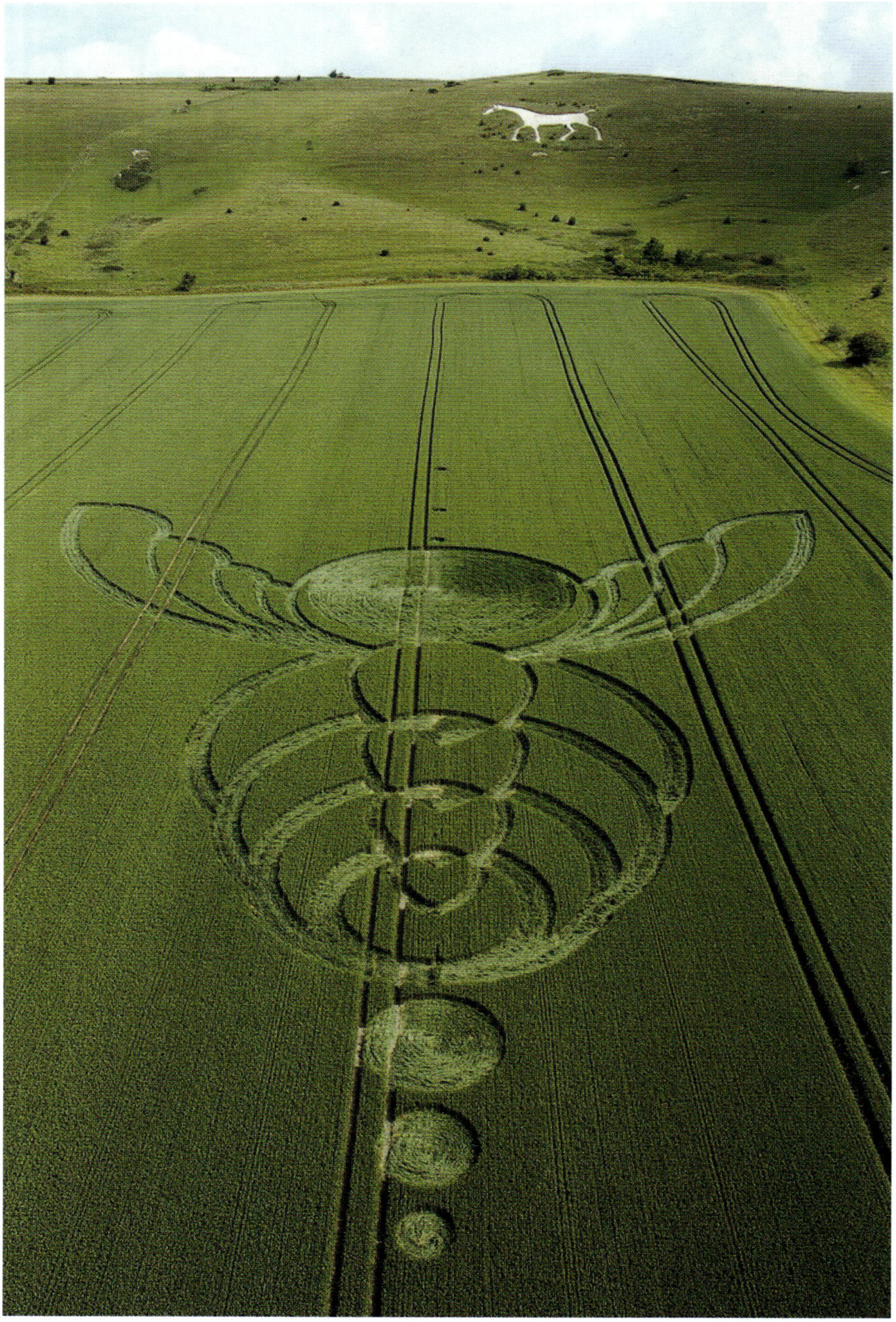

Abb. Kornkreis Bee erschienen in Alton Barnes 2004 (Nr. 77)

(Foto: Steve Alexander)

vierung), geben Sie einige Tropfen Bienenessenz hinein und stellen Sie dann die Fläschchen in das Bienenhaus. Als zusätzliche Unterstützung für das Immunsystem der Bienen können Sie noch einige Tropfen der afrikanischen Blütenessenz K 9 mit in das Trinkwasser der Bienen geben.

Kornkreis Libelle 2009 (Nr. 111)
(Foto: Steve Alexander)

Bei hoher Strahlenbelastung in der Gegend (hohe Antennendichte), können Sie in das Trinkwasser der Bienen einige Tropfen der Kakteenessenz Radiation Protection Cactus geben.

Kornkreise mit DNA-Mustern

Wie wir im vorherigen Kapitel über die heilige Geometrie gesehen haben ist der Vorgang der Schöpfung einmalig. Die Natur ist von der Kraft Gottes durchflutet und bringt in der Evolution immer wieder neue Lebensformen hervor.

Alles geschieht nach Gottes Plan. Es ist an uns Menschen, Demut vor der Schöpfung Gottes zu entwickeln, das Heilige in allen Lebensformen wieder zu entdecken.

Kornkreis Double Helix, East Field, erschienen 1996 (Nr. 1)
(Foto: Steve Alexander)

Die Doppelhelix als Trägerin der Erbinformation. Erinnerung an die Schöpfung?

Begriffserklärung

Die DNA oder ausgeschrieben Desoxyribonucleinsäure ist ein Biomolekül, das in allen Lebewesen vorkommt. Die DNA ist die Trägerin der Bioinformation.

Sie enthält die Gene, die für Ribonucleinsäuren (RNA / RNS) zuständig sind, und kann Proteine codieren, welche für die biologische Entwicklung eines Organismus und den Stoffwechsel in der Zelle notwendig sind.

Die DNA ist meist in Form einer Doppelhelix organisiert. Sie ist chemisch betrachtet eine Nukleinsäure, ein langes Kettenmolekül (sog. Polymer). Sie besteht aus Einzelstücken, so genannten. Nukleotiden. Jedes Nukleotid besteht wiederum aus einem Phosphat(rest), einem Zuckermolekül und einer der vier organischen Basen mit den Kürzeln A, T, G und C.

Innerhalb der Protein codierenden Gene legt die Abfolge der Basen die Abfolge der Aminosäuren des jeweiligen Proteins fest. Im genetischen Code stehen jeweils drei Basen für eine bestimmte Aminosäure.

Bei den Zellen von Pflanzen, Tieren, Menschen und Pilzen ist der Großteil der DNA im Zellkern als Chromosom organisiert.

Der Aufbau der DNA entspricht der Heiligen Geometrie.

Geschichte

1869 entdeckte der Schweizer Arzt Dr. Friedrich Miescher das Nuklein
1919 beschreibt Dr. Phoebus Levene erste Bestandteile der DNA
1953 beschreiben der Amerikaner Jones Watson und der Brite Francis Crick erstmals den strukturellen Aufbau der DNA

Schon immer war der Mensch auf der Suche nach dem sagenumwobenem El Dorado. Die spanischen Konquistadoren Südamerikas genauso wie so viele mehr in der Geschichte.

Doch was ist das El Dorado, das uns das Gefühl der Fülle und des Reichtums und Glücks gibt?

Es ist meiner Meinung nach nicht irgendein Goldschatz, sondern es ist die große Artenvielfalt, welche die Schöpfung in der Natur geschaffen hat. Seit 1984 beschäftige ich mich mit der Beobachtung der Natur und der Entwicklung von Essenzen der verschiedensten Ebenen. Und es ist dieser Artenreichtum, der uns das Gefühl der Freude und des Glückes und Heilung schenkt. Denn auch wir sind Teil der Natur und mit dieser verbunden. Je mehr Arten in einem Ökosystem vorkommen, desto stärker ist dieses positive Gefühl. Und je glücklicher wir sind, desto besser funktioniert auch unser Immunsystem, wie verschiedene Studien aus der Psychosomatik gezeigt haben.

Meiner Meinung nach ist die Natur ein Paradies auf Erden, das es zu bewahren gilt. Ich denke ,sie ist das El Dorado, das Paradies, das wir schon immer sehnsüchtig gesucht haben. Und nun ist es an uns, unser Bewusstsein so weit zu entwickeln, dass wir dies erkennen und unser wahres Glück finden.

Das andere Extrem wäre die Vorstellung einer künstlichen Welt, zum Beispiel in einer Weltraumstation, wo die Menschen nur noch von Technik umgeben (über)leben würden.

Wie würden sich die Menschen hier wohlfühlen?

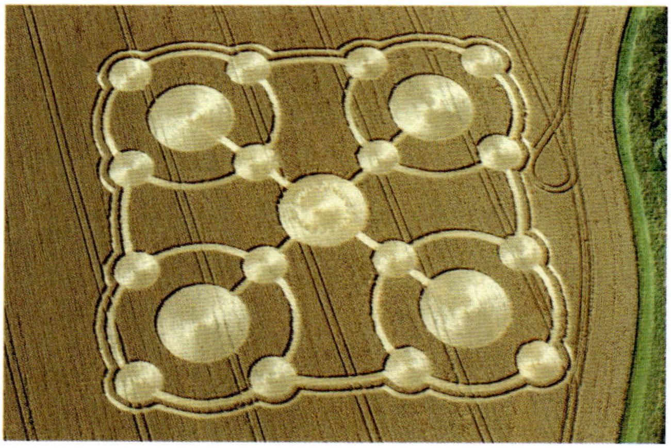

Kornkreis DNA Profil, Avebury 2005 (Nr. 79)
(Foto: Janet Ossebaard)

Ein Hinweis auf die Gentechnik?

Medizinische Forschung ist zweifelsfrei wichtig und notwendig. Ich denke, jeder vernünftige Mensch wagt dies nicht zu kritisieren.

Anders sehe ich die Entwicklung und Verwendung von genetisch veränderten Bestandteilen in unserer Nahrung.

Ich denke, das ist ein Irrtum. Ich bin kein Experte, aber wir wissen heute, dass zum Beispiel genetisch veränderter Raps sich verbreitet und auch mit anderen Kreuzblütlern der gleichen Familie kreuzen kann, die in der Natur vorkommen.

Und in der Evolution hat unser Körper gelernt, mit den verschiedenen Bestandteilen aus unserer Nahrung umzugehen. Auf Deutsch sagt man: Du bist, was du isst. Denn bekanntlich werden fast alle Körperzellen immer wieder vom erneuert.

Wenn wir genetisch veränderte Nahrungsmittel essen, dann verändert sich auch unsere Struktur.
Deshalb sollten wir so veränderte Nahrungsmittel meiden und möglichst gesunde Nahrung zu uns nehmen. Denn auch unser Körper ist heilig und sollte gesund erhalten werden. Es geht um die Bewahrung von Gottes Schöpfung und unserer Gesundheit.

Multidimensionalität der Kornkreise

Für uns Menschen, die wir in einer dreidimensionalen Welt leben, ist es sehr schwierig, sich weitere Dimensionen vorstellen zu können.

Betrachten wir einen Punkt. Dieser hat keine Ausdehnung und ist deshalb nulldimensional (0D)

(Grafik: Sasa Nikolic)

Punkt

Dehnt sich dieser Punkt zu einer Linie aus, so entsteht eine eindimensionale Linie (1D)

Linie

Bei einer Ausdehnung in zwei Richtungen ergibt sich eine zweidimensionale Fläche (2D)

Quadrat

Bei einer Ausdehnung in drei Richtungen erschaffen wir einen dreidimensionalen Raum (3D)

Würfelform

Bis hierher können wir uns das gut vorstellen. Doch gibt es weitere Dimensionen, die zwar berechnet werden können, doch entziehen diese sich unserer bildlichen Vorstellungskraft.

Wenn sich nun Räume oder Körper bewegen, entsteht ein vierdimensionales Gebilde, das die Physiker die Raumzeit nennen (4D). Die Raumzeit ist die Bewegung von Objekten im Raum, bzw. des Raumes an sich.

Einsteins Theorien haben gezeigt, dass es ohne Materie weder Raum noch Zeit gibt. Zeit entsteht erst durch Bewegung. Gäbe es keine Materie, oder wäre sie absolut bewegungslos, so gäbe es auch keine Zeit.

Der Tanz des äußeren Universums spielt sich also auf der Bühne der vierdimensionalen Raumzeit ab.

Aus der 4D – Perspektive gibt es kein vorher und kein nachher. Alles spielt sich gleichzeitig ab, es gibt keine Abfolge. Alles ist gleichzeitig.

Eine Möglichkeit, sich die Raumzeit vorzustellen, ist die Darstellung eines Baumes, der das Universum verkörpert.

Darstellung von Multidimensionalität

Darstellung der Multidimensionalität (Grafik: Corinne Schmid Tschumi)

In unserer dreidimensionalen Welt empfinden wir alles als getrennt. Ähnlich der Zweige des

Baumes. Doch schon in der vierten Dimension erkennen wir, dass alles zusammengehört und Eins ist. Schon in der vierten Dimension besteht weder Raum noch Zeit.

Jeder Baum ist aus einem Samen entstanden, der den ganzen Baum bereits in sich trägt. Zuerst bildet sich eine Wurzel, dann beginnt das Wachstum der Pflanze. Es entsteht ein Stamm mit Ästen und unzähligen Zweigen, welche die verschiedenen Entwicklungswege darstellen.

Aus dieser Analogie ergibt eine Schnittebene durch die Baumkrone unzählige Schnittflächen an den Ästen und Zweigen. Diese erscheinen wie voneinander getrennte Körper oder Raumobjekte.

Der Raumzeit-Baum verkörpert die gesamte Evolution und zeigt deutlich, dass alles aus derselben Einheit Gottes entsprungen war und aus vierdimensionaler Sicht immer noch mit ihr verbunden ist.

Aus einer Perspektive mit mehr Dimensionen erscheint unsere Existenzform nur als ein »flaches« Abbild (Hologramm) einer multidimensionalen Realität, die wir in unseren Geist hineinprojizieren.

Kornkreis Nr. 99, »Dimensions« Horton 2008 (Foto: Steve Alexander)

Darstellung der mehrdimensionalen Ebenen.

Viele der Kornkreise muss man sich mehrdimensional vorstellen. Die Darstellungen in den Getreidefeldern erscheinen uns flach, doch sie sind es nicht. Auch energetisch wirken die Kornkreise räumlich, wie beim Überfliegen der Kreise festgestellt werden kann.

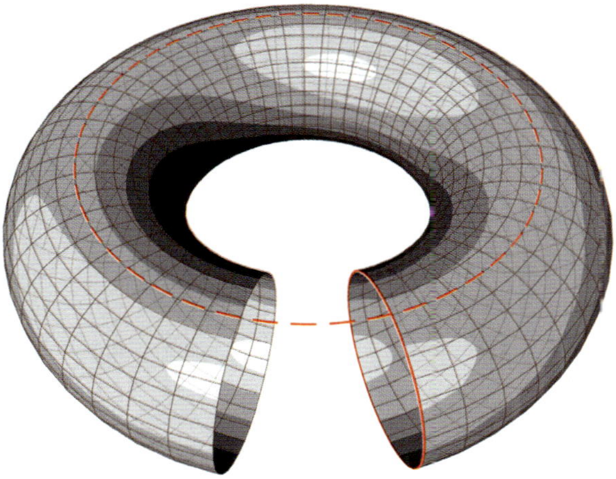

Kornkreis 14 Rings Spiral, Woodborough Hill, 1997 (Kornkreisessenz Nr. 13)
(Foto: Steve Alexander / Grafik: Corinne Schmid Tschumi)

Erfahrung der Multidimensionalität, Kornkreis West Kennet 2007 (Nr. 93)
(Foto: Steve Alexander)

Es gibt gewisse Orte auf der Erde, die wie Dimensionspforten wirken. So schreibt der deutsche Kornkreisforscher **Eckhard Weber** in seinem Buch der Kornkreiscode auf Seite 69 von Erfahrungen, die Menschen gemacht haben, die sich in den Sarkophag in der Königskammer in der Cheops Pyramide gelegt hatten. In Kolumbien gibt es zwei Autostunden von Bogota entfernt, einen Ort auf 3500 Meter Höhe in den Anden, einen in einem Krater gelegenem Vulkansee mit dem Namen Guatavita. Die Chipsas Indianer hatten hier in der präkolumbianischen Zeit gelebt und bei den Indianern galt dieser Ort als heilig. Sie praktizierten hier religiöse Rituale ähnlich einer Sonnenverehrung und übergaben dem Wasser Goldschmuck und andere Kunstwerke aus Gold, die heute im Goldmuseum in Bogota ausgestellt sind. Da diese Gegend der Habitat der Orchidee Epidendrum chinoeum ist, einer Orchidee (Sun Orchid), mit der ich arbeite, kam ich schon des Öfteren in diese Gegend. Hier sprach ich mit Einheimischen, die mir von ihren Erfahrungen berichteten: Hier wurde schon beobachtet, wie Kinder vor den Augen ihrer Eltern verschwanden und später plötzlich andernorts wieder auftauchten. Auch von Matchu Pitchu in Peru wurde mir von zwei Bekannten aus England und der Schweiz unabhängig voneinander schon Ähnliches berichtet.

In einigen der Kornkreise konnte ich während der Herstellung der Essenzen auch deutlich die Verbindung zu anderen Dimensionen spüren. Dieses Empfinden ist natürlich subjektiv und ich hoffe, dass wir später Möglichkeiten haben werden, das wissenschaftlich beweisen zu können.

Wie wirken Kornkreise auf die Umgebung?

Aufgrund jahrelanger Beobachtungen vermute ich, dass Kornkreise nicht »rein zufällig« an einem Ort entstehen. Vielmehr, denke ich, folgen sie einer gewissen Logik.

Wie wir schon gehört haben, erscheinen Kornkreise häufig in unmittelbarer Nähe von alten historischen Stätten, wie dem Steinkreis von Avebury, der Pyramide Silbury Hill, Stonehenge in England, oder alten Burgen und Siedlungsstätten.

Wie in England oder Deutschland erscheinen die Formationen auch oft neben alten Grabstätten wie Hügelgräbern.

Ist dies alles nur Zufall?

Ich denke, einer der Schlüssel zum Verständnis dieses Phänomens wird die Studie der Geschichte des Ortes sein, an dem der Kornkreis gefunden wurde.

Wenn es so ist, dass die Kornkreise aus einer anderen Dimension kommen, wie oben beschrieben, dann versuchen wir uns einmal die Welt so vorzustellen, wie sie eventuell aus dem Blickwinkel einer anderen Dimension wahrgenommen werden könnte.

Wie wir gehört haben, würde unsere dreidimensionale Welt aus einer Perspektive mit mehr Dimensionen nur als ein »flaches« Abbild (Hologramm) erscheinen.

In dieser anderen Realität wären auch Zeit und Raum eine Illusion. In diesem Bewusstsein ist alles gleichzeitig und miteinander verbunden.

Vermutlich haben Kornkreise eine multidimensionale Funktion. Sie wirken nicht nur auf den Betrachter, sondern auch ganz konkret auf die Energien des Ortes, wo der Kornkreis sich befindet.

An dem Ort, an dem Kornkreise entstehen, wirken sie vermutlich wie Akupunkturnadeln am Körper des Menschen, welche die Meridiane des Menschen aktivieren können, um so, nach der chinesischen Medizin, ein Gleichgewicht zwischen den Elementen im Körper zu erreichen. Was im Krankheitsfall bei Behandlungen zur Aktivierung der Selbstheilungskräfte führen kann.

Wie wir gehört haben, sind viele der historischen Bauten wie Avebury oder Stonehenge, die Pyramiden oder Kapellen oder Kirchen von unseren Vorfahren vermutlich ganz bewusst an energetisch wichtigen Plätzen errichtet worden.

Die Steinsetzungen auf Kreuzungen von Energielinien könnten wie Akupressur oder Akupunktur wirken. Altes Wissen wurde so bewahrt.

In der fernöstlichen Philosophie existieren am Körper des Menschen Energiezentren, die Chakras genannt werden. Über diese Energiezentren ist der Mensch energetisch mit seiner Umgebung verbunden.

Durch meine jahrelangen Forschungen in der Natur bin ich zu dem Schluss gekommen, dass besonders die Gegenden entlang des Äquators, wie die Regenwälder der Erde oder die Korallenriffe der Meere, durch die große Artenvielfalt der Natur energetisch als überaus wichtig zu betrachten sind. Wenn wir uns vorzustellen vermögen, dass auch die Erde ein lebendiger Organismus ist, dann können wir die Äquatorregion der Erde mit der Spiegelachse des Menschen vergleichen, auf der sich unsere Chakren befinden. Mit diesem Bild können wir uns vorstellen, dass auch die Erde Chakren und so etwas analog der Meridiane hat (siehe Grafik S. 36).

Fachleute sprechen von zwei Energielinien, die sich in Avebury in England kreuzen. Diese könnten wie Meridiane beim Menschen wirken. Die Menschen haben die Steinmonumente vermutlich ganz bewusst hier angelegt. In der Akupunktur werden solche Punkte zum Beispiel mit Nadeln angeregt, um den Energiefluss des entsprechenden Meridians zu erhöhen und so die Selbstheilungskräfte zu stärken. Eine Analogie zur Gegend um Avebury ist zum Beispiel die Umgebung von Zierenberg bei Kassel in Deutschland, wo auch über Jahre hinweg etliche Kornkreise entstanden. Es wäre durchaus vorstellbar, dass die Erde über solche Energiepunkte Impulse aufnimmt. Könnte dies, wie beim Menschen, zu einer Schwingungserhöhung und damit zu einer Unterstützung der Selbstheilung führen?

Energetisch betrachtet wäre die Entsprechung der Amazonasregion als größtes und älteste Regenwaldgebiet der Erde mit dem Herzchakra (4. Chakra) und die Tropen Afrikas in etwa mit dem Basischakra (1. Chakra) beim Menschen vergleichbar.

Wenn wir uns, wie schon im Kapitel über die Artenvielfalt berichtet, über den Zustand der Erde Gedanken machen, dann ist die Situation besorgniserregend.

Weltweit verschwinden die Regenwälder durch Abholzung und Brandrodung, und auch die Korallenriffe verschwinden durch Umweltverschmutzung und Klimaerwärmung.

Es ist höchste Zeit zu handeln. Nun geht es darum, ein neues Bewusstsein zu entwickeln **und zu handeln**.

Die Tiere und Pflanzen und auch die Kornkreise können uns dabei unterstützen.

Das Pflanzenreich:
Der englische Arzt **Dr. Edward Bach** hat in den 30iger Jahren die ersten Essenzen von Blüten entwickelt. Durch seine Pionierarbeit haben viele Menschen ein neues Bewusstsein für ganzheitliche Heilung entwickeln können und gelernt, wie die Pflanzen uns helfen können auf der emotionalen Ebene in einen Zustand der Harmonie zurückzufinden.

Das Tierreich:
Tieressenzen wie die Delphinessenz helfen uns, ein erweitertes Bewusstsein für die Heilung unserer Seele zu erreichen und uns wieder mit der Umwelt und den Tieren in Harmonie zurückzufinden. Wir können ein neues Bewusstsein für das wahre Wesen der Tiere entwickeln unsere eigene Anima heilen und auch ein Verständnis für die Heilung der Umwelt entwickeln.

Die Kornkreise:
Die Kornkreise und deren Essenzen helfen uns, ein Bewusstsein zu entwickeln, in dem uns die Verbundenheit allen Seins und die Wiederentdeckung des Sakralen verständlich wird. Wir können dadurch das Prinzip von Ursache und Wirkung verstehen und handeln wieder bewusst. Das ist ein Beitrag zur Heilung der Erde und uns selbst. Vielleicht haben die Kornkreise an den Orten ihrer Entstehung eine Art Doppelfunktion: einerseits den Ort energetisch zu reinigen und anderseits, die Energie der Erde an diesem Punkt der Erde zu erhöhen.

Die Vermutung liegt nahe, dass besonders die Kornkreise in unmittelbarer Nähe von Grabstätten auch zu deren energetischer Reinigung beitragen können. Gewisse Kornkreise entstanden auch auf ehemaligen Schlachtfeldern, auf denen viel Blut vergossen und auch Leid verursacht wurde. Vielleicht haben sie hier auch eine gewisse Heilfunktion.

Denn das stelle ich mir vor wie bei der ganz normalen Wundheilung. Zuerst muss die Wunde gesäubert werden und dann kann der Heilungsprozess beginnen.

Kornkreis Spiral erschienen 2002 neben den Hügelgräbern bei Stonehenge (Kornkreisessenz Nr. 64) (Foto: Janet Ossebaard)

Kornkreise helfen Orte zu reinigen und das Bewusstsein der Erde zu steigern.

Kornkreis Nr. 39 »Flower of Life« in Zierenberg (Foto: Frank Laumen)

Was bleibt nach den Kornkreisen?

»Tempel für einen Sommer« werden die Kornkreise häufig genannt. Und diese Zeit kann sehr kurz sein, je nach Erscheinungsdatum des Kornkreises bis zum Zeitpunkt der Ernte, meist nicht mehr als höchstens drei oder vier Monate.

Wenn ein Kornkreis in einem Getreidefeld entsteht, das noch im Wachstum ist, dann richten sich die Halme wieder bis zu einem 60-Grad-Winkel auf. Bei ausgereiftem Getreide ist dies nicht der Fall.

Das Ende eines Kornkreises (Foto: Andreas Korte)

Die Mähmaschinen mähen dann alles bis zum Boden hin ab, und das Getreide kommt in die Nahrung von Mensch und Tier. In der Schweiz hatten Bauern speziell aus dem Getreide aus einem Kornkreis Bier gebraut und als Kornkreisbier verkauft.
Aber das war eine Ausnahme. Im Normalfall kann nicht nachvollzogen werden, in welchem Brötchen Mehl aus einem Kornkreis verwendet wurde.

Nachdem das Feld abgeerntet wurde, wird es gepflügt. Spätestens jetzt ist so gut wie nichts mehr von dem hier entstandenen Kornkreis feststellbar. Manchmal kann man noch im darauf folgenden Jahr in Boden eine leichte Schattierung erkennen, aber das ist dann auch alles.

Was uns noch bleibt, sind die Aufnahmen der Fotografen, und, wenn wir Glück haben, eine Schwingungsaufnahme der Formation in Form einer Kornkreisessenz, bei der die Informationen im Wasser gespeichert wurden und in Alkohol konserviert sind.

Spuren eines abgemähten Kornkreises (Foto: Harald Hoos)

Die Kornkreisessenzen

(Foto: Andreas Korte)

Die Anregung zu den Kornkreisessenzen erhielt ich von den Walen, die mir, wie schon berichtet, 1995 in einer intensiven Walbegegnung dies telepathisch mitteilten.

Ich hatte mich dann mit Dr. Snow in Verbindung gesetzt und 1996 angefangen, die ersten Informationen von Kornkreisen in Essenzen zu speichern.

Da ich schon seit 1984 mit der Entwicklung von Essenzen arbeite, denke ich, auch über genügend Erfahrung zu verfügen, um dies korrekt durchführen zu können.

Die Kornkreisessenzen enthalten genau die Information des entsprechenden Kornkreises. Auf diese Weise können wir auch nach dem Verschwinden des Kornkreises noch mit der entsprechenden Information arbeiten.

Diese Essenzen enthalten die Informationen der Formen und spezifischen Schwingungen, die jeder Formation eigen sind, um sie so auch noch in Zukunft erforschen und nutzen zu können.

Die Kornkreisessenzen können benutzt werden, um Kraftplätze zu reaktivieren, das kollektive Unterbewusstsein zu öffnen, Gruppenenergien zu steigern und die Selbstheilungskräfte des Menschen und der Erde zu steigern.

Ebenso wie ein Kornkreis ist die Wirkung der Kornkreisessenz mehrdimensional. Es ist schwer, uns das vorzustellen, doch wirken sie eindeutig über die Zeit- und Raum-Begrenzung hinaus.

Doch durch diese mehrdimensionale Wirkung der Kornkreisessenzen ergeben sich ganz neue Behandlungsmöglichkeiten. So können wir Menschen helfen, die Ursachen von Problemen auf einer ganz neuen Ebene zu behandeln und so Selbstheilungsprozesse zu unterstützen.

(Foto: Andreas Korte)

Eine Beobachtung

Bei Behandlungen mit Kornkreisessenzen im Rahmen der **HOLISTISCHEN LICHT THERAPIE (HLT®)** konnte ich schon oft feststellen, dass die Person plötzlich mit verschiedenen Gesichtern im Licht erschien. Die gleiche Beobachtung konnte auch von verschiedenen Ärzten und Therapeuten gemacht werden. Sollte das alles nur Zufall sein? Inzwischen gehen wir davon aus, dass es sein könnte, dass nicht nur die Person im Jetztzustand (Jetzt und Hier in unserer Dimension), sondern gleichzeitig auch in gewissen Parallel – Zuständen (anderen Leben oder anderen Dimensionen) behandelt wird.

Das wäre dann so, dass eine Person, die jetzt und hier behandelt wird, gleichzeitig in ihren zukünftigen oder vergangen Leben gleichzeitig mitbehandelt würde.
Die Kornkreisessenzen helfen uns, die Impulse zur Selbstheilung, die durch andere Essenzen von Edelsteinen, Blüten, Orchideen und Tieren ausgelöst wurden, zu integrieren, und einen Ausgleich zu schaffen zwischen den höchsten kosmischen Kräften und der kleinsten inneren Zellstruktur unseres physischen Körpers.

Die Kornkreisessenzen sollten nur von Personen angewendet werden, die professionell mit Essenzen oder im Gesundheitswesen arbeiten, da sie vor der Anwendung immer AUSGETESTET werden müssen. ZUM BEISPIEL mithilfe der Testmethoden der Kinesiologie, der Radiästhesie und des Pulstest können wir herausfinden, welche Essenz zur Anwendung geeignet ist um die entsprechenden Selbstheilungsimpulse zu erreichen.

Testmethoden

► Kinesiologie

Die Kinesiologie oder der Muskeltest testet die Muskelspannung. Zuerst wird ein Grundtest ohne Essenz durchgeführt. Es können verschiedenste Muskeln getestet werden. Ein einfacher Test geht so: Zwei Personen stehen sich gegenüber. Der Patient streckt den Arm im 90-Grad-Winkel. Der Tester legt die eine Hand zur Stabilisierung auf die Schulter des Patienten, die andere auf den ausgestreckten Arm, ungefähr an der Position, an dem man normalerweise eine Armbanduhr trägt. Der Tester sagt »jetzt« und drückt den Arm des Patienten zum Körper hin nach unten, während der Patient dagegenhält. Wir geben die entsprechende Essenz in die herabhängende Hand des Patienten und testen erneut. Lässt sich der Arm nicht leicht hinunterdrücken, so ist die Essenz für den Patienten zutreffend, das heisst, sie stärkt seine Lebensenergie.

► Radiästhesie

Sie halten einen Pendel oder einen Biotensor zwischen sich und die entsprechende Essenz und initiieren eine kleine Bewegung. Schwingt der Pendel von der Flasche in Ihre Richtung, so zeigt er eine Anziehungskraft an zwischen Ihrem Energiefeld und dem Energiefeld der Essenz. Diese Essenz ist korrekt.
Schwingt der Pendel vor Ihnen hin und her, so zeigt er eine Trennung an, das heisst, diese Essenz entspricht Ihnen nicht.

► Pulstest

Dieser Test wird wieder zu zweit durchgeführt. Zuerst spüren Sie den Normalpuls des Patienten. Dieser kann zum Beispiel an der Verlängerung des Daumens mit den Fingern erspürt werden. Aber nicht mit dem Daumen, der selbst einen Puls hat.
Um eine Essenz auszutesten, halten Sie die Essenz für einen Augenblick an den Körper des Patienten zum Beispiel indem sie mit der Flasche die Wange berühren. Gleichzeitig spüren Sie den Puls des Patienten. Nun ziehen Sie die Flasche schnell und weit vom Körper des Patienten weg. Spüren Sie wie oder ob der Puls reagiert. Wenn Sie eine Verstärkung/Intensivierung des Pulses spüren, dann zählen Sie wie viel Pulsschläge das sind. Sind es mehr als mindestens sieben, dann ist die Essenz zutreffend. Es gilt: je höher die Pulszahl, desto bedeutender ist die Essenz für den Patienten.

Bevor man Kornkreisessenzen anwendet, sind zwei Dinge sehr wichtig zu beachten:

1. Die Person sollte gut geerdet sein. Dies kann durch die vorherige Einnahme von Edelsteinessenzen erreicht werden. Sehen Sie hierzu die Liste im Anhang.

2. Die Person sollte emotional ausgeglichen sein. Dies kann durch die Arbeit mit entsprechenden Blütenessenzen erreicht werden.

Nun sollte man möglichst nur mit einer Kornkreisessenz gleichzeitig arbeiten, oder mit möglichst wenigen.

Die Anwendung der Kornkreisessenzen

Sie können die Essenz direkt aus der Originalflasche verwenden, dabei genügt oft schon ein bis zwei Tropfen, die eingenommen werden können.

Sie können nach der Wasserglasmethode die Tropfen auch in ein Wasserglas geben und dann schluckweise trinken.

► Äußere Anwendung

Es wurde schon oft berichtet, dass es ausreicht, die entsprechenden Essenzen äußerlich aufzutragen, zum Beispiel ein Tropfen auf ein Chakra zu geben oder die Flasche aufzulegen, um die gewünschte Stimulation unserer eigenen Selbstheilungskräfte zu erreichen.

Bitte verwenden Sie die Kornkreisessenzen sparsam. Sie sind etwas Einmaliges und sehr kostbar. Wenn die Mutteressenz aufgebraucht ist, kann sie nicht wieder neu hergestellt werden.

Kornkreisessenzen und Holistische Licht Therapie (HLT®)
Patent: Nr. 10 2010 033 046.9

Im Jahr 1996 wurden die ersten Kornkreisessenzen entwickelt.

Seit dem Jahr 2000 werden die Kornkreisessenzen in der neu entwickelten Methode der Licht-, Farb-, Schwingungsübertragung, der **HOLISTISCHEN LICHT THERAPIE (HLT®)** verwendet.

Im Bild zu sehen, HLT® Therapeut: Chirley Coelho (Foto: Andreas Korte)

Die Wirkung ist wissenschaftlich nachgewiesen worden vom Institut für Kommunikation und Gehirnforschung in Stuttgart (Dr. Haffelder).
Dieses Verfahren wirkt nicht nur auf unseren Lichtkörper, (Aura), sondern die Lichtinformation wird auch über die Haut aufgenommen. Heute ist es wissenschaftlich nachgewiesen, dass die Zellen untereinander mit Lichtimpulsen kommunizieren.

Das Konzept

Das neu entwickelte Verfahren stellt eine Kombination von Licht-, Farb-, Essenzen- und Musiktherapie dar. Dieses Verfahren kann entweder in bestehenden Gesundheitsorganisationen verwendet werden oder in Praxisräumen und mit verschiedenen Therapien kombiniert werden. Der Mensch steht im Mittelpunkt. Er soll sich wieder als Teil der Natur erkennen und die Möglichkeiten der Selbstheilung aktivieren.

Durch die Behandlung wird das Selbstwertgefühl des Menschen gestärkt, die Person energetisch ausgeglichen. Ängste können so verschwinden und Impulse für Selbstheilungsprozesse aufgenommen werden.

Heute findet dieses Verfahren in Europa und Japan bereits Verwendung.
In der kleineren Form kann es als **Delph Luminarium**® verwendet werden.
Hierbei wird nur das Delphin-Energiebild und die Delphinessenz verwendet.
In der Schweiz wurde dieses Verfahren erfolgreich an verschiedenen Schulen für hyperaktive Kinder mit Lernstörungen verwendet. Weitere Informationen unter www.Health-Houses.com

Die Behandlungen nach der Methode der Licht-Farb-Schwingungsübertragung von Andreas Korte

Vorgehensweise

Der Sinn und das Wesentliche der Arbeit mit allen Arten von Essenzen ist es, über unsere Emotionen und durch unsere Gedanken Selbstheilungsprozesse in uns auszulösen. Wir müssen also lernen, bewusster mit diesen umzugehen. Der Geist formt die Materie. Alle psychischen Prozesse schwingen auf einer bestimmten energetischen Frequenz. Krankheit kann unter anderem als eine manifestierte (Fehl-) Information angesehen werden, die unbewusst wahrgenommen wird und durch die Krankheit ihren Ausdruck findet.

Diese disharmonischen Zustände zeigen sich zunächst in den nicht sichtbaren, feinstofflichen Körpern bevor sich im physischen Körper Disharmonie oder Krankheit erkennbar machen. Essenzen, ob aus Blüten, Edelsteinen, Tieren oder kosmischen Energien gewonnen, können die fehlende, gesund machende Information ergänzen und Blockaden auflösen, die den Energiefluss im Menschen behindern.

In erster Linie geht es darum, zu einer Ausgeglichenheit zu gelangen, wodurch der Körper seine Selbstheilungskräfte mobilisiert. Weiterhin helfen das Licht, die Farbe, die Klänge und die Essenzen, unsere feinstofflichen Energiekörper auszugleichen und dadurch unsere Schwingungsfrequenz zu erhöhen.

Sie können durch Impulse unserem Unterbewusstsein einen Anstoß geben, wodurch oft unbewusste Verhaltensmuster an die Oberfläche gebracht werden. Dies ermöglicht es uns, dieser Muster bewusst zu werden, sie schließlich loszulassen und uns so selbst zu heilen. Je nachdem, ob Essenzen die

Energien von Edelsteinen, Pilzen, Blüten, Orchideen, Tieren oder kosmischen Energien beinhalten, wirken sie auf unterschiedlichen Ebenen des menschlichen Körpers bzw. Energiesystems. Diese Wirkungsebenen weisen eine Analogie zum jeweiligen biologischen Standort oder Vorkommen, besonders bezüglich der Erdoberfläche, auf.

Die Anwendungsweise erfolgt daher in strikter Reihenfolge – gemäß natürlichen Gesetzen, um so das volle Wirkungsspektrum der Essenzen entfalten zu können. Zunächst sollen einige Begriffe kurz erläutert werden.

► Aura

Neben dem physischen, für uns sichtbaren Körper gibt es weitere feinstoffliche Körperebenen, die als Aura bezeichnet werden. Heute gibt es schon verschiedene technische Verfahren, die es uns erlauben diese feinstofflichen Energiekörper sichtbar zu machen.

► Chakren

Der Begriff Chakra kommt aus dem Sanskrit und bedeutet »Rad«. Chakren sind feinstoffliche Energiezentren des Körpers, die sich ständig drehen und Lebensenergie aus dem Kosmos aufnehmen. Es gibt sieben Körperchakren und darüber hinaus noch weitere, »höhere Chakren« oberhalb den Kopfes und »untere Chakren«.

Die Reihenfolge der Anwendung

1. Edelsteinessenzen

Natürlicher Standort: im Erdinnern

Wirkung: erdend, sie verankern uns mit der Erde, gleichen die Energien des Körpers und der Organe aus.

Es ist sehr wichtig, immer mit Edelsteinessenzen zu beginnen, da sie uns helfen, die Energien des Körpers zu stabilisieren und so die Wirkung anderer hochschwingender Essenzen integrieren zu helfen. Wir können uns nur so weit energetisch hoch begeben, wie wir auch bereit sind, unsere Wurzeln in der Erde zu verankern.

2. Pilzessenzen

Natürlicher Standort: im Boden oder in organischen Substanzen (Mycel), teilweise darüber (Sporenträger) Hutpilz nach unten hin geöffnet – reflektiert die Erdenergien.

Wirkung: erdend, entgiftend.

Sie helfen die Energien der Blütenessenzen zu integrieren und bringen die Wirkung bis ins Unterbewusstsein.

3. Blütenessenzen

Natürlicher Standort: Die Blüte befindet sich meist deutlich über der Erde, und zugleich mittels Stängel bzw. Stamm und Wurzeln mit der Erde verbunden; die Blüten sind meist nach oben hin geöffnet und reflektieren das Licht der Sonne und des Universums.
Wirkung: ausgleichend, je nach Blüte gleichzeitig wirksam auf emotionaler, ätherischer- und/oder astraler Ebene

4. Orchideenessenzen

Natürlicher Standort: viele Orchideen leben auf den Baumkronen (epiphytisch)

Wirkung: mentale und spirituelle Ebenen, höhere Chakren, die 0,5 bis ca. 4 m über dem Scheitel liegen (Informationsebene)

5. Delph-Essenz (und andere Meeres- und Tieressenzen)

Natürlicher Standort: Meer

Wirkung: wellenförmig in bis zu 40 m Distanz
Emotionale Ebene bis hin zur geistig-spirituellen Ebene
Delph kann als »Joker« unter den Essenzen angesehen werden. Die Essenz wirkt immer genau in dem Bereich, der für die Person am wichtigsten ist, und wird deshalb bei jeder Behandlung angewendet.

6. Kornkreisessenzen

Natürlicher Standort: kosmische Energiemuster, die in Getreidefeldern erscheinen
Wirkung: weit ausstrahlend, geistig, spiritueller Bereich
Verbinden den Mensch mit dem Bewusstsein seiner kosmischen Herkunft und Verbundenheit. Heilung aus kosmischer Ebene. Wirken auf Unterchakren, Körperchakren und Überchakren.

Informationen hierzu können Sie unter www.health-houses.com einsehen.

Ein erster Prototyp in Afrika April 2007 bis April 2008, Agomeda, Ghana Westafrika

Während eines Jahres wurde dort mit HLT und Blütenessenzen gearbeitet, Carmen Perez de la Cruz hat das Projekt geleitet. Kinder eines Waisenhauses und Dorfbewohner mit verschiedensten Infektionskrankheiten wie Malaria, Gelbfieber, Durchfall und HIV, zeigten deutliche Verbesserungen in ihrem Gesundheitszustand.
Jeder Patient hatte danach einen Baum gepflanzt, um die ökologische Situation zu verbessern.

Das erste Gesundheitshaus in Afrika mit HLT

Frau Perez mit afrikanischen Helfern.

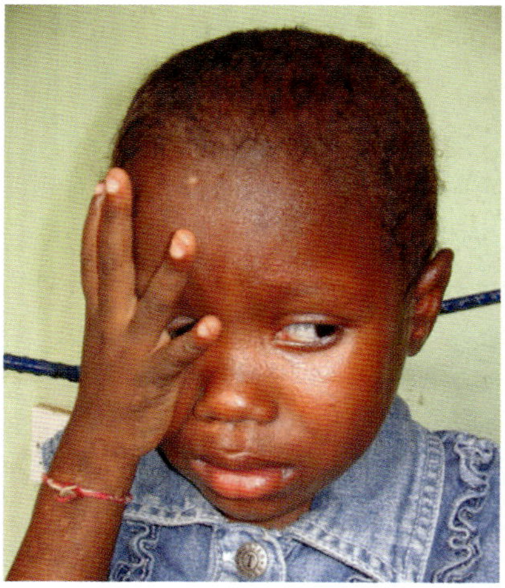

Saroya, 2 Jahre wurde von ihrer Mutter verlassen, als sie merkte, dass sie HIV hatte.

HLT Behandlung

Saroya pflanzt ihren Baum

(Fotos: Andreas Korte)

Kornkreisbild Nr. 91 Steve Alexander

Chakrenzuordnungen für die Kornkreisessenzen

Wenn wir unseren Körper betrachten, verläuft in unserer Körpermitte in etwa eine Spiegelachse. Sie stellt unsere Körperachse dar. Hier entlang verläuft auch die Wirbelsäule und energetisch befinden sich hier unsere Hauptenergiepunkte, die auch Chakren genannt werden. (Das Wort Chakra kommt aus dem Sanskrit und bedeutet Rad, Diskus, Kreis)

Die sieben Körperchakren sind heute vielen Menschen bekannt. Der Energieaustausch des Körpers geschieht über diese Energiezentren. Es gibt heute vielfältige Literatur zu diesem Thema.

Darüber hinaus gibt es weitere Energiezentren. Zum einen über dem Kopf, die sogenannten fünf Höheren Chakren oder Energiezentren. Unter den Füßen befinden sich auch fünf Energiezentren oder Chakren, die dem Unterbewusstsein zugeordnet werden.

Die Orchideenessenzen wirken auch in den Bereichen der Höheren Chakren. In verschiedensten Versuchen wurde dies an zahleichen Personen angewendet.

Die Pilzessenzen wiederum wirken auf die Unterchakren, die Ebenen des Unterbewusstseins.
Bei den Pilzen erstreckt sich die Wirkung meist auf die Chakren –1 und –2, wie wir in zahlreichen Anwendungen festgestellt haben. Nach C. G. Jung gibt es fünf verschiedene Ebenen des Unterbewusstseins, welche uns hier als Vorlage dienen, um das Gesamtspektrum der Wirkung der KORNKREISESSENZ verstehen zu können.

Die Kornkreisessenzen zeigen nun ein Wirkungsspektrum, wie Pilze-, Blüten- und Orchideenessenzen zusammen. Sie sind am ehesten noch vergleichbar mit der Wirkung der Delphin- und Walessenz. Sie stellen eine ganz neue Dimension der Behandlungsmöglichkeiten dar.

Chakra Nr.	Information
12	**Fünftes Höheres Chakra:** Verbindung zur Göttlichen Quelle, direkte Information
11	**Viertes Höheres Chakra:** Dieses Zentrum ist das Energiezentrum mit dem alle Zellkerne energetisch verbunden sind. Es ist verantwortlich für die Lichtimpulse zwischen den Zellen, für Selbstheilungskräfte, Form und Wachstum
10	**Drittes Höheres Chakra:** das Zentrum der höheren Inspiration und Kreativität. Die Impulse aus der geistigen Welt können hier aufgenommen werden, geniale Ideen und Impulse.
09	**Zweites Höheres Chakra:** Es ist energetisch mit der linken Gehirnhälfte verbunden, dem logischen, analytischem Denken.

Chakra Nr.	Information
08	**Erstes Höheres Chakra:** Es ist energetisch mit der rechter Gehirnhälfte verbunden, dem intuitiven Denken.
07	**Kronenchakra:** es nimmt die Impulse von den Höheren Chakren auf. Sein Einflussbereich ist das Mittelhirn, die Funktion der Epiphyse (Zirbeldrüse), sowie der gesamten Organismus.
06	**Drittes Auge:** Es steht für unsere Intuition, wie wir die Welt empfinden. Es steht in Verbindung mit dem Kleinhirn und den Sinnesorganen: Augen, Ohren und Nase. Es versorgt den ganzen Gesichtsbereich und die Nebenhöhlen mit Energie. Ebenso beeinflusst das 6.Chakra das komplette Hormon- und Nervensystem, ganz besonders die Funktion der Hypophyse (Hirnanhangdrüse)
05	**Kehlkopfchakra:** Es steht für unseren Ausdruck, wie wir uns nach außen hin ausdrücken, wie wir auf die Welt zugehen. Von ihm werden Hals, Kiefer, Kehlkopf, Speise- und Luftröhre beeinflusst. Neben der Atmung, dem Klang der Stimme, werden auch die Halswirbelsäule, der Kiefer, der Nackenbereich, sowie die Schultern und das Gehör von ihm mit Energie versorgt. Die Schilddrüse und Nebenschilddrüse sind ihm zugeordnet.
04	**Herzchakra:** Es ist das wichtigste Energienzentrum. Es steht für die Liebe, die Selbstliebe, die Herzöffnung, Vertrauen und die Heilung. Auch bei Heilbehandlungen, wie zum Beispiel Reiki läuft die Energie immer über das Herzchakra. So wirkt sich auch seine Energie auf den ganzen Brustkorb, auf Herz, Lunge und Kreislauf aus. Die Drüsenfunktion der Thymusdrüse (Immunsystem) wird von ihm reguliert.
03	**Solar Plexus:** Es steht für unser Selbstwertgefühl, unser Ego. Seine Energie versorgt neben Magen, Dünndarm und Leber auch Milz und Gallenblase. Neben den erwähnten Organen reguliert das 3.Chakra den Verdauungsprozess sowie das vegetative Nervensystem. Die Bauchspeicheldrüse wird von diesem Zentrum reguliert.
02	**Sexualchakra:** Unsere Schaffenskraft und sexuelle Energie ist hier angesiedelt. Werden die Geschlechts- und Unterleibsorgane, die Gebärmutter, die Nieren und die Blase mit der notwendigen Lebensenergie versorgt. Es reguliert die Drüsenfunktion von Hoden und Eierstöcken.
01	**Basischakra:** Die Verwurzelung, Erdverbundenheit, Lebenskraft und der Antrieb, versorgt den Beckenraum sowie den Dick- und Enddarm. Des Weiteren steht es im Zusammenhang mit dem Knochengerüst, welches uns Stabilität verleiht, sowie mit unseren unteren Extremitäten, die uns mit der Erde verbinden.
F	**FÜSSE:** Hier befinden sich genauso wie an Händen und Ohren die Nervenpunkte des gesamten Organismus. Sie stehen hier wie für den Punkt 0. Die Verbindung zur Erde, unseren Wurzeln, die Standhaftigkeit und Stärke. Wir verwenden die Essenzen hier auf dem Zentrum des Fußes oben (zwischen Großer Zehe und 2. Zehe in der Mitte) und dem Nierenpunkt auf der Unterseite.

Die Unteren Chakren oder Energiepunkte sind die verschiedenen Ebenen des Unterbewusstseins nach C.G. Jung

Chakra Nr.	Information
-1	**Erstes Unteres Chakra:** persönliches Unterbewusstsein: hier sind alle Erinnerungen gespeichert von der Embryonalentwicklung an
-2	**Zweites Unteres Chakra:** Unterbewusstsein der Familie: die Erinnerung unserer Vorfahren und Familiengeschichte
-3	**Drittes Unteres Chakra:** ethnisches Unterbewusstsein: die Erinnerung der Geschichte des Volke, der Rasse und alle Elemente die sie erlebte
-4	**Viertes Unteres Chakra:** kollektives Unterbewusstsein: die Erinnerung und die Erfahrungen der Menschen. Die Archetypen.
-5	**Fünftes Unteres Chakra:** biologisches Unterbewusstsein: die Erinnerung und Erfahrung der Entwicklung des Lebens von der Schöpfung Gottes an.

Kornkreisbild Nr. 128, Danebury Hill 2010, Foto: Steve Alexander

Chakrendarstellung

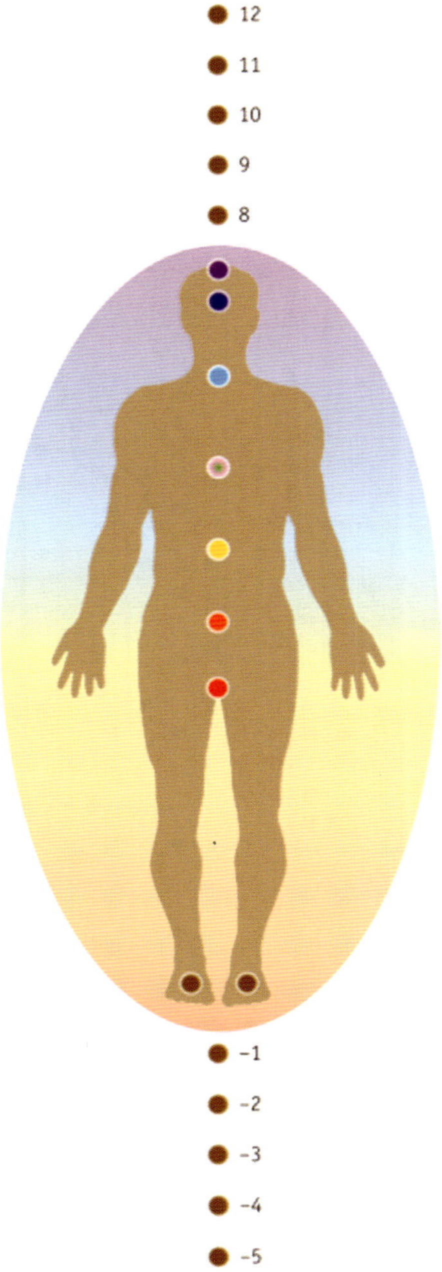

(Grafik: Corinne Schmid Tschumi)

Cropcircle	Lower Chakras						Body Chakras						Higher Chakras					
	-5	-4	-3	-2	-1	F	1	2	3	4	5	6	7	8	9	10	11	12
1. East Field 1996, Double Helix	●	●			●		●						●				●	
2. Julia Set Spiral Stonehenge 1996				●	●		●	●								●	●	
3. Julia Set Spiral Stonehenge 1996				●	●		●	●						●	●	●	●	
4. Stonehenge 1996, Julia Set Spirale				●	●		●	●								●	●	
5. East Kennet 1996, Cresents				●	●						●						●	●
6. Etchilhampton 1996, 1 km-longh-path			●	●	●		●	●	●	●	●	●	●				●	●
7. Windhill Mill 1996, Triple Spiral	●	●	●	●			●			●			●				●	●
8. Ashbury 1996, Vesica Pisces		●	●								●	●	●			●	●	●
9. Liddington Castle 1996, Sun & Moon	●	●								●			●			●	●	
10. Liddington Castle 1996, Fractal Caterpillar					●		●						●	●				
11. West Meon 1997, 13 Full Moons							●											
12. Henwood 1997, Ant		●							●	●					●	●	●	●
13. Woodborough Hill 1997, 14 Ring Spirals	●	●				●	●						●	●				
14. Bishops Cannings 1997, Betlehem Star				●	●		●			●			●	●	●			
15. Warminster 1997, Cley Hill	●						●						●					●
16. Silbury Hill 1997, Fractal Star			●	●	●		●								●	●		
17. Martock 1998, Martock Cross					●		●			●			●					●
18. East Field 1998, 7 Petal Rose					●		●			●	●	●	●				●	
19. Beckhampton 1998, Lotus Flower 1					●	●	●	●	●	●	●	●	●				●	
20. Silbury Hill 1998, Turning Square				●	●		●	●	●						●	●		
21. Lockeridge 1998, Lotus Flower 2					●								●	●	●			
22. Hackpen Hill 1999, Spiral Crescents						●	●	●					●				●	●
23. Windmill Hill 1999, Temple Mandala				●	●	●	●						●	●	●	●	●	●
24. Cherhill 1999, Crescents and Pyramids		●	●	●	●								●	●				
25. Devil´s Den, 1999 Six Pointed Star						●									●	●	●	●
26. Liddington Castle 1999 Space Ship	●	●											●					●
27. Barbury Castle 1999, 3 Leaping Dolphins				●	●	●		●			●	●	●	●	●	●		
28. Silbury Hill 1999, 4 Corners		●	●	●	●		●		●									●
29. Beckhampton 1999, Celtic Knot				●	●					●			●				●	●
30. Bishops Cannings 2000, 8 Pointed Star			●	●	●						●	●	●			●	●	
31. West Kennet 2000, Peano Curve Square			●										●				●	●
32. West Kennet 2000, Heart							●			●			●	●				
33. Silbury Hill 2000, 8 Pointed Star					●										●	●		
34. Silbury Hill 2000, Eye of God				●	●								●	●	●			
35. Avebury Downs 2000, 3 Petal Flower							●										●	
36. South Field 2000, Rose Window								●		●			●					●
37. Windmill Hill 2000, Vasarelli Pyramid	●	●														●	●	●
38. Niederelsung 2001, Ying Yang									●	●							●	
39. Zierenberg 2001, Flower of Life			●	●	●				●	●							●	●
40. Donarbrunnen 2001, 6 Petal Flower			●	●				●	●	●					●	●		
41. Züschen 2001, 6 pointed Star			●		●		●	●	●	●	●	●	●			●	●	
42. Heiligenberg 2001, 9 Petal Flawor				●	●			●		●								●
43. Windmill Hill 2001, Ying-Yang 2					●								●					●
44. Yatesbury Field 2001, Ying-Yang 3				●	●								●				●	●
45. Milk Hill 2001, 9 Pointed Star	●	●	●	●	●	●	●									●	●	●
46. East Kennet 2001, Shield	●					●	●		●		●	●						●
47. Badbury 2001, Orobuoros	●	●								●							●	

Cropcircle	Lower Chakras						Body Chakras						Higher Chakras					
	-5	-4	-3	-2	-1	F	1	2	3	4	5	6	7	8	9	10	11	12
48. Silbury Hill 2001, Pyramid with Spirals					●					●						●		
49. Beckhampton 2001, Flower		●										●	●	●	●	●		
50. Chilcomb Down 2001, 10-Pointed-Star			●		●		●						●	●	●	●	●	●
51. Old Shaw Village 2001, 16-pointed-Star					●										●			
52. East Field 2001, Pyramid	●						●						●				●	●
53. Stanton St. Bernhard 2001, Infinity Fractal				●	●	●		●		●							●	
54. Desenberg 2002, Rapeseed Formation			●	●	●			●	●	●							●	
55. Igelsburg/Hohlenstein 2002, Crop Circle					●	●							●	●	●			
56. Heimarshausen 2002, Rising Sun							●		●	●	●	●	●			●	●	●
57. Elbenberg 2002, Crop circle					●							●	●	●	●			
58. Tree of Life 2002, East Field				●	●	●					●	●	●				●	
59. Alton Priors 2002, Crop Circle	●	●	●	●	●												●	●
60. Alton Barnes 2002, Mickey Mouse					●					●								
61. Avebury Trusbe 2002, Celtic Knot				●	●				●	●	●						●	
62. Windmill Hill 2002, Star		●	●														●	●
63. Avebury 2002, Sun							●		●	●							●	●
64. Stonehenge 2002, Spiral	●	●	●	●						●			●					●
65. Kirchardt 2003, Wave in a circle		●	●	●						●							●	●
66. Kirchardt 2003, Wave		●	●	●	●		●	●	●	●	●	●	●	●	●	●		
67. Unterrieden 2003, 7-lobed Rosette					●		●			●						●		
68. Beckhampton 2003, 5-Pointed Star	●	●	●	●	●					●								●
69. Avebury 2003, Star Pentagram					●	●								●	●	●	●	●
70. Waden Hill 2003, Ying Yang Fan					●	●			●	●	●	●	●	●				
71. Beckhampton 2003, 6 circles			●	●									●	●	●			
72. Büttenhardt 2004, Pictogram			●	●				●	●								●	●
73. Talheim / CH 2004, Circles	●	●					●	●		●	●	●	●	●		●		●
74. Droycott Hill 2004, Dolphins			●							●			●	●	●	●		
75. Alton Priors 2004, Tears										●				●	●			●
76. Barge Honeystreet 2004, 6 petal flower		●	●							●	●					●		
77. White Horse 2004, Bee	●	●								●							●	●
78. Windmill Hill 2005, Hexagram				●	●							●						●
79. Avebury 2005, DNA Profile	●	●								●							●	●
80. Silbury Hill 2005, Scarabe		●					●			●	●						●	
81. Lands End Down 2005, Virus	●	●	●	●						●	●	●						●
82. Avebury 2005, Penrose Triangles				●	●								●	●	●			
83. Aldburn 2006, New Barn				●	●		●	●	●	●	●	●	●					●
84. Marlborough 2006, Savernake Forest	●	●	●													●	●	●
85. Ashbury 2006, Eagle					●							●				●		
86. Ashbury 2006, Wayland Smithy						●								●	●			
87. Badbury Castle 2006, Fibunechi Spiral	●	●	●	●	●		●						●					
88. Hinton 2006, Charlbury Hill				●	●									●	●			
89. Windmill Hill 2006, Avebury Trustloe				●	●					●				●	●			
90. Göttingen 2006, 7 petal flower	●	●								●						●		
91. Göttingen 2006, Spiral				●	●											●	●	●
92. Rheinau 2007, Snail					●									●	●			
93. West Kennet 2007, Long Borrow	●	●								●			●					●
94. Cherhill 2007, Jugglers Lane										●			●	●	●	●		

Cropcircle	Lower Chakras						Body Chakras					Higher Chakras						
	-5	-4	-3	-2	-1	F	1	2	3	4	5	6	7	8	9	10	11	12
95. Hailey Wood Ashbury 2007, Butterfly															●	●	●	
96. Diessenhofen 2008, Paradise Forest	●	●	●	●	●	●	●	●	●	●	●	●	●	●	●	●	●	●
97. Barbury Castle 2008, Pi					●										●			
98. All Cannings 2008, Diamond												●	●	●	●	●		
99. Horton 2008, Dimensions			●	●	●					●						●	●	●
100. Alton Barnes 2008, Swallows				●	●								●	●				
101. East Field 2008, Star					●	●	●											
102. Lockeridge 2008, Westwood					●					●				●	●			
103. Waylands Smithy 2008, Circles				●	●				●	●								●
104. Avebury 2008, Planet system							●						●					●
105. Silbury Hill 2008, Snake			●	●					●	●							●	●
106. Lockeridge 2008, Circles				●	●					●	●					●		
107. West Kennet 2008, Saturn Ring					●	●	●										●	●
108. Alton Barnes 2008, Goddess	●	●	●	●				●		●							●	
109. Hörhausen 2009, D.N.A Lightfrequence	●	●	●				●	●	●	●	●		●					●
110. Yatesbury 2009, Indian Eagle	●	●	●	●	●	●	●						●			●	●	●
111. Yatesbury 2009, The Dragonfly		●				●						●	●	●	●	●	●	●
112. Beckhampton 2009, Knoll Down								●								●		
113. Beckhampton 2009, West Down Gallops	●	●	●													●	●	●
114. Silbury Hill 2009, Avebury	●	●	●	●									●		●	●		
115. Avebury 2009, Waden Hill			●	●	●			●									●	●
116. East Kennet 2009, Ying Yang												●	●	●	●			
117. Milk Hill 2009, Eagle			●										●	●	●	●	●	●
118. Milk Hill 2009, Antenna	●	●	●	●		●					●					●	●	●
119. Alton Priors 2009, Swallow		●	●	●									●	●	●	●		
120. Cannings Cross 2009, Allington	●	●				●							●			●	●	●
121. Avebury 2009, Avenue								●					●	●	●	●	●	●
122. Ogbourne 2009, St. George	●	●											●			●	●	●
123. Kornkreis Hochfelden, CH 2010	●	●		●		●	●				●	●	●				●	●
124. Savernake Forest 2010, Marlborough	●	●	●			●	●	●			●	●	●	●		●	●	●
125. St. Martins Chapel Chisbury, UK 2010			●	●	●	●	●	●						●	●	●		
126. Windmill Wilton, UK 2010		●	●	●						●	●			●	●	●	●	●
127. Cube Fosbery Vernham Dean, UK (2010)			●		●	●	●	●	●	●	●	●	●			●		
128. Danebury Hill Nether Hallop, UK 2010	●	●	●							●	●	●	●					●
129. Cley Hill, Warminster UK 2010			●		●		●	●				●	●				●	●
130. White Sheet Hill , Mere UK 2010			●		●		●		●	●	●		●			●		
131. Pewsey Oare, UK 2010			●	●			●			●		●						●

Kornkreisessenzen als Anhänger

Seit vielen Jahren arbeiten wir schon mit der Delphin und Walessenz in Form eines Anhängers. Diese werden von Glasbläsern in Handarbeit angefertigt und an einem Lederband befestigt. Der Anwender kann dann das Lederband mit den Knoten so einstellen, dass er oder sie es direkt auf dem Herzchakra tragen kann.
Die Delphine und Wale haben auf diese Art schon viele Menschen in ihrer Wirkung begeistert, sodass wir schon angefragt wurden, ob wir denn auch von einigen der wunderbaren Kornkreisessenzen einen Anhänger machen könnten.

Zuerst haben wir einen Versuch mit der Kornkreisessenz »Heart« gemacht, (Kornkreisessenz Nr. 32) der ja schon von seinem Erscheinungsbild und von seiner Energie her sehr gut für das Herzchakra geeignet ist. Man konnte sofort spüren, dass die Energie des Anhängers sehr stark ist. Ich empfehle den Anwendern auch für den Anhänger sich gut zu erden und auch immer nur eine Kornkreisessenz auf einmal anzuwenden. Wir werden deshalb die Kornkreisessenz als Anhänger direkt mit einem dazu passenden Edelstein versehen. Im Falle des Kornkreisessenz Anhängers »Heart« ist dies ein Rosenquarz, der als Ring mit dem Anhänger befestigt wird.

Kornkreis Heart Nr. 32 (Foto: Janet Ossebaard)

Kornkreisanhänger Heart (Nr. 32) (Foto: Sasa Nikolic)

Im gleichen Feld, in dem dieser Kornkreis im Jahr 2000 in West Kennet in England entstanden ist, ist zuvor die Formation Peano Curve Square (Kornkreisessenz Nr. 31) entstanden. Es wurde mir berichtet, dass der Bauer sehr aufgebracht war, sich fürchterlich aufregte und niemanden in sein Feld lassen wollte. Und das sind in dieser Gegend immer sehr viele Menschen, welche die Kornkreise im Sommer besichtigen. Er hatte sie bedroht und wollte die Polizei rufen. Er hatte sich so extrem aufgeregt, dass er mit einem Herzanfall ins Krankenhaus eingeliefert wurde. Am Tag darauf ist der Kornkreis »Heart« entstanden, direkt neben dem schon bestehenden Kornkreis. Als ihm dies berichtet wurde, war er zutiefst berührt und erlaubte nun jedem, der wollte, seine Felder mit den Kornkreisen zu betreten. In diesem Kornkreis haben Menschen gefeiert, es fanden sogar Trauungen statt!

Der Anhänger der Kornkreisessenz »Heart« ist wie die Venus der Liebe. Sie möchte uns an die Freude in unserem Herzen und an die Herzensqualitäten erinnern. Wir erfahren, dass alle emotionalen Lernprozesse unserer Persönlichkeitsentwicklung immer über das Herzchakra laufen und dass jegliche Heilprozesse, sei, dies unsere eigene Heilung, oder die energetische Heilung in Heilberufen wie Reiki etc., so fliesst die Heilenergie auch hier immer über unser Herzchakra.

Loan aus Paris berichtet:

> »Ich würde Ihnen gerne meine Erfahrung mit dem »Heart« Anhänger mitteilen.... es ist eine wahre Freude mit der Kornkreisessenz »Heart« als Anhänger zu arbeiten. Er manifestiert sich, sobald man spürt, dass man ihn benötigt, indem

er sich energetisch auf die Umwelt überträgt, indem er mich in die Mitte meines Herzens bringt. (Wenn ich mit anderen Menschen zusammen bin, so bringt er die ganze Gruppe in ihre Herzensmitte. Seine Schwingung reinigt auf der Astralebene, indem sein Licht Wesenheiten auf dieser Ebene verscheucht.

Das ist sehr angenehm. Seine Erscheinung ist verbunden mit weißen Lichtwesen, die in einer Gruppe zusammen sind. Sie sind nicht außerirdischen Ursprungs, sondern ganz im Gegenteil, sie sind die Projektion des Bewusstseins der Erde auf der Erde«

Ein zweiter Anhänger wird mit der Kornkreisessenz »Paradies« aus dem Jahr 2008 hergestellt werden. Dieser Kornkreis ist einfach unglaublich. Die Untersuchungen Dr. Spitzers haben ergeben, dass dieser Kreis auf sämtliche Chakren und Drüsen wirkt, ebenso auf alle bekannten Unter- und Überchakren.

Legen Sie sich einfach mit dem Anhänger auf dem Herzchakra hin. Sorgen Sie dafür, dass Sie nicht gestört werden, und legen Sie sich eine sanfte Musik auf. In diesem entspannten Zustand lassen Sie die Essenz einfach wirken. Es wunderbar zu erleben, wie sie energetische Störungen ausgleicht, wie sie ein befreiendes Gefühl uns schenkt, indem alles ausgeglichen wird.

Diese Essenz ist ein wahres Geschenk des Himmels!

Erlebnisberichte von Kornkreisen und Kornkreisessenzen

► Der Kornkreis Paradies:

Im Juli 2008 war in der Schweiz am Oberrhein zwischen Diessenhofen und Paradies ein Kornkreis entstanden. Der Kornkreis hatte die Form eines Flügelrades, ähnlich dem Rad einer Windmühle mit fünf Flügeln. Die Flügel hatten eine Halbspiral- oder S-Form, was der Figur eine Verstärkung der Dynamik verlieh. Die ganze Figur sah aus wie eine große Energiespirale.
Der Innenkreis (das Rad) hatte einen Durchmesser von ca. fünf Metern, die Flügel eine Länge von jeweils ca. 20 Meter.

Im Innenkreis lagen alle Getreidehalme in der Richtung einer Gegenuhrzeigersinnspirale auf dem Boden. Es sah aus, als hätte sie jemand auf dem Boden festgeklebt. Die Wünschelrute zeigte als Nachweis eines Energiefeldes einen Ausschlag in Richtung der Halme. Dieser Kornkreis war ein Kraftplatz. Ich war umso berührter, als ich erkannte, wo der Kornkreis entstanden war: bei Diessenhofen im Kanton Thurgau in der Schweiz, direkt neben dem Wald Paradies, der sich hier entlang des Rheines erstreckt und den Namen des Klosters Paradies hat. Denn genau hier, im Jahr 1984, bekam ich die Inspiration, selbst Essenzen von Pflanzen herzustellen, und direkt gegenüber auf der deutschen Seite hatte ich mehrere Jahre lang mein kleines Labor in dem Dörfchen Gailingen. Nach meinem ersten Besuch im Kornkreis rief ich direkt meinen Bekannten Dr. Spitzer an, der dann spontan aus dem Saarland angefahren kam, um seinen ersten Kornkreis zu erleben. Dr. Spitzer war von diesem Kreis begeistert, und sagte: «Für mich fühlte sich dieses Feld an wie das elektromagnetische Feld des Schieferstollens in Nordenau. Mit den Energietestkarten nach Prof. NIESEL konnte ich ähnlich wie im Schieferstollen dort alle sieben Grundenergien unterschiedlicher Stärke abgreifen, dazu auch Chakren, Organ- und Seelenenergien mit den entsprechenden Testkarten«

Abb. Kornkreis Paradies Diessenhofen (Nr. 96)
(Foto: M. Baumann)

Die Energie dieses Kornkreises war außergewöhnlich und so war ich froh, als ich später die Kornkreisessenz Nr.96 Paradies hier gewinnen durfte. Diese Essenz transformiert negativ empfundene Gedanken oder Gefühle ins Positive. Später hatten wir dann die Essenz auch für einen Kornkreisanhänger verwendet.

Die Flügel des Pentagrammes der Formation entfalteten sich großflächig nach außen, als wenn sie aus dem Universum zusätzliche Energie aufsammeln wollten, um diese in das Zentrum der Spirale zu leiten. In der Verlängerung der Flügel fanden Rutengänger fünf alte Kirchen mit sehr kraftvollen Energien. Die Spirale sog die Energien der fünf alten Kirchen in das Zentrum. Der Kornkreis wurde dadurch zum Kreuzungspunkt von fünf starken Energien. Im Mittelalter wurden die Kapellen und Kirchen ja bewusst auf energiereiche Plätze gebaut, um die Gläubigen beim Besuch der Gottesdienste energetisch zu stärken (Beispiel: die Kathedrale von Chartres). Tatsächlich konnte Dr. Spitzer durch seine Tests im Zentrum des Kornkreises sehr hohe transzendentale Überchakrenenergien nachweisen, wie sie zum Beispiel auch im Heilwasser von Lourdes vorkommen.

Die fünf Urkräfte gaben der Figur die Dynamik im Sinne einer Drehkraft im Uhrzeigersinn.
Die Figur hatte Ähnlichkeit mit den Pentagrammen und den Energiekreisen der fünf Elementenlehre der Chinesischen Medizin.

(Foto: Dr. Spitzer)

(Die Zahl fünf steht für die fünf Urelemente der chinesischen Fünfelementelehre. Sie hängen zusammen wie die Glieder einer Kette, deren jedes Teil einzigartig ist. Diese fünf Naturelemente lassen sich nach Dr. Spitzer auf die menschlichen Hauptorgane Lunge, Nieren, Leber, Herz, Milz übertragen. Über diese Energiekette läuft ein Hauptenergiefluss im menschlichen Körper. Von diesem zentralen Energiekreislauf werden die wichtigsten Funktionen des Körpers energetisch versorgt.
Wenn ein Glied der Kette schwach oder überlastet ist, sollte man dieses oder die ganze Kette gezielt mit Energie aufladen).

Eine Reiki erfahrene Besucherin gab uns einen entscheidenden Hinweis:
Der Kornkreis entspricht fünf übereinandergezeichneten Cho Ku Rei Symbolen aus dem Reiki (dieses ist das bekannteste und am häufigsten benutzte Kraftsymbol im Reiki. Die Reiki Energie ist eine heilende Energie und kann mit den Händen auf andere Menschen übertragen werden).
Das CKR-Symbol hat einen waagrechten Eingangsbalken, der in einen senkrecht nach unten verlaufenden Mittelbalken abwinkelt und dann in einer Energiespirale endet.
In dem Kornkreis von Paradies gab es gleich fünf Eingangsbalken mit fünf Flügel als Energieverstärker, welche die Energie von weit her einsammelten und in das Zentrum leiteten. Auch im Reiki wird das CKR-Symbol zur Kraftverstärkung mehrmals übereinander gezeichnet wiederholt.

Die Energie konzentrierte sich dann im Innenkreis, wo sich auch die meisten Besucher aufhielten und hier nochmals in der Mitte, wo die Spirale in die Erde mündete.

In der Tat wird auch das CKR Symbol nach vorne gezeichnet als Hinweis, dass das Symbol von kosmischer Energie zum Beispiel aus dem Universum in Richtung Erde gezeichnet worden sein könnte.

Dr Spitzer meint hierzu: »Zunächst hatte ich das Gefühl, mich reinigen zu müssen, dazu lief ich im Kreise entgegen der Spiralrichtung, zur weiteren Intensivierung legte ich mich dann in dieser Richtung mit dem Bauch auf den Boden, sodass die Spiralenergie vom Kopf zu den Füßen verlief.
Zur weiteren Intensivierung der Reinigung legte ich mich zuletzt in die Mitte des Kreises in Bauchlage, die Kornkreismitte lag unter meiner Körpermitte auf der Höhe meines Zwerchfelles.«
Das Reiki Symbol Cho Ku Rei endet mit der Spirale ja auch tatsächlich auf der Höhe des Zwerchfelles zwischen drittem und viertem Chakra.

»Nach der Reinigung kam dann der Aufbau. Ich lief dann in Spiralrichtung des Kreises.
Zuletzt hatte ich das Gefühl einer Befreiung, Erleichterung und neuer Kraft entsprechend den Energiekarten, noch verstärkt durch das Schwimmen im nahen Oberrhein mit noch klarem Wasser.«

Viele Besucher im Kreis hatten ähnliche Erfahrungen. Eine Frau erzählte, sie wäre früher schwer krank gewesen, die Schulmedizin hätte ihr nicht geholfen, sie hätte dann ein Gespür für alternative Energien entwickelt und der Aufenthalt im Kornkreis würde ihr besonders gut tun. Sie war schon mehrmals von Zürich aus angereist, um sich selbst zu behandeln.
Eine andere Besucherin mit einer Herzkrankheit vertrug den Kreis allerdings überhaupt nicht, weshalb sie diesen auch wieder verließ. Vielleicht hatte sie die Spiralrichtung nicht beachtet.

Ein Kornkreisprinzip lässt sich durch das Reiki-Kraftverstärkungssymbol Cho Ku Rei abbilden. Die kosmische Energie durchfließt zuerst die Überchakren, läuft dann senkrecht durch die Mittellinie nach unten unter die Füße, passiert auch die Unterchakren und läuft dann in Form von Spiralen im Gegenuhrzeigersinn durch sämtliche Chakren im Körper und endet im »Nullpunkt« in Höhe des Zwerchfells.
Die Energiespirale bewirkt eine Reinigung des gesamten Körpers. Durch Benutzung der Bauchatmung kann die kranke Energie abgeatmet werden und

dem System gleichzeitig neue Energie zugeführt werden. Nach Einnahme dieser Kornkreisessenz Nr. 96 vertieft sich unwillkürlich meine Atmung. Deshalb sind nach Einnahme der Essenzen generell Atemübungen wie Pranayama oder die Sudarshan Kriya aus der »Kunst des Leben« gut.

Dr. Spitzer misst die Energien des Kornkreises (Foto: Andreas Korte)

Eigenerlebnis der zugehörigen Kornkreisessenz Nr. 96

Dr. Spitzer: »Ich sitze in Meditation in Indien vor meiner Hütte unter Palmen am Meer und bin ganz offen für alle Eindrücke. Ich war oft im Meer schwimmen gewesen, habe im Sand am Strand gelegen, Gehmeditation durchgeführt und bin somit gut geerdet. Ich nehme täglich die Kornkreisessenz Nr. 96 (vom Original Kornkreis Paradies) ein und beobachte meinen Körper. Kurz nach Einnahme verspüre ich ein feines Kribbeln und Vibrieren, beginnend an den Armen und Beinen und sich von hier aus über den ganzen Körper ausbreitend. Ich spüre dieses Gefühl auch an Stellen, die ich sonst nie wahrnehme, z. B. am Beckenboden.
Der Energiefluss kommt in Gang der ganze Körper wird von Energie durchflutet. Abgespaltenes wird integriert. Blockaden lösen sich, ein Kopfschmerz verschwindet im Energiefluss. Der ganze Körper wird leichter, der Energiekörper dehnt sich aus. Es ist ein Gefühl, als wenn Arme

und Beine wieder anfangen würden zu wachsen. Auch das Bewusstsein dehnt sich nach oben aus wie ein Flugzeug, das nach oben aufsteigt. Ich beobachte die Atmung, die sich vertieft, es werden vermehrt Schlackenstoffe freigesetzt und abgeatmet. Dieses angenehme Gefühl hält noch etwa eine Stunde an, der ganze Körper ist in dieser Zeit deutlich energiereicher. Nach Einnahme der Substanz fühle ich mich insgesamt viel jünger.

Während der 14-tägigen Einnahme habe ich noch weitere Erlebnisse:
Wenn ich die Tropfen vor den Yogaübungen einnehme, bin ich körperlich viel stärker und kann die Übungen viel besser und stärker durchführen.

Es fällt mir leichter, auf fremde Leute zuzugehen, ich fühle mich selbstsicherer und kontaktfähiger und weniger menschenscheu. Ich »wachse über mich hinaus«.

Einmal habe ich bei der Partnerübungswahl kein Glück bei Frauen. Danach fühle ich mich zunächst leicht deprimiert und lustlos. Nach der Einnahme der Kornkreisessenzen kommt die Lust auf Sex zurück.

Patientenerlebnisse mit der Kornkreisessenz Nr. 96

1. Eine Arbeitskollegin hatte eine Erkältung und litt akut ganz heftig an Kopfschmerzen. Linke Stirnhöhle und linke Kieferhöhle waren entzündet und verschlossen. Der Kopfdruck ging von außen nach innen und machte sie arbeitsunfähig. Nach Einnahme der Tropfen spürte sie direkt eine Öffnung des Kopfes nach außen, verbunden mit einer totalen Leichtigkeit des Kopfes ohne Schmerzen.
2. Meine Nichte hatte auch eine Erkältung mit Kopfschmerz und Schwindel. Auch sie erhielt die Tropfen zusammen mit Belladonna C 200 als homöopathisches Mittel mit schneller Beschwerdefreiheit des Kopfes.
3. Andreas Korte hatte sich gegen Schweinegrippe impfen lassen. Auch er verspürte einen »Verschluss des Kopfes« mit Einschränkung des klaren Denkens. Die Impfviren hatten sich im Kopf festgesetzt. Die Kopfchakren und die Überkopfchakren waren blockiert. Nach Auflegen der Essenzen, Kornkreis Nr. 96, und der Einnahme der Notfalltropfen RQ 7 und K 9 kam es zu einer raschen Öffnung der Kopfaura, die Kornkreisessenz trieb die Impfviren aus dem Kopf heraus.

4. Einmal hatte mich mein Chef im Krankenhaus beschuldigt und beschimpft, einen Patienten falsch behandelt zu haben. Obwohl ich nur »teilschuldig« war, fühlte ich mich durch diese seelische Verletzung nichts mehr wert und verschloss mich innerlich und mauerte mich nach außen ab, um nicht noch mehr Kritik in mich hineinfließen zu lassen. In der Nacht kam dann eine heftige Migräne. Bei der Migräne staut sich die Störenergie im Gallenblasenmeridian im Kopf. Über in die Akupunkturpunkte eingestochene Akupunkturnadeln kann man dann versuchen, die Störenergie nach außen abfließen zu lassen. Dieses Mal rieb ich die Akupunkturpunkte mit der Kornkreisessenz Nr. 96 ein, was ebenfalls zur »Öffnung des Kopfes« führte. Die kranke Störenergie floss nach außen ab, dafür kam gesunde Energie von den fünf Kirchen in den Kopf hinein, welche die Kopfschmerzen beseitigte.

Die Kornkreisessenz stimuliert die Zellenergie. Wie in den Atomkernen werden die Elektronen auf höhere Bahnen gehoben und schwingen stärker. Dadurch kommt es zu einem Wachstum des Energiekörpers (Aura). »Der Mensch wächst über sich hinaus«.

- In den Tropen kann man die Pflanzen wachsen sehen
- Die Triebkraft zeigt sich im Wachstum von innen nach außen.
- Das Wachstum zeigt sich als Auraöffnung
- Wie beim Schwitzen der Haut können sich die Energieporen der Aura öffnen. Krankmachende Störenergien können nach außen abfließen.
- Energiebeulen und Energieaugen können sich durch die Öffnung ausgleichen.
- Die Cho Ku Rei Symbol Energie öffnet sich nach außen.
- Durch die Öffnung können Krankheiten nach außen abfließen, zum Beispiel nach innen drückende Kopfschmerzen. Die Öffnung entspricht dem inneren Loslassen.
- Krankheit ist das Eindringen von Krankheitserregern und Giftstoffen von außen nach innen, Heilung ist die Umkehr mit Austreibung dieser Fremdstoffe von innen nach außen.

Die Anwendung von Kornkreisessenz Nr. 96 ist Heilung mit einer öffnenden Energie unterschiedlicher Ausprägung von ganz wenig bis viel. Die Wirkung ist personen- und situationsabhängig.

Zum besseren Einprägen und wegen der Wichtigkeit habe ich diesen Kornkreis »Paradies 96« genannt.

Weitere Kornkreisessenz Erlebnisse

Die Einnahme von Kornkreisessenzen kann sehr spannend sein (siehe Abschnitt Eigenerlebnis einer Kornkreisessenz).
Ich bin immer wieder überrascht, welche Gefühle und Gedanken in mir nach Einnahme einer Kornkreisessenz auftauchen, entweder direkt oder auch noch im Laufe des Tages. Schon aus diesem Grund lohnt sich die Anschaffung des ganzen Kornkreis Essenzen Sets.
Als Beispiele habe ich bei folgenden Essenzen folgende Erlebnisse wahrgenommen:

Nr. 36 Rose Window (Foto: Steve Alexander)

Stabilität, Gemütsruhe, Gelassenheit

Nr. 90 Spirale Göttingen (Foto: Frank Laumen)

Ruhe und Zentriertheit, Geduld

Nr. 96 Paradies (Foto: M. Baumann)

Alles, über sich hinauswachsen
Alle Unterchakren, alle Hauptchakren, alle Überchakren

Nr. 106 Lockeridge Circles (Foto: Frank Laumen)

Verbundenheit, der Mensch als Gemeinschaftswesen

Nr. 110 Indian Eagle (Foto: Frank Laumen)

Befreiung aus gefangener Lebenssituation, Hoffnung

Nr. 114 Silbury Hill Avebury (Foto: Frank Laumen)

Selbstvertrauen, Selbstwertgefühl, etwas Besonderes sein

Nr. 121 Avebury Avenue (Foto: Steve Alexander)

Selbstliebe, Selbstsicherheit, Selbstidol

Wenn man selbst nichts spürt, kann man die **Kornkreis Bildkarten** mit den Wirkungsbeschreibungen dazunehmen.

Manchmal geschieht eine Bewusstseinserweiterung bis zur »Trance«. Allgemein habe ich selbst bei Einnahme mancher Essenzen das Gefühl einer Ausdehnung zum Universum und gleichzeitig auch zur Erde, verbunden mit Leichtigkeit. Die Hände und Füße fangen dann an zu kribbeln, und der ganze Körper wird leichter. »Es hebt einem empor«. Ein Yogalehrer in Indien gab mir einmal die Meditation »Ich bin Teil der Universalseele«. Ein Yogalehrer in Deutschland hat diesen Zustand als Mantragesang formuliert »Ich bin Wonne, ich bin Wonne, kosmische Wonne, Wonne bin ich«.

Dabei kommt es zu einem Austausch mit dem Universum; ich stelle dann oft Fragen an das Universum und fühle die Antwort, zum Beispiel, ob ein bestimmtes Verhalten o. k. ist oder nicht. Durch die Sicht von einer anderen Ebene wird vieles klarer. Es ist das Gefühl der Auraöffnung hin zum Universum und gleichzeitig des Austausches und der Reinigung. Ich übergebe dann bestimmte Dinge an die Weite des Universums. Ein ähnliches Gefühl ist der Schwebezustand im Wasser. Es ist das Gefühl des Ausgleiches zwischen oben und unten und links und rechts, wie in einem Kreis.
Als ich einmal abends vor dem Schlafen eine Kornkreisessenz einnahm, hatte ich das Gefühl des »Abhebens« von der Erde Richtung Himmel. Eine gute Bekannte von mir sagte mir am anderen Morgen, sie habe geträumt, dass mich Vögel auf ihre Flügel genommen und mich mit in den Himmel genommen hätten. Die Bekannte wusste nicht, dass ich in dieser Nacht Kornkreisessenzen eingenommen hatte.«

Die Konservierung der Original Kornkreisenergien

Zur Herstellung der Essenzen benutze ich eine Bergkristallgeode. die Schwingung eines einzelnen Kornkreises in Wasser speichert und die mit einem Alkohol aus biologischem Anbau gemischt wird. Die Essenz wird so für die Heilung der Menschen haltbar gemacht und auf Jahre konserviert.
Dr. Spitzer selbst konnte sowohl den original Kornkreis Paradies als auch die Essenz dieses Kornkreises testen. Dabei konnte er feststellen, dass die Essenz zu 100 Prozent dieselben Energien trägt, wie der originale Kornkreis.

Dr. Spitzer:«Durch meine Tests kann ich bestätigen, dass Andreas die Energien des Kornkreises erfolgreich auf die alkoholischen Essenzlösungen übertragen konnte.«

Da sich der Mensch meist nicht im unmittelbaren Energiestrom der Kornkreisentstehung befindet, wird die Kornkreisinformation zunächst sichtbar in den Kornfeldern abgebildet und dort »zwischengespeichert«. Durch die Essenzen ist es gelungen, die einzigartigen energetischen Informationen der Kornkreise zu speichern, zu konservieren und für jeden verfügbar zu machen.

Kornkreisessenzen sind flüssige, unsichtbare kosmische Informationen.
Die Anwendung der Kornkreisessenzen entspricht einer »flüssigen Symbolheilkunde«.

Medizinische Wirkungen und Nebenwirkungen der Kornkreisessenzen

Die medizinischen Wirkungen der Kornkreisessenzen

Dr. Spitzer:

1. Kornkreisessenzen wirken auf die Akupunkturpunkte

Die Original Kornkreise entstanden auf den Akupunkturpunkten der Erde, auf Energielinien, die den Erdmeridianen entsprechen. Hier entstanden früher auch die Kraftorte unserer »feinfühligen« Vorfahren, zum Beispiel heidnische Tempel und später christliche Kapellen.
Deshalb gelten hier im Kornkreis, wie bei der Übertragung der Kornkreisenergie auf den Menschen, auch die Regeln der Akupunktur und der klassischen chinesischen Medizin.
Die Akupunkturpunkte gelten als Orte konzentrierter Nervenansammlungen mit besonders guten elektrischen Eigenschaften. In der Elektroakupunktur können die Akupunkturpunkte mit Messgeräten direkt ausgemessen werden. Bei Krankheiten haben die AP deutliche Spannungsdifferenzen zur Umgebung, nach der Heilung der Krankheiten (zum Beispiel mit Kornkreisessenzen oder PHI Essenzen) haben sich die Messwerte wieder normalisiert. Die heilenden Energien der Kornkreisessenzen oder PHI Essenzen gleichen die gestörte Akupunktur aus und heilen körperliche und seelische Krankheiten, objektiv messbar über die Akupunktur.

Zunächst muss man die subjektive Krankheit in objektiv messbare Akupunktur »übersetzen« und die richtigen Akupunkturpunkte ausmessen.

Die Akupunktur für die Krankheiten ist aus den Lehrbüchern der chinesischen Medizin bekannt. Beispiele:

- Allergie: Allergiepunkt Bl. 40
- Lampenfieber: He 9
- Fieber: LG 14
- Sehstörungen: GB 37
- Gleichgewichtsstörungen: 3 E 21
- Magenbeschwerden: Ma 36
- Schmerzen: Di 4
- Depressionen: He 9
- Krämpfe: Dü 3
- Gefäßverkrampfungen: KS 6

In der klassischen chinesischen Medizin werden diese Punkte durch Nadeln ausgeglichen, hier durch die Einnahme der Kornkreisessenzen oder durch die Auftragung auf die Punkte. Vorher werden die Kornkreisessenz ausgetestet. Dazu gibt man die Kornkreisessenz mit der linken Hand über den gestörten Akupunkturpunkt, wenn die Kornkreisessenzen passt, schwingt der Biotensor in der rechten Hand senkrecht auf und ab, das heisst, der Akupunkturpunkt öffnet sich. Wenn die Kornkreisessenz nicht stimmt, schwingt der Biotensor quer.
So gleichen die Kornkreisessenzen 43-48 den Allergiepunkt Bl 40 aus, Kornkreisessenzen 45 wirkt auf das Gleichgewichtssystem bei Schwindel und gleicht den Akupunkturpunkt 3 E 21 aus. Die Kornkreisessenzen entsprechen der heilenden Energie CHI, die durch die Meridiane fließt und die negativ geladenen Akupunkturpunkte wieder neutralisiert.
Nach erfolgreicher Heilung sind keine krankhaften Akupunkturpunkte mehr nachzuweisen.
Eine sehr gute Kombination ist das Einstechen von Nadeln in die Akupunkturpunkte des menschlichen Energiesystems und die zusätzliche Einnahme von Kornkreisessenzen des Erdakupunktursystems.
Die Akupunkturnadeln dienen hier als Zielscheiben, damit die Kornkreisessenzen wissen, wo sie wirken sollen.

2. Kornkreisessenzen übertragen Energien

Alle chronischen Krankheiten haben einen Energiemangel. Die Kornkreisenergie stellt als kosmische oder EM Energie eine weitere Energieform dar, die von den Chakren in die körpereigene Heilenergie (CHI oder PRANA) um-

gewandelt werden kann und die andern Energietherapien wie Homöopathie oder Akupunktur verstärken kann.
Kornkreisessenzen geben Energien für die Chakren, teilweise auch an die Organe mit den Meridianen und stärken die Lebensenergie.
So konnten im Rahmen der Kornkreisessenz-Testungen auch Tumorpatienten getestet werden mit starken Energieanstiegen schon beim Festhalten der Kornkreisessenz Fläschchen in den Händen. In wieweit diese Patienten in der Realität von der Energiezufuhr zum Beispiel für die Stärkung der Abwehrkräfte oder die Schmerzlinderung profitieren, muss noch weiter untersucht werden.

3. Kornkreisessenzen können einen YIN – YANG Ausgleich bewirken

In der chinesischen Medizin gibt es zwei Hauptenergien, die Ruheenergie YIN (Erdenergie) und die Bewegungsenergie YANG (Himmelsenergie). Diese stehen dem Menschen als zwei große Energietöpfe zur Verfügung. Die Ruheenergie YIN kann zum Beispiel für geistige Arbeit angezapft werden, die Bewegungsenergie YANG für die körperliche Arbeit.
Die Kornkreisenergien sind Himmelsenergien, die sich auf der Erde als Kornkreissymbole manifestieren. Sie haben einen YANG (Himmels) und einen YIN (Erd)anteil. Andreas Korte konnte die Energien der Original Kornkreise mit den zwei Polen in seine Essenzen übertragen. Mit Kornkreisessenzen kann man den Ruheenergietopf und den Bewegungsenergietopf auffüllen und ausgleichen. Das Geheimnis der Kornkreisessenzen ist der YIN-YANG Ausgleich.
Wenn beide Töpfe etwa gleich stark gefüllt sind, entsteht ein »ausgeglichener« oder harmonischer Zustand im Menschen.
Kornkreisessenzen gleichen sowohl Silbernadel-Akupunkturpunkte mit negativen Störenergien aus als auch führen sie energieschwachen Goldnadel-Akupunkturpunkten positive Energie zu. Sie wirken auf die Akupunkturpunkte der Meridiane, Organe, Chakren und Lebensenergien. Bei der Dipolstruktur der Kornkreisessenzen dürfte es sich bei den negativen Störenergien um eine »Umwandlung« vom »Übeltäter« zum »Wohltäter« handeln. Verantwortlich für die Umwandlung sind die Symbole der Kornkreise (»flüssige Symbolheilkunde«). »Heilen mit Symbolen« hat eine lange Tradition. Bei Ötzi, einer Mumie aus der Steinzeit, die man in einem Alpengletscher entdeckt hat, wurden die Symbole noch auf die Akupunkturpunkte der Haut eintätowiert. Bei den Kornkreisessenzen von PHI kann man sich diese

schmerzhafte Prozedur ersparen, da die Tropfen auch schon beim Einreiben oder bei der oralen Einnahme wirken.

4. Kornkreisessenzen und andere PHI Essenzen können ähnlich wie Procain oder Homöopathie Schwachstellen und Störfelder ausgleichen. Häufige Störfelder sind Narben.

Eine hellsichtige Heilerin fand neulich bei einer meiner Patientinnen sogar eine innere Narbe im Gehirn, die wahrscheinlich die Ursache seltsamer Anfälle darstellte.
Prof. Bahr fand fünf Störfeldtypen, von denen man bei chronischen Kranken mindestens einen findet, oft sogar mehrere.
Mit speziellen Messgeräten lassen sich in den Störfeldern elektromagnetische Spannungsdifferenzen messen, die durch Procaininjektionen ausgeglichen werden können (HUNEKE Phänomen). Mit Hilfe von elektromagnetischen Schwingungsmitteln kann man Ähnliches bewirken. Das passende Kornkreisessenzen-Mittel kann wie ein Hammermittel oder Blockadebrecher wirken.
Kornkreisessenzen können die Auswirkungen von schädlichen Erdstrahlen, zum Beispiel von Wasseradern, neutralisieren. Hat man zum Beispiel über Nacht auf einer Wasserader geschlafen, so kann man am andern Morgen einen quer über den Körper verlaufenden Negativenergiestreifen mit der Wünschelrute nachweisen. Mit passenden Kornkreise Mitteln lassen sich diese Blockadelinien neutralisieren, sodass die Energie CHI wieder frei in den Meridianen fließen kann.

5. Kornkreisessenzen wirken besonders auf die Chakren

Das CHI der Kornkreisessenzen fließt wie die Energie in der Akupunktur durch die Meridiane zu den Akupunkturpunkten. Die großen Energieknotenpunkte und Verteilerstationen sind die Chakren. Darüber hinaus existieren noch weitere Unterchakren für das Unterbewusstsein und Überchakren für das Überbewusstsein.
Die Verbindung von dem tiefsten Unterchakra zu dem höchsten Überchakra läuft über den Zentralmeridian der Chakren in der Mitte des Körpers.
In dieser Hauptverkehrsstraße fließt das Chi für alle Organe, die Seelenanteile und die Chakren. Diese Bahn ist auch wichtig für die Selbstheilung

zum energetisch gesunden Menschen. Die Kornkreisessenzen sind vorzügliche Chakrenmittel aufgrund der Ähnlichkeit der Kornkreisinformationen mit den Chakreninformationen, das heisst, sie öffnen den Hauptenergiemeridian.

6. Kornkreisessenzen wirken auch auf Unter- und Überchakren

Mit Kornkreisessenzen lässt sich ähnlich wie mit Pilzessenzen der »eingelagerte« psychische Ballast im Kellergeschoss Unterbewusstsein »löschen«. Dadurch wird das Fundament des Menschen stabiler und der Energiefluss von der Quelle wird besser.
Mit Kornkreisessenzen lässt sich ähnlich wie mit Orchideenessenzen auch der »Kontakt zum Himmel« verbessern, was unter anderem Heilern zugutekommt, wenn sie zum Beispiel Reikienergie auf sich oder andere übertragen möchten. Man kommt so leichter an den himmlischen Segen.

7. Kornkreisessenzen wirken auf die Psyche

In der bachschen Krankheitslehre neutralisieren die Bachblütenessenzen negative Gefühle oder wandeln diese in die Gegenteile um, so zum Beispiel Resignation in Hoffnung.
Dr. Bach hatte für 38 negative Gefühlszustände 38 Bachblütenessenzen als Heiler gefunden. Bachblüten heilen primär nur die Seele, der Körper zieht passiv nach.

Kornkreisessenzen heilen primär die Chakren, die ebenfalls von negativen Gefühlen besetzt und blockiert sein können. Durch die »Befreiung« der Chakren gibt es einen besseren Energiefluss, wovon die Seelenanteile dann sekundär auch wieder profitieren.

In diesem Buch, sowie auf den Kornkreiskarten, finden Sie die positiven Botschaften der Kornkreise. Durch vertiefte Betrachtung der Bilder, oder nach der Einnahme der Kornkreisessenzen Tropfen empfindet, man tatsächlich oft »erhabene positive Gefühle« und hat mehr Energie, negative Gefühle zu überwinden.

In der chinesischen Medizin sind Körper, Geist und Seele eins, das heisst, alle drei können über die passenden Akupunkturpunkte behandelt werden. Bei der Blütenessenzentherapie gilt dies ebenso.
Eine Patientin, die unter Depressionen litt, wurde nach Einnahme einer Kornkreisessenzen, die auch den Depressionspunkt He 9 ausglich, von der Psyche her deutlich besser, obwohl ich sie eigentlich wegen eines körperlichen Problems behandelt hatte.
Sicherheitshalber sollten Kornkreisessenzen bei psychisch kranken Menschen aber nur unter Aufsicht eines psychiatrisch geschulten Arztes eingenommen werden, um eventuelle. Nebenwirkungen rechtzeitig abzufangen.

8. Kornkreisessenzen wirken am stärksten als »ganz individuelle Konstitutionsmittel« nach vorheriger Austestung.

Kornkreisessenzen haben Schwingungsresonanzen am Akupunkturpunkt des homöopathischen Konstitutionsmittels.
Durch die oben beschriebenen personen- und krankheitsindividuellen Testverfahren erhält jeder Patient sein individuelles »Konstitutionsmittel«. Dadurch lassen sich Blockadehindernisse der Selbstheilung knacken. Im Kapitel über die energetischen Wirkungen wurden verschiedene Wege beschrieben, zum Beispiel der Kreisweg, der Spiralweg, der lineare Weg, und andere. Diese Wege gibt es im Körper oft schon physiologisch durch die Akupunkturmeridiane oder sind noch nicht angelegt.
Kornkreisessenzen aktivieren bestehende Pfade, das heißt, sie räumen Energieblockaden aus dem Weg durch ihre stärkere Energie als die Blockadeenergie oder sie ebenen neue Pfade, das heißt, sie knüpfen neue energetische Verbindungen – wie den Kreisweg oder den Spiralweg. Auf diesen Bahnen gelangen die heilenden Kornkreisessenzen dann an die blockierten Körperteile (Organe, Chakren, Seelenteile).
Die Schwachstellen erhalten frische Energien für die Selbstheilung.

9. Kornkreisessenzen eignen sich für die Forschung bei unklaren Fällen

Versuchsweise lassen sich die KH mit den seltsamsten Symptomen, die in der Schulmedizin nicht recht zuzuordnen sind, mit Kornkreisessenzen weiter untersuchen und energetisch beeinflussen. Durch die Entstehung immer neuer Kornkreise und die Erweiterung des Testsatzes werden sich in Zukunft weitere unbekannte Symptome positiv energetisch beeinflussen lassen. Es bleibt spannend.

10. Kornkreisessenzen sind nach Austestung gut verträglich

Bisher wurden alle von mir vorher ausgetesteten Kornkreisessenzen von den Patienten gut vertragen.

Nebenwirkungen der Kornkreisessenzen

In der Schulmedizin haben Medikamente ohne Nebenwirkung auch keine Hauptwirkung (medizinische Wirkung). Auch Scheinarzneien (Plazebo) haben Nebenwirkungen, was in Vergleichsuntersuchungen immer wieder nachgewiesen wird in der Größenordnung von fünf Prozent.

Auch nach Yogaübungen kann man sich manchmal unwohl fühlen. Durch die Übungen hat sich etwas gelöst. Diese negative Energie hat den Körper noch nicht ganz verlassen, sondern liegt noch als dunkle Wolke in der Aura. Dann gilt es sich zu reinigen, wie zum Beispiel zu duschen oder zu schwimmen, um sich von dieser Negativenergie befreien zu können.

Nach Einnahme der nicht passenden BACH-Blüte fühlen sich manche Patienten manchmal etwas unwohl, wobei sich ebenfalls etwas gelöst hatte und durch die nicht ganz passende Blütenessenz nicht ganz gelöst werden konnte. Deshalb empfiehlt es sich, mit den erweiterten Wildpflanzen-Essenzen zusätzlich zu arbeiten. So findet man fast immer eine genau passende Essenz.
Die Häufigkeit der Nebenwirkung von Kornkreisessenzen dürfte etwa auf dem Größenniveau der Blütenessenzen liegen. Da ich nur getestete Essenzen nehme und nur dann eine Kornkreisessenzen gebe, wenn überhaupt eine Kornkreisessenzen im Test anschlägt, habe ich bisher keine Nebenwirkungen gesehen.

Bei der holistischen Lichttherapie (HLT®) kann man das Strahlenfeld auch sofort verlassen, weshalb diese Kornkreisessenzen Anwendung absolut unbedenklich ist.

Nach der oralen Einnahme der Kornkreisessenz ist die Nebenwirkung im Körper genauso wie in der Homöopathie. In der Homöopathie kann man antidotieren mit Kaffee oder ätherischen Ölen, bei den Kornkreisessenzen sind Antidots nicht direkt bekannt, vermutlich scheint aber Salzwasser zu antidotieren.
Man könnte Salzwasser-Vollbäder in der Badewanne oder Fußbäder versuchen. Salz entzieht dem Körper Negativenergie. Dies wird auch bei der Holistischen Licht Therapie so gemacht. In der Akupunktur werden Störenergien durch Erdung über ein Kabel beseitigt, das an der Erdungsbuchse der Steckdose endet. Einfacher ist es, sich direkt auf die Erde zu legen, in Bauchlage, Rückenlage, zwei Mal Seitenlage. Erdende Maßnahmen sind weiterhin Schwimmen, Sport (Fußball), Tanz auf Rockmusik und andere.

Bei körperlich kranken Patienten sind weniger Nebenwirkungen zu erwarten als bei psychisch Kranken. Vorsichtshalber sollten psychisch kranke Menschen Kornkreisessenzen nur unter Aufsicht ihres Psychotherapeuten einnehmen. Wenn sich der Patient in einer psychischen Ausnahmesituation befindet, die er noch nicht verdaut hat, zum Beispiel Verlusterlebnis (Todesfall), oder Ähnliches, sollte man keine Kornkreisessenzen geben. Gut geeignete Patienten wären Menschen, die beruflich einer körperlichen Tätigkeit nachgehen oder Sportler, die täglich trainieren. Diese können die Nebenwirkungen quasi abtrainieren.
Zur Vermeidung von Nebenwirkungen empfehle ich nochmals die Selbst- und Fremdtestung wie vorher beschrieben. Falls man mit dem Austesten unsicher ist, sollte man im Zweifelsfall einen erfahrenen Therapeuten aufsuchen.

Nebenwirkungen können durch sich lösende Schlackenstoffe hervorgerufen werden. Daher sollten mindestens zwei Liter mineralstoffarmes Wasser pro Tag getrunken werden.

Allgemein gilt die Regel, dass man mit heilenden Schwingungen, zum Beispiel Reiki, Blütenessenzen, Kornkreisessenzen etc. sowohl negative wie positive Energien nur positiv beeinflussen kann.

Die Arbeit mit Essenzen zur Behandlung des Wohnraums

Energetische Wohnraum und Hausreinigung mit Kornkreisessenzen

»Ich liebe mich! Daher schaffe ich mir ein behagliches Zuhause. Eines, das all meine Bedürfnisse erfüllt und meinen Aufenthalt darin zu einem Vergnügen macht. Ich erfülle die Räume mit der Vibration der Liebe, damit alle die eintreten, darunter auch ich, diese Liebe spüren und von Ihr genährt werden. So sei es und so ist es. Ich bin das ich bin.«
(modifiziert nach Louise Hay).

Da wir uns eine beträchtliche Zeitspanne unseres Lebens in unseren Wohnräumen aufhalten, sollten diese so positiv wie möglich sein.

Betritt man zum Beispiel ein fremdes unbekanntes Hotelzimmer, so fühlt man sich oft sofort unwohl, was sich noch verstärkt, wenn man dieses unwohle Zimmer schon im Voraus fest und unveränderbar gebucht hat
Was ist es eigentlich, das dieses Unwohlsein verursacht?
Vielleicht ist es noch der Zigarettenrauch vom Vorgänger oder der persönliche Körpergeruch vom Vorgänger mangels fehlender Lüftung, vielleicht sind es Krankheitserreger, vielleicht Elektrosmog von Geräten, zum Beispiel Fernseher oder andere Strahlen, zum Beispiel Erdstrahlen oder es ist die Negativatmosphäre nach vorangegangenem Streit.

Wenn sich in einer neu bezogenen Wohnung früher zum Beispiel eine Zahnarztpraxis befunden hatte, so könnte der Nachfolger in der umgebauten Schlafwohnung evtl. Schlafschwierigkeiten entwickeln. Dies könnte man so erklären:
In einer Zahnarztpraxis entstehen Schmerzen und Ängste Diese negativen Gefühle erfüllen den ganzen Raum bis zu den Wänden. Die Wände bestehen aus Steinen, aus Silizium. Silizium ist ein hervorragender Informationsspeicher und wird deshalb auch in der Computerherstellung verwendet.

Mit »Entstörern« kann man die negativen Schwingungen neutralisieren oder umpolen.

Neben Reinigung mit Wasser, Lüftung, Sonnenlicht, Klangschalen, ätherischen Ölen, Räuchern, bieten sich Kornkreisessenzen und insbesondere die Holistische Lichtbehandlung mit Kornkreisessenzen an.

Bei der Kornkreisessenz-Behandlung ist der Raum jetzt der »kranke« Patient. Jetzt wird keine Person, sondern ein Raum behandelt. Mit den beschriebenen Testmethoden testen wir alle Kornkreisessenzen durch mit der Fragestellung:
»Welche Kornkreisessenz benötigt der kranke Raum?«

Anschließend stellt man dann die gefunden Kornkreisessenzen gut sichtbar zum Beispiel in der Mitte des Raumes auf und testet den Raum erneut. Wenn sich nun ein positives Ergebnis einstellt, hat man den Raum umgepolt. Mit einem »Bovimeter« kann man jetzt die Stärke der positiven Bovis–Einheiten messen. Mit dem Bovimeter lassen sich verschiedene Kornkreisessenzen in der Positivwirkung vergleichen.

Die Übertragung der Kornkreisessenz auf den Raum geschieht z. B. als Spray. Dazu besorgt man sich in der Apotheke den Sprühkopf von Arzneifläschchen. Der Sprühkopf wird dann auf das Kornkreisessenz–Fläschchen geschraubt, dann die Kornkreisessenz im Raum versprüht, unter anderem auch auf die Wände und auf Störquellen. Für die Langzeitwirkung wird die Kornkreisessenz auf Steine übertragen (folgt im Kapitel Kraftplatzaktivierung), die Steine im Raum verteilt, unter anderem auch auf Störzonen von Erdstrahlen und in die vier Ecken des Raumes gelegt, da dort oft Negativenergie vorhanden ist.
Die Steine kann man ebenfalls mit dem Bovimeter messen. Die Original-Kornkreisessenz hat 12 000 Bovis-Einheiten, aufgeladene aktivierte Steine haben ungefähr 10 000 Bovis-Einheiten, entladene Steine weniger; dann müsste man wieder nachladen.

Liegen in einem Bett oder in einem Raum starke Störstellen, so können wir diese auch dadurch eliminieren, dass wir einen Ring von Steinen oder Symbolen oder Kräutern um das Bett oder um den Raum legen.

Die Steine bilden um den Raum einen Ring und schirmen negative Energielinien ab, die jetzt im Raum keine negativen Energien mehr aufbauen können.

Bei der energetischen Hausreinigung ist der »kranke Patient« das »kranke Haus«. Man testet dann zum Beispiel im Eingangsbereich, im Hausflur, sucht die richtige Kornkreisessenzen, überträgt die KORNKREISESSENZ-Information auf Steine (am besten abgerundete Steine, die sich langsamer entladen) und verteilt diese im ganzen Haus.
Kornkreisessenzen können auf geopathische Zonen, auf Krankheitserreger, auf die Seele, auf Elektrosmog und vieles Andere wirken.

Neutralisierung von Störquellen mit Kornkreisessenzen

Elektrosmog aus elektromagnetischen Störquellen wie zum Beispiel Computern oder Mobiltelefonen kann den Körper sehr stark schwächen und Krankheiten auslösen.
Dies ist nachzumessen mit dem Bovimeter in Negativrichtung gehalten. Trägt man ein solches Störgerät am Körper wie zum Beispiel ein Funktelefon (Handy) mit einer Negativenergie von bis zu 5000 Bovis-Einheiten, so kann die Körperenergie von vielleicht 6000 Bovis-Einheiten auf nur noch 1000 Bovis-Einheiten abgemindert werden.

Man testet nun aus, welche Essenzen am besten die Negativinformation des Handys ausgleichen. Dabei wird das Handy als »kranken Patienten« benutzt und für ihn die passende Kornkreisessenzen ausgetestet. In diesem Fall kann man mit zwei Kornkreisessenzen arbeiten, Nr. 45 und Nr. 52. Nr. 52 war die Beste.
Die Kornkreisessenzen Nr. 52 hat 12 000 Bovis-Einheiten, die aktivierten Steine haben 10 000 Bovis-Einheiten.

Der Elektrosmog ist wohl die stärkste Negativenergiequelle, die es gibt. Andere Störquellen lassen sich leichter neutralisieren mit Kornkreisessenzen, die in ihrer Multidimensionalität auch andere Störquellen positiv beeinflussen können.

Nr. 52: Pyramid, East Field, UK (2001), Foto: Steve Alexander

Dieser Kornkreis ist besonders hilfreich bei Elektrosmog

Als elektromagnetische Strahlenfängersteine eignen sich gut: Bergkristall, Rauchquarz, Rosenquarz, schwarzer Turmalin sowie Brocken aus Steinsalz, Himalajasalz. Große Steine aus Himalajasalz oder Salz allgemein, bewirken wie ein Salzlager, zum Beispiel in Gorleben, eine Absorption von schädlichen Strahlen. Diese Steine oder entsprechenden Edelsteinessenzen mildern die vielfältigen elektromagnetischen Strahlen von Handys, Piepsern, Funkgeräten, Computern und anderen Störstrahlern ab, die eindeutig unsere Ruhekraft YIN abbauen und unsere Gesundheit schwächen.

Zur Behandlung von elektromagnetischen Störfeldern im Körper eignen sich auch gut die PHI-Essenzen »Rosa Scharfgabe« und »Radiation Protection Cactus« und die »Protection« Essenz, Aura Spray und die T1 Essenz. Die T1 Essenz wurde in Tschernobyl hergestellt und hilft sogar radioaktive Strahlung aus dem Körper auszuleiten. Dies kann mit Geigerzählertests nachgemessen werden.

Thema Umwelt und Essenzen

Die Katastrophe von Tschernobyl

Diese Essenz wurde direkt am Reaktor von Tschernobyl gewonnen und hilft bei radioaktiver Belastung wie zum Beispiel Röntgenstrahlung, Chemotherapie etc. (Foto: Andreas Korte)

Die Fakten: am 26. April 1986 ereignete sich im ukrainischen Atomkraftwerk nahe der Städte Prypjat und Tschernobyl, als Folge einer Kernschmelze und Explosion in Kernreaktor, ein sogenannter GAU (Größter anzunehmender Unfall). Sie gilt als die schwerste nukleare Havarie weltweit und als eine der schlimmsten Umweltkatastrophen.

Schwere Mängel in der Konstruktion des Reaktors und zahlreiche Bedienungsfehler führten zu dieser größten Nuklearkatastrophe. Große Mengen an radioaktivem Material wurden in die Luft geschleudert und verteilten sich hauptsächlich über die Region von ca. 30 Kilometer um den Reaktor herum. Eine nukleare Wolke trug die Strahlung bis über Europa hinweg, sodass in der ersten Folgezeit überall höhere Strahlungswerte gemessen werden konnten. In zahlreichen Ländern wurde daraufhin der Verzehr von Blattsalaten und Gemüse, Milch und Pilzen für einige Zeit verboten.

Allein auf ukrainischer Seite mussten unmittelbar 116.000 Bewohner aus den Dörfern der Umgebung sowie der Städte Prypjat und Tschernobyl (russ.) (oder Chernobyl (ukrainisch)) evakuiert werden. 240.000 weitere Personen wurden später nochmals umgesiedelt.
Ein Großteil der Verstrahlung betrifft auch das Weissrussische Grenzgebiet, wo ebenfalls Evakuierungen durchgeführt wurden.

Nach der Katastrophe hatten Hunderttausende Helfer, sogenannte Liquidatoren, einen Sarkophag – einen Betonmantel – um den havarierten Reaktor herum errichtet. Die Strahlung wurde dadurch nicht gestoppt. Die Wissenschaftler haben keinen Weg gefunden, dieses Nuklearfeuer zu löschen. Der Betonmantel ist inzwischen an vielen Stellen gerissen und droht zu implodieren und einzustürzen. Mithilfe der EU wird deshalb derzeit begonnen, eine neue Schutzhülle zu bauen.

Die größte Freisetzung radioaktiver Stoffe fand in einem Zeitraum von zehn Tagen nach dem Reaktorunfall statt. Leichtflüchtige Stoffe, zum Beispiel Jod oder Cäsium gelangten durch den Brand in Höhen von 1500 Meter. Die Wolken mit dem radioaktiven Fallout verteilten sich über weite Gebiete Europas und schließlich über die gesamte nördliche Halbkugel. Niederschläge belasteten Gewässer und Böden.

Der Reaktorblock von Tschernobyl. Hier wurde mit Essenzen gearbeitet (Foto: A.ndreas Korte)

Die Folgen der Reaktorkatastrophe

Unmittelbar nach der Katastrophe sind etwa 200.000 junge Männer als Aufräumarbeiter eingesetzt worden, davon erhielten ca. 1000 sofort schwerste tödliche Strahlendosen. Nach Angaben der WHO wurden 600.000 bis 800.000 Liquidatoren in den folgenden Jahren eingesetzt.

Allein in der Ukraine mussten 356.000 Menschen aus kontaminierten Gebieten umgesiedelt werden. Die psychischen, sozialen, ökonomischen und ökologischen Schäden sind enorm.

Viele Menschen kommen mit der Situation einfach nicht zurecht, fühlen sich ausgegrenzt, flüchten in die Opferrolle, werden apathisch und nehmen Drogen und Alkohol zu sich.
Heute leben noch etwas fünf Millionen Menschen in kontaminierten Gebieten.

Insgesamt wurden etwa 218.000 Quadratkilometer mit mehr als 37.000 Becquerel (37 kBq) Cs-137 pro Quadratmeter radioaktiv belastet. Mehr als 70 % dieser Gebiete liegen in Russland, der Ukraine und Weissrussland.

Auch heute lassen sich noch weiterhin die Belastungen an vielen Orten messen.

Schilddrüsenkrebs, Leukämie und andere Krebsarten haben in den verstrahlten Gebieten eindeutig zugenommen. Vor allen Dingen kam es zu einem enormen Anstieg von Schilddrüsenkrebs bei der Generation, die zum Zeitpunkt des Unglücks Kinder oder Jugendliche waren. Die genauen Zahlen sind unbekannt und werden wahrscheinlich auch nie bekannt gegeben.

Auch andere Krankheiten wie Herz-Kreislauf-Erkrankungen haben zugenommen. Die durchschnittliche Lebenserwartung ist deutlich gesunken.

Die Geburtenzahlen sind gesunken, und viele junge Menschen sind aus den Regionen weggezogen. Die Suizidrate ist gestiegen.

Die verheerendsten Schäden für Mensch und Natur sind wahrscheinlich noch gar nicht abzuschätzen.

Einige Studien von Wissenschaftlern beschreiben im zeitlichen Zusammenhang mit der Katastrophe einen deutlichen Anstieg von genetischen, bzw. teratogenen Schäden, wie Totgeburten und Fehlbildungen in der Unglücksregion.

Der genetische Code ist heilig. Für mich ist es Gottes Schöpfung, die nicht angetastet werden darf.
Die ionisierende Strahlung führt nun aber dazu, dass sich laufend genetische Sequenzen verändern oder zerstört werden.

Es kann beobachtet werden, dass genetische Veränderungen auftreten. Die Auswirkungen sind noch völlig unbekannt. Tiere werden sich verändern und erkranken. Aber nicht nur im sichtbaren, auch im unsichtbaren Bereich geschehen diese Veränderungen. Auch bei Bakterien und Viren.
Von meinem Begleiter in der Evakuierungszone habe ich gehört, dass bereits festgestellt worden sei, dass gewisse Parasiten, die sonst immer nur bei einem Wirt leben, nun auch schon bei anderen Lebewesen zu finden sind.

Die Indianer haben recht: Die Natur siegt

In der Evakuierungszone entwickelt sich die Natur neu.
Wo ehemals Straßen und Wege waren, brechen Pflanzen den Asphalt auf.

Leer stehende Häuser, die an Geisterstädte, erinnern, zerfallen und werden von Efeu und anderen Pflanzen überwuchert.

Etwa auf 70 % des Gebietes der Sperrzone wächst nun wieder Wald. Überall sprießen Bäume und die Vegetation wuchert.

Verloren geglaubte Tierarten kehren zurück: Auch die Tierwelt verändert sich. Haustiere verschwinden und Arten wir Bären und Wölfe bilden neue Reviere. Die Wölfe bilden überall Rudel und fressen die verbliebenen Hunde und Katzen.

Auch seltene Arten wie die Schwarzstörche sind wieder anzutreffen. Irgendwie schafft es die Natur, sich dieser neuen Umweltbedingung anzupassen, und der Mensch zieht sich zurück.

Umweltarbeit mit Essenzen

Meine persönliche Geschichte beginnt mit einem Traum, genauer gesagt einem fürchterlichem Albtraum. In meinem Traum sah ich Menschen, die zum Himmel sahen und fürchterlich Angst vor Radioaktivität hatten, die vom Himmel kam.
Ich verstand den Traum nicht. Schweißgebadet stand ich auf. Und zwei Tage später las ich in der Zeitung die Schreckensmeldungen über Tschernobyl. Das war 1986.

Über meine Essenzenarbeit kam ich 1991 zum ersten Mal in Kontakt mit frei lebenden Delphinen. Damals durfte die erste Delphinenergie-Essenz Delph® entstehen.

Diese Essenz wirkt auf den Menschen herzöffnend, regt die Lebensenergie an, stimuliert das Nervensystem und gleicht die Hirnhälften aus. Darüber hinaus wirkt die Essenz stark reinigend. Wegen ihrer Ausstrahlung kann man sich auch in verdünnter Form zur Wasseraktivierung benutzen. Schmutzstoffe fallen schneller aus, das Wasser gewinnt wieder seine natürliche Heilkraft und es wirkt auch auf die umgebende Atmosphäre.

Über den Kontakt zu den Delphinen wurde ich auch auf das Thema Tschernobyl aufmerksam. Mithilfe einer ukrainischen Ärztin bekamen wir eine Sondergenehmigung und so kam ich am 21. Juni 1993 zum ersten Mal in die Sperrzone. Am Checkpoint mussten wir damals das Fahrzeug wechseln und gelangten so zum Reaktorblock.

Ich grub überall Löcher und aktivierte mit Delph® und anderen Essenzen. Damals durfte ich zum ersten Mal mit Gottes Hilfe die Umweltessenz T1 herstellen. Es handelt sich dabei um eine Umweltessenz, die aus einer hellblauen Lichtfrequenz besteht. Ähnlich dem Umkehrprinzip in der Homöopathie oder der Medizin, wo auch aus dem Schlangengift das Serum gewonnen wird, wirkt diese Essenz umgekehrt wie alle anderen Essenzen.

Blüten- und andere Essenzen strahlen positive Frequenzen aus. T 1 nimmt Strahlung auf, hier eben die ionisierende Strahlung. Und zwar wirkt sie nicht direkt auf radioaktiv strahlende Substanzen (ZUM BEISPIEL Cäsium), wie sich in Tests gezeigt hat. Sie wirkt aber auf Medien oder Tiere oder Menschen, die zu viel radioaktiver Strahlung ausgesetzt waren.

Anwendungsmöglichkeiten gibt es viele: Menschen, die an Durchleuchtungsgeräten im Sicherheitsdienst arbeiten, Krankenhauspersonal, die mit Röntgendiagnostik arbeiten, Patienten die Kontrastmittel gespritzt bekommen oder an Krebs leiden und eine Chemotherapie machen. Beobachtungen zeigen, dass dadurch negative Begleiterscheinungen, wie Haarausfall etc. deutlich weniger werden.

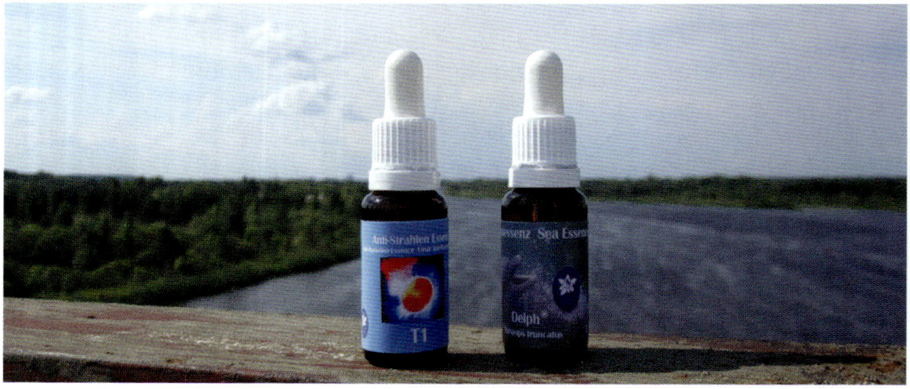

Die umliegenden Gewässer wurden auch mit Essenzen behandelt (Foto: Andreas Korte)

TOKAI-mura, Japan 1999

Im Atomreaktor von Tokaimura kam es am 30. September 1999 aufgrund eines Fehlers zu einer unkontrollierten Kettenreaktion und es trat Strahlung aus. Nach offiziellen Angaben wurden 35 – 60 Personen verstrahlt und ca. 30.000 Anwohner wurden aufgefordert, ihre Häuser nicht zu verlassen.

Und wieder inspiriert durch die Delphine hatten wir »zufällig« kurz nach dem Unfall ein Essenzenseminar in Tokyo geplant. So konnte ich mit meinen japanischen Freunden nach Tokaymura fahren und die gleiche Arbeit wie in Chernobyl durchführen. Dieses Mal hatten wir Geigerzähler dabei und konnten die Strahlung messen.

Auch hatten wir im Kurs eine Ärztin, die aus einem Nachbarort von Tokaimura kam und wir konnten hier die Werte vor und nach der T 1 – Delph Reinigung messen.

Der Reaktor von Tokaimura, Japan. Foto: A. Korte

2010 und wieder Chernobyl

Seit meiner ersten Reise sind 17 Jahre vergangen. Was hatte sich wohl verändert?

Inzwischen ist so eine Art »Katastrophentourismus« entstanden und auch innerhalb der Sperrzone gab es einige Veränderungen. Wir hatten die Gewässer um den Reaktorblock herum aktiviert und verschiedene Messungen durchgeführt. Für die Menschen bleibt es nach wie vor eine sehr schwere Situation. Die psychischen Belastungen sind sehr hoch und die Behörden schweigen über die genauen Zahlen der Erkrankungen und Todesfälle.

Nach einem Besuch in der Sperrzone von Chernobyl wird wohl jedem klar: Wir brauchen die Natur, die Natur braucht uns allerdings nicht.

Neutralisation von geopathischen Störzonen mit Kornkreisessenzen

Erdstrahlen aus Gitternetzadern können aufbauende oder abbauende Strahlungen außenden und den Körper energetisch stärken oder schwächen und Krankheiten auslösen.
Beide Möglichkeiten sind nachprüfbar mit dem Bovimeter oder mit der Radiästhesie.(Pendel, Wünschelrute) oder direkt durch körperliches Empfinden.
Abbauende Adern oder Kreuzungen von Gitternetzen können den Körper über Nacht geradezu entladen, wenn sich das Bett darüber befindet. Deshalb sollte man in diesem Fall unbedingt das Bett umstellen.

Hat man eine Wasserader gefunden, so kann man mit dem Pendel oder mit der Rute den Verlauf der Ader bestimmen.
Die Erdader ist jetzt der »kranke Patient«.
In diesem Fall kann man mit vier Essenzen arbeiten: Nr. 36, Nr. 41, Nr. 68, Nr. 96. Die beste Essenz war die Nummer 41.

Kornkreis Züschen Nr. 41, Züschen, Deutschland (2001)
(Foto: Frank Laumen)

Diese Essenz hilft bei Wasseradern.

Die Kornkreisessenz Nr. 41 stellte man auf den Negativkreuzungspunkt: Jetzt war die Negativschwingung nicht mehr zu spüren, später war eine Positivschwingung zu messen, nachdem die Erdader mit aktivierten Steinen oder Verdünnungen der KORNKREISESSENZ Nr. 41 belegt worden war. Das Kornkreisbild kann unterstützend dazu verwendet werde.

Bei der Geopathiezonenbehandlung ist die Erde der »kranke Patient«. Die Erdlinien der Gitternetze entsprechen den Akupunkturmeridianen des Menschen.
Die Kreuzungspunkte könnten die »Akupunkturpunkte« sein. Die Behandlung der Kreuzungspunkte mit Essenzenverdünnungen entspricht damit einer kleinen Akupunktur der Erde. Auf die Dauer sollte man nicht mit den Steinen schlafen.
Große Steine aus Himalaja Salz oder Salz allgemein machen wie ein Salzlager zum Beispiel in Gorleben eine Absorption von schädlichen Strahlen.

Die Erscheinung der Kornkreise an natürlichen Kraftorten wäre dann vergleichbar mit der großen Akupunktur. Südwestengland scheint so etwas wie ein Ort zu sein für die Ohrakupunktur, weil hier besonders viele Kornkreise aufgetreten sind.
Laut Aussagen des US-amerikanischen Mediums und Forschers **Ross Holcomb** liegen die anderen vergleichbaren Zonen unter dem Meeresboden oder unter dem Eis.
Dies würde erklären, warum gerade in England dieses Phänomen gehäuft in Erscheinung tritt. Die Impulse können – wie bei einer Fuß-, Hand- oder Ohrakupunktur am Menschen – sämtliche Bereiche der Erde erreichen und energetisch aktivieren.
Hier ist die Erde der Patient. Oft muss man in die Historie blicken, um zu erfahren, was hier früher Schlimmes passiert ist. Deshalb entstehen Kornkreise immer an wichtigen Stellen. Die entstehenden Kornkreise bewirken eine Reinigung der Probleme aus der Vergangenheit, aus früheren Leben, aus Familienchroniken, aus kollektiven Erinnerungen (C.G. Jung).
In der 4. Dimension gibt es weder Raum noch Zeit (Einstein). So können wir auch belastete Gebiete reinigen, an denen in der Vergangenheit schreckliche Dinge geschehen sind, zum Beispiel Schlachtfelder, Orte von Massakern, Konzentrationslager, Schlachthäuser etc. Wir müssen uns dabei immer

zuerst mit Gott und der Erde verbinden und aus der Liebe unseres Herzens heraus handeln. Wichtig ist es, den freien Willen der Menschen dabei zu respektieren.

Die Kornkreise können durch ihre multidimensionale Wirkung helfen, die Erde von alten belastenden Energien zu säubern und zu befreien.

Dadurch helfen wir dem Organismus Erde, sich zu reinigen und zu heilen. Das kommt uns schließlich allen zugute.

► Aktivierung mit Delph®:

Wenn Sie Wasser oder die Luft reinigen wollen, dann verwenden Sie die Delphinessenz DELPH®. Das Wasser ist das Lebenselixier überhaupt. Deswegen ist es sehr wichtig, auf die Wasserqualität zu achten. Wasser nimmt auch Informationen auf und ist durch die Wasser- und Luftverschmutzung sehr belastet.
Durch die Wasseraktivierung mit Verdünnungen von Delph®, in geschlossenen Glasflaschen, mit 50% Alkohol und Wasser, helfen wir die natürlichen Reinigungskräfte des Wassers zu unterstützen. Die geschlossenen Flaschen werden ins Wasser gebracht. Die Information wirkt nicht nur auf das Wasser, sondern auch auf die umgebende Atmosphäre. Die Wirkung hält über Jahre an.

► Aktivierung mit Tieressenzen:

Wenn Sie etwas für den Artenerhalt von bedrohten Tieren machen wollen, dann verwenden Sie die entsprechenden Tieressenzen. Verdünnungen herstellen und im Habitat der Tiere die geschlossenen Glasflaschen ausbringen. WICHTIG! Nur innerhalb von Schutzgebieten arbeiten.
Die Tiere nehmen den Impuls auf und häufig vermehren Sie sich wieder, wie Versuche gezeigt haben.

Resonanzen der Kornkreisessenzen mit Erdstrahlen und sonstigen Strahlen (Geopathie)

► Allgemeine geopathische Belastung (Silicea D60 + Eisenfeilspäne):

Kornkreise: Nr. 7, 47, 54

► Yin-Strahlung (abbauendes Kraftfeld) (Achatsplitter):

Kornkreise: Nr. 7, 57

► Calcium carb. Hahnemann D1)

Kornkreis Nr. 66

► Globalgitternetz (Basika)

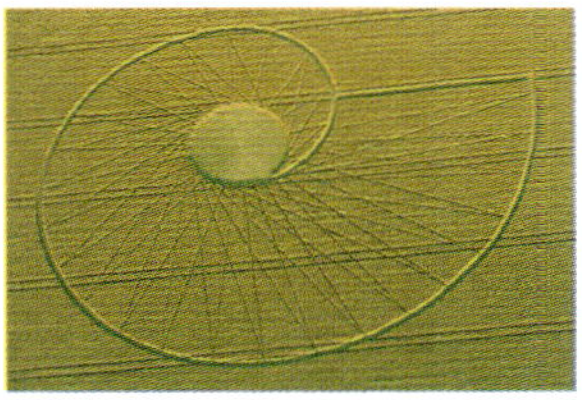

Kornkreis Nr. 87

- Curry Gitter (Quartzsand)

Kornkreise Nr.: 34, 46, 72

- Radioaktive Strahlung (Globuli D 1000)

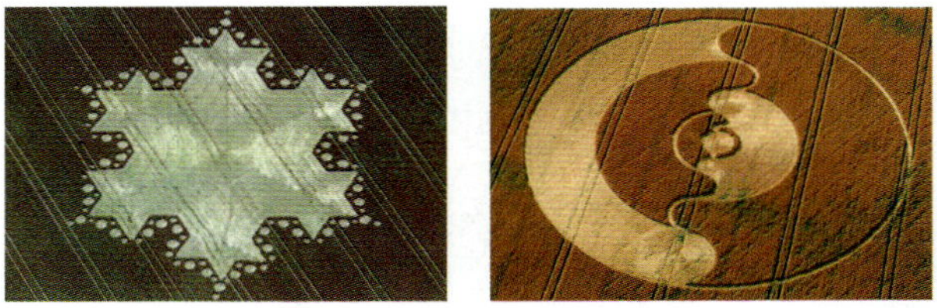

Kornkreise Nr.: 16, 43

- Elektromagnetische Störfelder (Elektrosmog, Handys) (Phosphorus D6)

Kornkreise Nr.: 45, 52, 68

Zeit mit Kornkreisbildkarten: Erzeugung und Aufenthalt in positiven Energiefeldern

Der BOVIS Wert als Messeinheit und das Bovimeter als Messinstrument für die Lebensenergie

Der Bovis-Wert ist eine Messeinheit, mit der man die Lebensenergie von Substanzen, Organismen und Örtlichkeiten misst. Besondere Bedeutung hat die Lebensenergie in Nahrungsmitteln, im Menschen selbst und in Substanzen, mit denen unser Körper in Berührung kommt (Kräuter, Steine, Kraftorte, Erdstrahlen).
Skalierung und Graduierung dieses Messsystems sind allerdings nicht so genau festgelegt wie etwa der Kilometer bei der Längenmessung oder die Sekunde bei der Zeitmessung. Ähnlich wie es bei der Temperaturmessung eine Celsius- und eine Fahrenheit-Skala mit Messwert-Verschiedenheiten gibt, so kann es auch hier Abweichungen geben.
Beim gesunden Durchschnittsmenschen liegt die Lebensenergie nach einem erholsamen Schlaf zwischen 6000 und 8000 Bovis-Einheiten, bei einem kranken niedriger.
Wenn ich meinem Körper Nahrungsmittel mit weniger Bovis-Einheiten als mein Körper selbst zuführe, dann rauben diese Nahrungsmittel meinem Körper die Lebensenergie (zum Beispiel Junk Food).
Wenn ich meinem Körper Nahrungsmittel mit mehr Bovis-Einheiten als mein Körper selbst zuführe, also mit mehr als 8000 Bovis-Einheiten, dann stärke ich meinen Organismus.

► Positivstrahler

- Kornkreisessenzen 10.000 - 12.000
- Energie nach Anwendung einer Kornkreisessenz 12.000 - 15.000

► Negativstrahler

- Elektronische Geräte am Körper getragen - 5.000
- schlechter Schlafplatz in Federkernmatratzenbett über Wasserader - 3.000

Kraftplätze als Systeme mit allumfassenden Energien

Das Chakren-Energiesystem mit den Über- und Unterchakren stellt, ähnlich wie ein Puzzle oder Baukasten, ein System mit vielen Einzelteilen dar. Bei Vollständigkeit der Einzelteile hat man den vollkommenen »energetischen Menschen«.
Wenn alle Bausteine vorhanden sind, hat man den Zustand der vollkommenen Gesundheit, den Zustand des vollkommenen körperlichen, seelischen und sozialen Wohlbefindens. In diesem Zustand testen alle sieben Chakren-Energien positiv, negativ besetzte Unterchakren liegen keine vor und die Überchakren sind indifferent oder positiv vorhanden.
Das Vorhandensein von Überchakren ist der Nachweis von übernatürlichen Heilkräften, wie sie zum Beispiel manche Heiler besitzen.

Krankheiten beim Menschen verursachen Störungen im Überchakrengebiet, es fehlen teilweise schon die sieben Hauptchakren-Energien und die Unterchakren sind negativ besetzt.

Alle Kraftplätze haben alle Chakren-, Über- und positiven Unterchakrenenergien. Mit dem Bovimeter erhält man Energiewerte von 20000-30000 Bovis-Einheiten.
Der Aufenthalt auf einem solchen Kraftort führt zur Schwingungsanhebung im Menschen. Nach 30 Minuten Kraftort kann man bei manchen Personen schon Anstiege von 6000 auf 15000 Bovis-Einheiten messen.
Durch die Energiezufuhr kommt es zu einer Schwingungsanhebung der Zellen, dadurch können Gifte und Krankheitserreger aus den Zellen herausgewirbelt und ausgeschieden werden. Dabei kommt es zu einer Verjüngung des Körpers. Vom Gefühl kann man ein feines Kribbeln oder Vibrieren am ganzen Körper spüren, eventuell. auch eine Aufladung der »Batterie«, die ich manchmal im Hara (zweites Chakra) spüren kann.

Kornkreise entstehen auf den Erd-Akupunkturpunkten, das heißt, auf den Kreuzungen von Energielinien. Als Beispiel ist der Kornkreis von PARADIES in der Schweiz direkt auf der Kreuzungsstelle von fünf Energielinien von fünf alten Kirchen entstanden. Zu den Energien vom Erdmagnetismus kommen weitere Energien, die aus dem Kosmos von oben einstrahlen, hinzu. Somit entstehen jährlich neue Kraftorte.

Während des Aufenthaltes in diesem Kornkreis fühlte ich mich körperlich und psychisch sehr stark. Solange ich mich auf dem Kraftplatz befand, waren alle Schmerzen, Ängste und Sorgen verschwunden.
Ich hatte dabei das Gefühl der »kosmischen Wonne«, der vollkommenen Zufriedenheit und des Einsseins mit dem Universum.
Danach konnte ich in mir selbst die Kraftorteenergien, zum Beispiel die des Chakren-Energiesystems, durchweg positiv messen.

Die PHI-Essenzen enthalten die lebensstärkenden Energien von Edelsteinen, Orchideen, Kakteen, Rosen, Heilpflanzen, Tieren und jetzt auch von Kornkreisen in Wasser/Alkohol Lösung. Kranke Menschen können die Energien der Kornkreissymbole nutzen, ohne je selbst in einem Original-Kornkreis gewesen zu sein. Kornkreisessenzen sind somit Miniaturkraftorte, die Chakren-Energien – und als Zugabe von oben auch noch teilweise »Über- und positive Unterchakrenenergien« – enthalten. Bei Krankheiten kann man gezielt die fehlenden Energien durch Gabe der Essenzen übertragen. Der »energiekranke Mensch« kann PHI-Essenzen und Kornkreisessenzen einsetzen und damit ebenfalls fehlende Puzzle- oder Baukastenteile ersetzen.

Um herauszufinden, welche Energien fehlen, eignen sich zum Beispiel die PHI Blütenkarten oder die Kornkreiskarten.
Alternativ kann man die fehlende Kornkreisessenz austesten.

Direkte Anwendungen sind die Einnahme der Essenzen, die Einreibung auf den Chakren oder die Ganzkörperbestrahlung in der holistischen Lichttherapie.

Erzeugung und Aufenthalt in positiven Energiefeldern

Die »Blume des Lebens ist ein altes kosmisches Ursymbol, das verschiedenen Kulturen gleichzeitig zu eigen ist. Dieses Symbol ist auch in verschiedenen Kornkreisen erschienen und steht in verschiedenen Kornkreisessenzen zur Verfügung.

Die verdünnten Kornkreisessenzen haben eine Positivausstrahlung nach allen Seiten mit einem Radius von ca. 1 m. Die Energieübertragung geschieht durch die Strahlung der Kornkreisessenzen.
So eignet sich zum Beispiel die Kornkreisessenz Lebensbaum. Man kann die Flasche einfach in einem Raum aufstellen zur Steigerung der Lebenskraft und profitiert von den guten Schwingungen und der Stärkung durch diese Substanz. Man braucht sie nicht einzunehmen.
Stellt man seine aktuelle Kornkreisessenzen Verdünnung zum Beispiel ins Schlafzimmer stehen so lädt man damit den Raum auf und sich selbst. Der Mensch verbringt 1/3 seiner Lebenszeit im Bett. Diese Zeit sollte man optimal ausnutzen für die Regeneration und Heilung des Körpers.
Der Schlafplatz sollte immer ein Ort der Ruhe und Erholung sein. Zusätzlich können wir ihn durch Essenzen positiv aufladen und zu einem Kraftort wandeln.
Die positiv strahlende Kornkreisessenz ist das Gegenstück zum negativ strahlenden EM Störsender.

Fotos Kraftplatzaktivierung – Erzeugung positiver Energiefelder

1. Eine Kornkreisessenz mit einer Energie von 12.000 Bovis-Einheiten hat eine sehr große Ausstrahlung nach allen Seiten und lässt sich mit der Wünschelrute oder mit den bloßen Händen fühlen.

2. Auch noch die Verdünnung (1 Pipette Kornkreisessenzen in 20 ml Wasser – Alkohol-Lösung) hat noch fast die gleich starke Energie in Bovis-Einheiten und in der Ausstrahlung im Raums (hier die Essenz »Lebensbaum«).

Kornkreisessenzen können auch die Yin Yang Kräfte in Körper ausgleichen

Die Original PHI Kornkreiskarten lassen sich mit einem Farbkopierer vergrößern und können zur Haltbarmachung zusätzlich laminiert werden.
Das System der Kornkreisposter bietet folgende Vorteile:

1. Die Kornkreise mit ihrem YIN-und-YANG-Polen ziehen unharmonische Störenergien zu den Polen und neutralisieren diese. Die ausgleichenden Kornkreissymbole bewirken einen emotionalen Energieausgleich.

2. Die YIN betonten Kornkreise verstärken das YIN des Nachtschlafes, die YANG betonten Kornkreise verstärken das YANG des Mittagsschlafes.

3. Mit den Unterenergien lassen sich auch kranke Organe und Seelenanteile mit heilenden Energien aufladen. Die Krankheitsdauer kann verkürzt werden.

4. Die Unterchakrenenergien können , um negative Emotionen über Nacht loszulassen, dem Unterbewusstsein Energien zuführen.

5. Die Überchakrenenergien geben dem Überbewusstsein die Energien für die Verbindung zum Ursprung. Im Schlaf verlässt die Seele den Körper und wandert zu der Quelle der Erholung, dem Ursprung, und kehrt danach wieder in den Körper zurück.

Zusammenfassend können Kornkreisessenzen, Kornkreiskarten oder -poster die Regeneration und Heilung multidimensional ergänzen.
Besonders gut eignen sich Kornkreise, die besonders viele Einzelchakrenenergien in sich vereinen.

Kornkreis Nr. 36 »Rosette« oder »Rosenfenster« (Foto: Steve Alexander)

Energetisch Yin betont: Yin 15 – Yang 3
Alle Seelen 1 – 7
Alle Organe 1 – 7
Alle Chakren 1 - 7
Unterchakra –1
Überchakren 13, 14, 15

Kornkreis Nr. 96 »Paradies« in Diessenhofen (Foto: M. Baumann)

Energetisch Yang betont: Yin 5 – Yang 10
Alle Seelen 1 – 7
Alle Organe 1 – 7
Alle Chakren 1 – 7
Unterchakren alle
Überchakren alle

Dieser Kornkreise hat mehr Yang Anteile, er eignet sich als allgemeiner Energiespender.

Weitere Beispiele:
Kornkreise Nr. 39, 42, 45, 64, 90, aber auch jeder andere persönlich ausgetesteter Kornkreis. Mit den PHI-Kornkreiskarten kann man sein persönliches Energiesymbol aussuchen, mit Farbkopierer als Poster vergrößern, laminieren und unter das Bett legen. Wenn man immer wieder das gleiche Poster benötigt, so empfiehlt es sich, die Posterstrahlung durch die Einnahme der entsprechenden Kornkreisessenz zu verstärken.
Hat man einmal auf einer negativen Erdader geschlafen und ist am anderen Morgen wie gerädert, so kann man mit einer positiven Kornkreisessenz die negative Erdenergie im Körper auslöschen.

108 Kornkreiskarten mit Informationen zu den einzelnen Kornkreisen (Foto: Sasa Nikolic)

Die Kornkreiskarten

Mittlerweile gibt es auch von allen Essenzen bis zur Nummer 108 (the Goddess) die zugehörigen Bildkarten.
Diese sind ästhetisch wunderschön und können als »Kraftkarten« benutzt werden. Die kleinen Karten haben eine Ausstrahlung von 30 cm, gemessen

mit der Wünschelrute, vergrößert man die Karte mit einem Farbkopierer zum Poster 30 cm x 30 cm, dann erweitert sich die Aura der Karten auf 50 cm nach allen Seiten.
Die multidimensionalen Symbole sind sehr energiestark, ähnlich wie die Runen der germanischen Völker.
Die Energie dieser Bildkarten kann man mit dem Bovimeter mit ca 9000 Einheiten ausmessen. Wenn die Karte passt, kann der Mensch seine Aura vergrößern, die Messwerte des Menschen verbessern sich dann von 9000 auf 12000 Bovis-Einheiten.
Ein feinfühliger Mensch kann ein feines Kribbeln in den Händen verspüren, wenn er eine gute Kornkreiskarte in der Hand hält.
Wenn man nicht sicher ist, ob man die Essenz einnehmen kann oder nicht, so kann man zuerst das multidimensionale Bild zwei Minuten lang anschauen oder in der Hand halten und dabei die Atmung beobachten. Verstärkt sich die Einatmung, ist das Symbol passend, hat man eher das Verlangen, auszuatmen oder das Symbol wieder aus der Hand zu legen, ist das Symbol aktuell nicht passend.
Zur Verbesserung der Haltbarkeit und der praktischen Anwendung kann man die Karten laminieren.

Anwendungsmöglichkeiten:

1. als Untersetzer für Getränke: Das Symbol lädt das Wasser im Glas oder Flasche energetisch auf.

2. als Energieträger für die Kitteltasche oder Hemdentasche in der Herzgegend

3. als Poster 30 cm x 30 cm oder grösser als Wandbild zur Verbesserung der Raumenergie

4. als Poster für unter das Bett oder unter den Sitzstuhl als Kraftspender.

5. zum Aufladen von Steinen (zum Beispiel Bergkristall) zur Verbesserung der Raumenergie.

Die Kornkreisenergiekarten können immer ergänzend zu den Essenzen mitbenutzt werden.

Es empfiehlt sich, zuerst eine Karte auszusuchen, die einem gefällt. Diese reflektiert den Zustand im Bewusstsein. Danach eine Karte, die einem nicht gefällt. Diese reflektiert das Unterbewusstsein und kann somit noch wichtiger sein.

Der Kornkreisenergiedrink

Der Kornkreisenergiedrink dient zur Aurastärkung.

Man benötigt die richtige Kornkreisenergiekarte als Energiespender. Darauf wird eine Mineralwasserflasche gestellt und abgewartet, bis die Kartenenergie auf das Wasser übertragen worden ist.
Wenn man getestet hat und sicher ist, dass das Symbol stimmt, kann man wenige Tropfen Essenz dazugeben. Die Tropfen können sich in 1,5 l Wasser optimal entfalten, manchmal potenziert sich die Energie. Das Wasser kann man über den Tag verteilt trinken.
Bei manchen Personen konnte man dadurch eine Energieverbesserungen von 9000 auf 17000 Bovis-Einheiten messen. Man kann dann einen Energiefluss, zum Beispiel feines Kribbeln im ganzen Körper verspüren.

➤ Praktisches Vorgehen:

- Aus dem Kartenstoß alle Karten heraussuchen, die gefallen.
- Aus dem Essenzenset alle Essenzen herausnehmen, die positiv getestet werden können.
- Dann vergleiche man Karten und Essenzen auf Übereinstimmung.
- Die für richtig gehaltenen Proben in die Hand nehmen und spüren, ob man sich dabei wohlfühlt, wenn man die Substanz längere Zeit bei sich trägt.
- Mit dem Bovimeter kann man eine deutliche Verbesserung der Grundenergie messen.
- Mit dem Biotensor kann man eine Verbesserung des Energiemeridians in der Mittellinie des Körpers finden: senkrechtes Auf - und Abschwingen auch im Bereich der Unterchakren.

Die Kornkreisessenzen

Hinweis:
Die Essenzen können einzeln
oder als Satz bezogen werden
(jeweils 1-10, 11-20, etc.)

Nr. 1

Double Helix

East Field, UK (1996)

Formation bestehend aus 89 Kreisen in der Darstellung der DNA-Helix.

Wirkt energetisch auf das Hals- und Herzchakra. Hilft, unsere DNA an die neuen Energien anzugleichen.

Es erinnert uns an das Heilige der DNA.

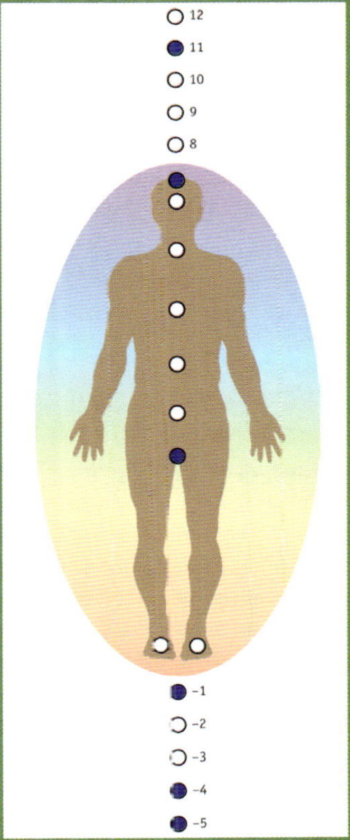

Nr. 2

Julia Set Spiral – Male

Stonehenge, UK (1996)

Diese Spiral-Formation repräsentiert die menschliche DNA, die sich neuen Energieformen angleicht.

Wirkt auf unsere Yang Energie. Verstärkt unsere männliche Polarität.

Es erinnert uns an das Heilige in der Sexualität.

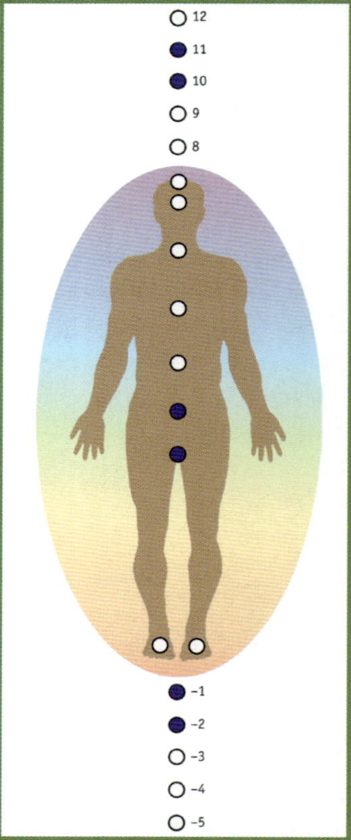

▶ Nr. 3

Julia Set Spiral - Female

Stonehenge, UK (1996)

Diese Spiral-Formation repräsentiert die menschliche DNA, die sich neuen Energieformen angleicht.

Wirkt auf unsere Yin Energie. Verstärkt unsere weibliche Polarität.

Es erinnert uns an das Heilige in der Sexualität.

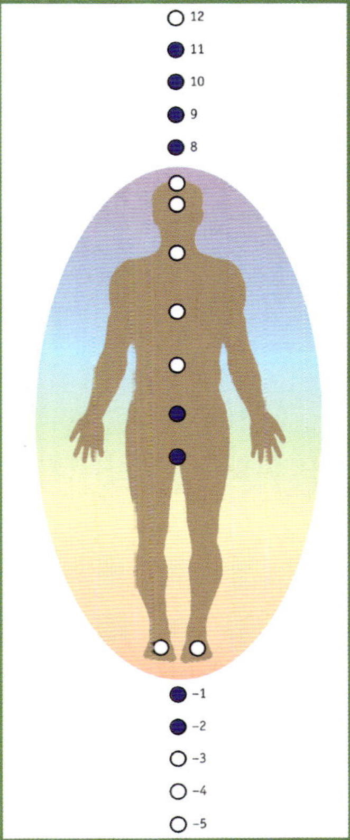

▶ Nr. 4

Julia Set Spiral - Male and Female

Stonehenge, UK (1996)

Diese Spiral-Formation repräsentiert die menschliche DNA, die sich neuen Energieformen angleicht.

Wirkt auf unsere Yin- und Yang-Energien. Sobald unsere männlichen und weiblichen Energien ausgeglichener sind, so sind auch die Universen ausgeglichener.

Es erinnert uns an das Heilige in der Sexualität.

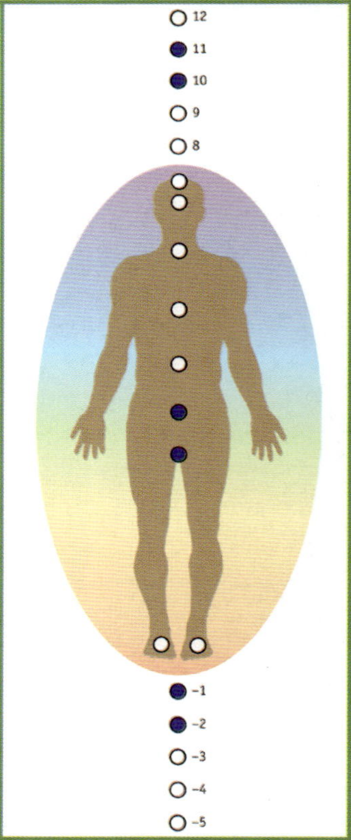

▶ Nr. 5

Crescents

East Kennet, UK (1996)

Die Sonne trifft auf den Mond. Bringt unser Wissen und unseren Willen in eine Einheit.

Hilft, die rechte und linke Gehirnhälfte auszugleichen und alte Gewohnheiten und Verhaltensmuster aufzulösen.

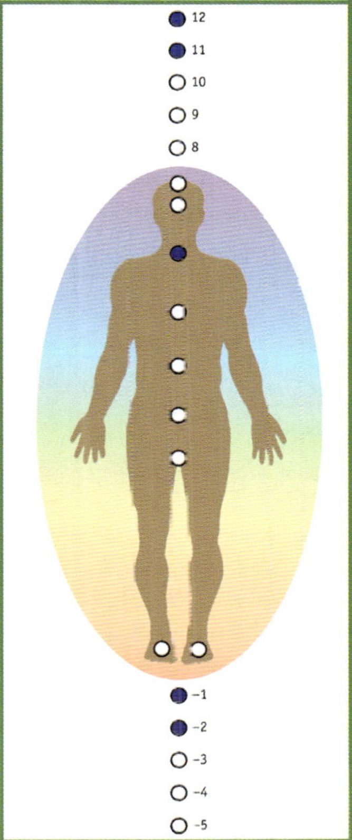

Nr. 6

1-KM-Long-Path

Etchilhampton UK (1996)

Verbindet unsere verschiedenen Energiezentren und Ebenen.

Dies ehrt auch die alten Traditionen und Werte, wie die der Indianer

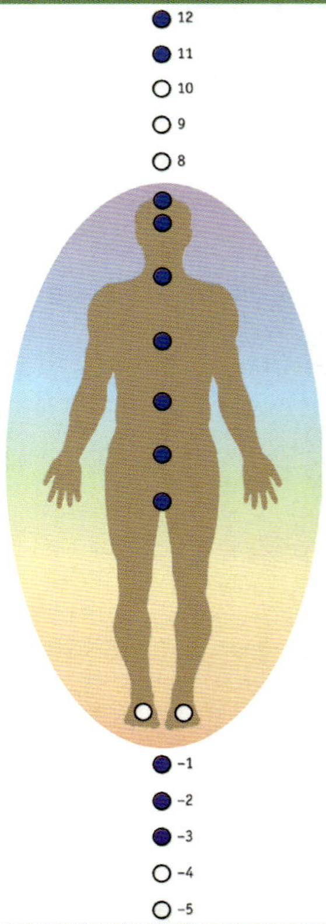

Nr. 7

Triple Spiral

Windmill Hill UK (1996)

Die Formation verbindet und mit der heilenden Christusenergie. Schenkt uns das Lichtbewusstsein, das Bewusstsein der Einheit mit dem Göttlichen.

Diese Essenz ist sehr gut für Erdheilungen geeignet

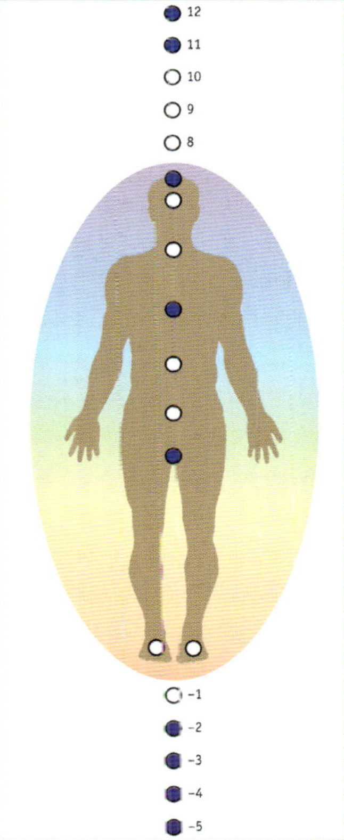

Nr. 8

Vesica Pisces

Ashbury, UK (1996)

Hilft, uns von der Dualität zur Einheit zu führen.

Die sanfte Energie schenkt uns ein Gefühl der inneren Einheit und hilft uns so, Gefühle der Einsamkeit zu überwinden

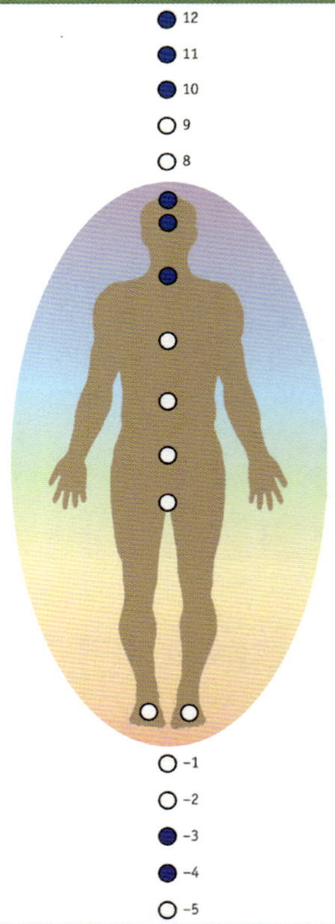

Nr. 9

Sun & Moon

Liddington Castle, UK (1996)

»Unten so wie Oben«... Hilft, die Dimension der Zeit zu integrieren. Schenkt uns ein Bewusstsein dafür, wie unsere jetzigen Gedanken die Zukunft der Erde gestalten.

Hilft der Erde, die Schwingung der Liebe zu integrieren.

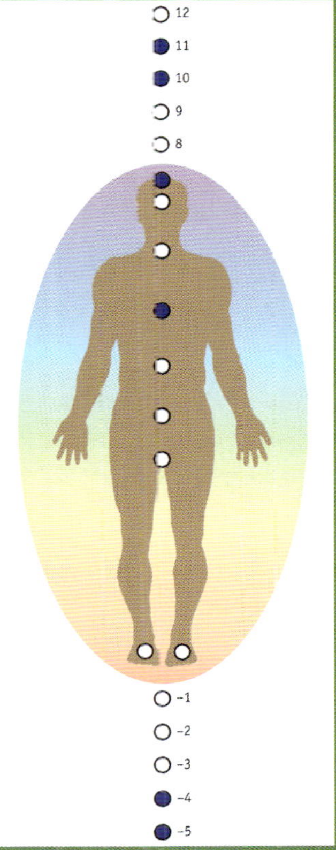

▶ Nr. 10

Fractal Caterpillar

Liddington Castle, UK (1996)

33 Kreise und eine Tropfenform. Schenkt uns das Gefühl, zu Hause anzukommen, wieder völlig geschätzt zu sein.

Stellt einen möglichen Schritt für die Evolution der Erde dar: zur Einheit zurückzukehren.

Die Tropfenform stellt die Verbindung zur Formation Nr. 9 dar.

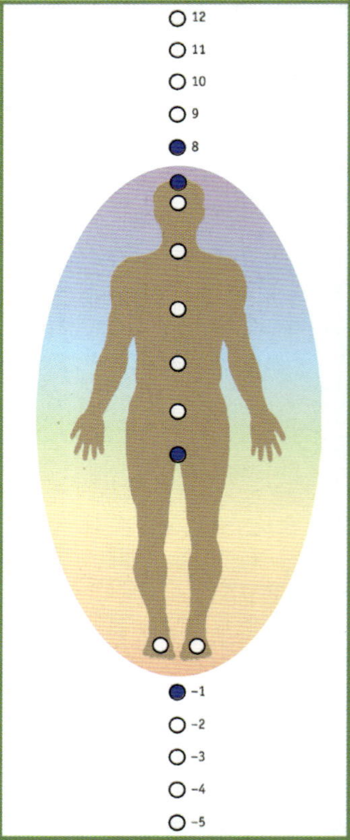

Nr. 11

13 Full Moons

West Meon, UK (1997)

Hilft uns, in unseren natürlichen Rhythmus zurückzukehren.

Verbindet uns mit den kosmischen Kräften, mit einer neuen Zeitqualität. Die Formation steht für eine Verbindung zum Maya Kalender.

Die Essenz unterstützt energetisch bei Zeitverschiebungen.

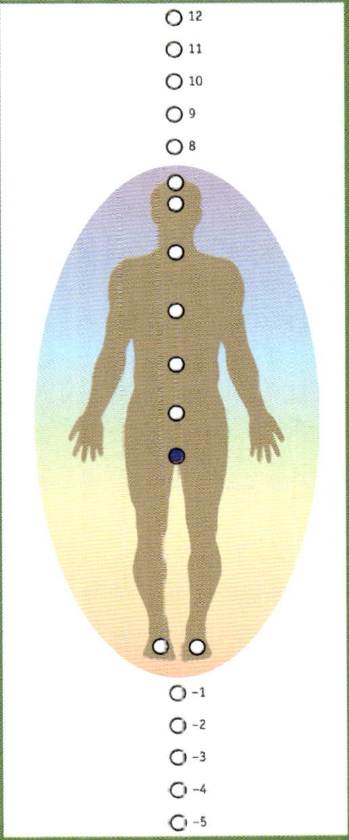

▶ Nr. 12

Ant

Henwoon, UK (1997)

Form einer Ameise als Symbol für das Insektenreich.

Sie schenkt uns ein Bewusstsein für die Evolution und lässt uns erkennen, dass alles von der gleichen göttlichen Quelle abstammt. (Das Konzept der Nordamerikanischen Indianer von Mitakuye Oyasin »Wir sind alle miteinender verbunden«).

Hilft uns, Respekt vor allen Lebensformen zu entwickeln.

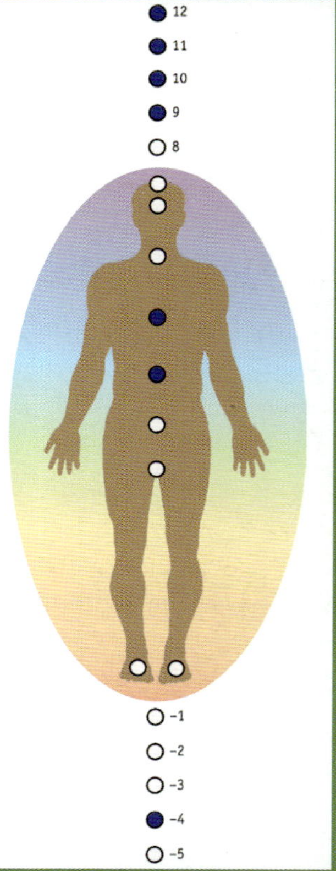

▶ Nr. 13

14 Ring Spirals

Woodborough Hill, UK (1997)

Repräsentiert das Zentralsonnensystem oder ein Atommodell.

Wirkt stärkend und ausgleichend auf das erste Chakra. Verbindet uns gleichzeitig mit der Erde und mit dem Kosmos. Schenkt uns die Erkenntnis, dass sowohl wir, als auch Mutter Erde, Teil eines größeren Ganzen sind.

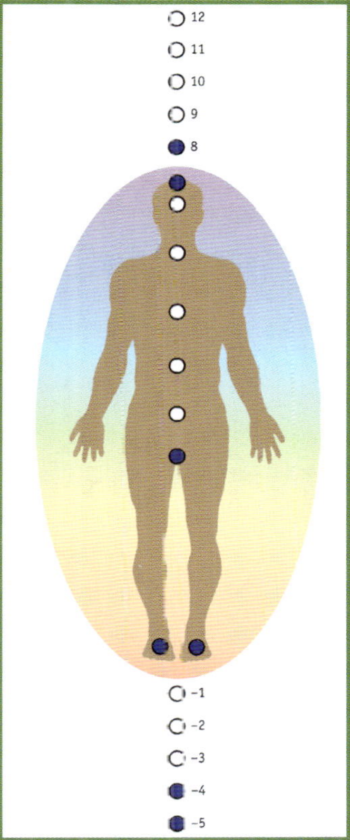

Nr. 14

Bethlehem Star

Bishops Cannings, UK (1997)

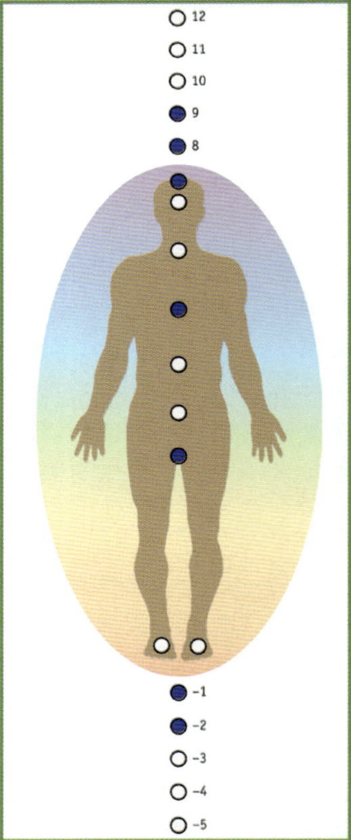

Der Stern ist ein Zeichen für universellen Frieden. Sie schenkt uns Ruhe und innere Ausgeglichenheit und eignet sich für Meditationen.

Sie hilft uns Polaritäten zu vereinigen und hilft Gruppen ihre Energie zu zentrieren. Beachten Sie, dass die Spitze des Sternes oben steht.

Sie können diese Essenz verwenden, falls Sie sich in einer Konfliktzone befinden sollten.

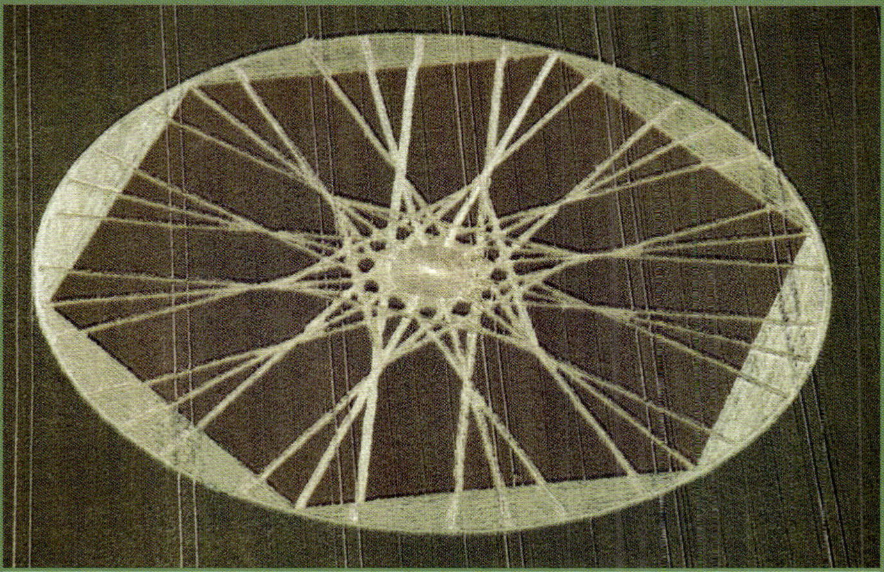

▶ Nr. 15

Cley City

Warminster, UK (1997)

Sie hilft uns das Gefühl der Zeit hinter uns zu lassen und das Bewusstsein der Ewigkeit zu erfahren.

Eignet sich für Meditationen.

Es ist wie ein kosmischer Tanz: ein Lichtstern verbindet die Erde mit den Kosmen und ein Energiestrahl strahlt vom Zentrum heraus und der nächste wieder zurück.

Dieser Kornkreis beinhaltet sämliche platonischen Körper.

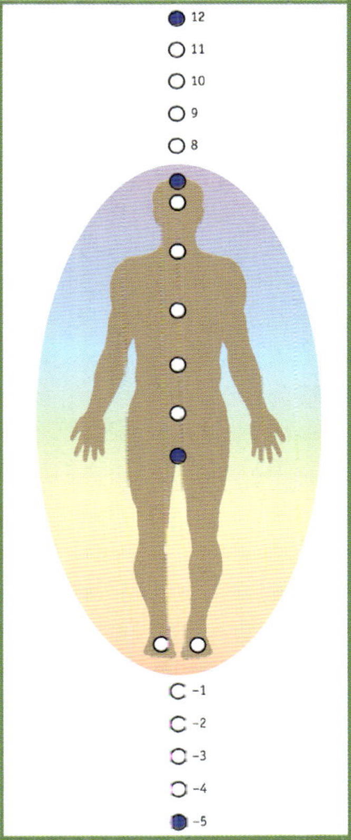

Nr. 16

Fractal Star

Silbury Hill, UK (1997)

Die starke Energie dieser Formation wirkt positiv auf unser zweites Chakra.

Dadurch können alte Gesichten und Belastungen aus unserem Unterbewusstsein ins Bewusstsein aufsteigen und sich so lösen.

Es wirkt wie eine Neugeburt des Bewusstsein.

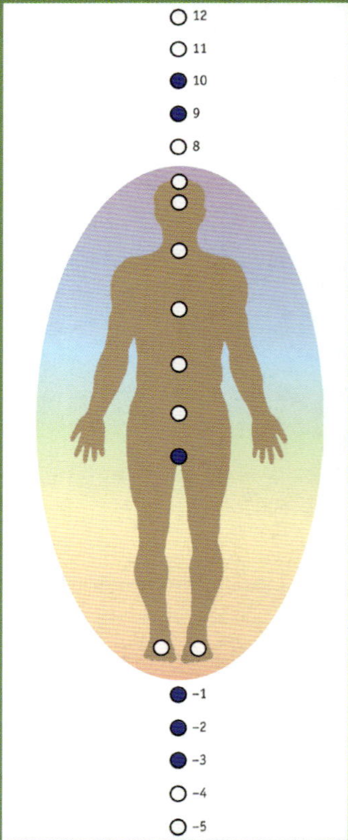

▶ **Nr. 17**

Martock Cross

Martock, UK (1998)

Für einen Ausgleich der vier Elemente: Luft, Erde, Feuer und Wasser; Himmel und Erde, Yin und Yang.

Hilft uns in den inneren Ausgleich zu kommen. Kann auch für die Reinigung von Kraftplätzen benutzt werden um diese wieder ins Gleichgewicht der Harmonie zurück zu führen.

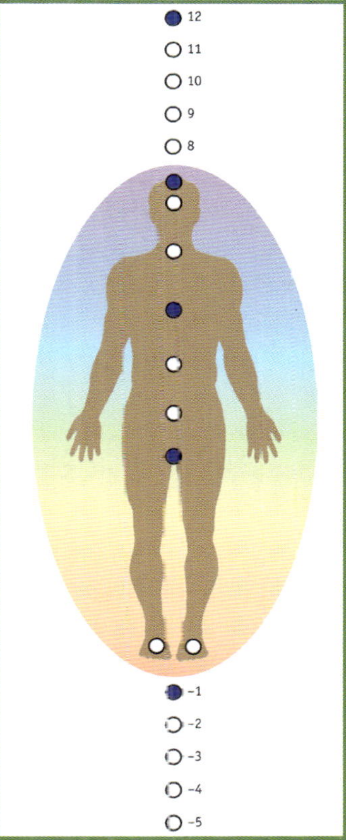

▶ Nr. 18

Seven Petal Rose

East Field, UK (1998)

Formation in Form einer siebenblättrigen Rose. Fördert das Bewusstsein für das siebte Chakra, den siebten Stahl und einem spirituellen Bewusstsein.

Hilft unser Bewusstsein für neue Energiebenen zu steigern.

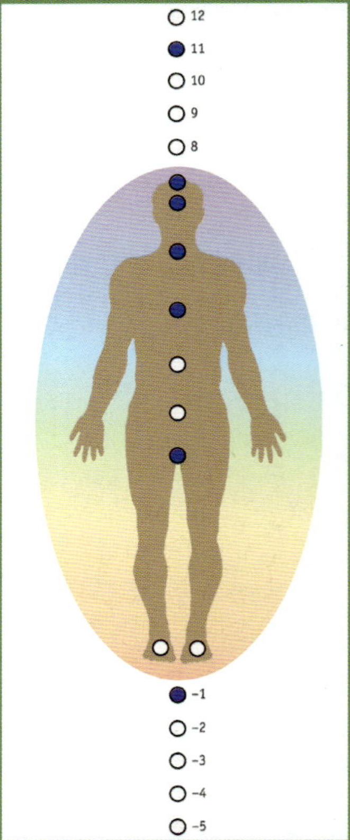

▶ Nr. 19

Lotus Flower 1

Beckhampton, UK (1998)

Fördert die Kundalinienergie vom ersten zum siebten Chakra. Schenkt uns Kreativität und Selbstheilung durch die Förderung von Gefühl, Schönheit und Liebe.

Hilft uns, uns für neue Gedankenformen zu öffnen und Projekte voranzubringen.

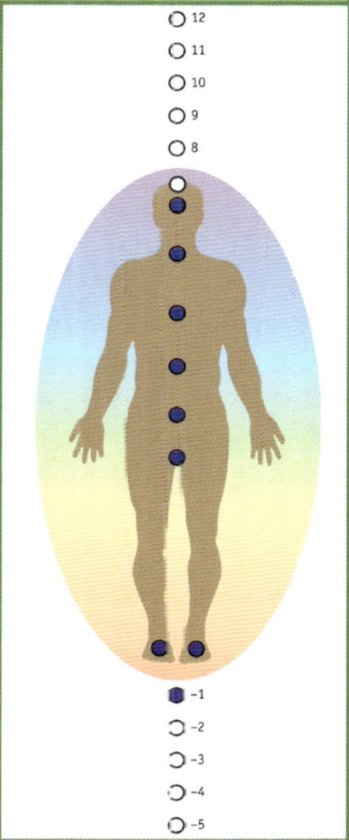

Nr. 20

Turning Square

Silbury Hill, UK (1998)

Formation im Gegenuhrzeigersinn. Stimuliert unseren Solar Plexus um alte Blockaden lösen zu können. Mit Vorsicht anzuwenden.

Sie zeigt uns im Inneren auf, wer wir wirklich sind und wo wir in der Vergangenheit nicht dem entsprochen haben.

Bringt einen starken Reinigungseffekt, der nicht immer einfach zu integrieren ist.

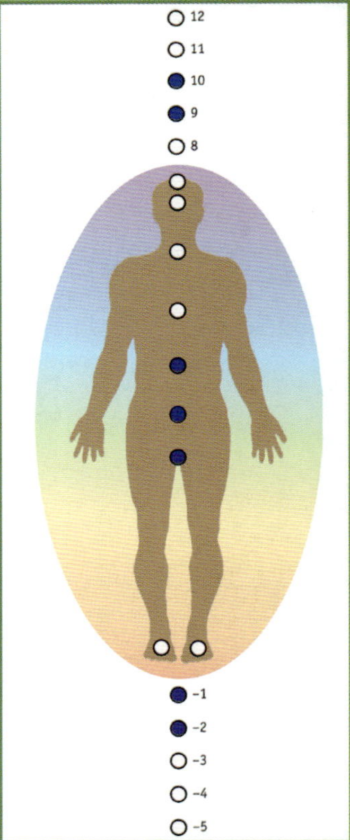

Nr. 21

Lotus Flower 2

Lockeridge, UK (1998)

Bringt die drei Ebenen unseres Lichtkörpers in Harmonie.

(Drei Typen von Lichtenergien).

Bitte erst nach der Essenz Nr. 19 (Lotus 1) anwenden.

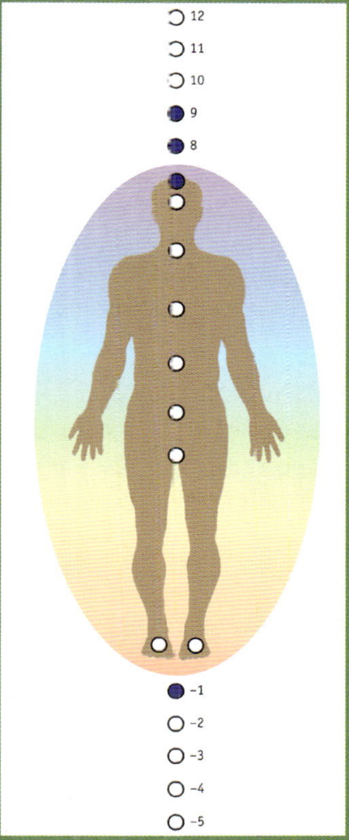

▶ Nr. 22

Spiral Crescents

Hackpen Hill, UK (1999)

Weitet unser Bewußtsein zur Erfahrung der Unendlichkeit und Einheit der Universen.

Schenkt uns das Verständnis, dass alles mit allem zusammenhängt:
Vergangenheit und Zukunft, Männlich und Weiblich, Gut und Schlecht, Erde und Universen.

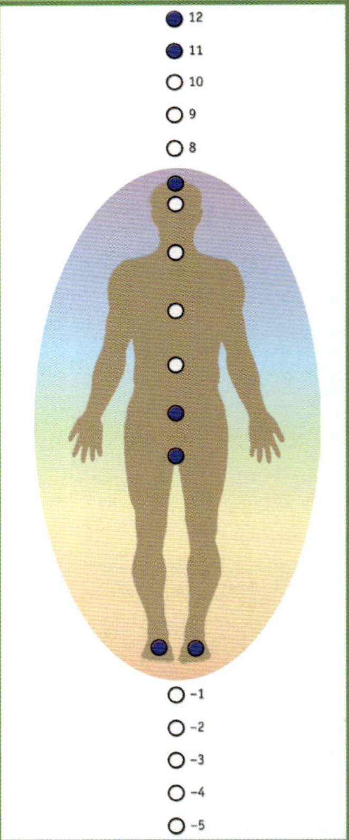

Nr. 23

Temple Mandala
Windmill Hill, UK (1999)

288 Kreise formen ein großes Mandala.

Entspricht den 4 Toren des Himmels der Tibeter.

Sie hilft unsere Energieschwingung zu erhöhen, um höhere Bewusstseinsebenen zu erreichen. Ein Symbol für Energie und Regeneration.

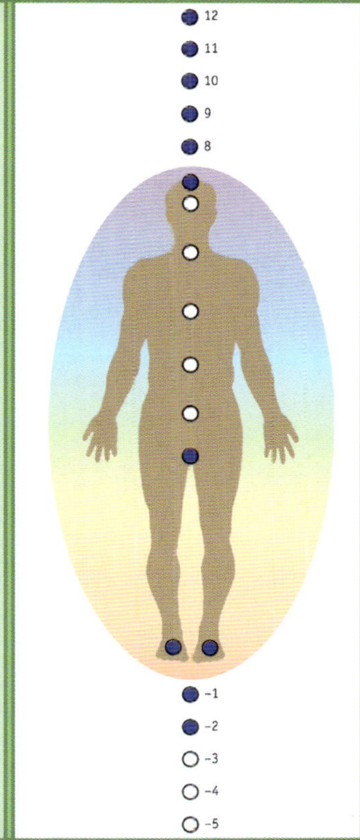

Nr. 24

Crescents and Pyramids

Cherhill, UK (1999)

Eine kosmisches Tor für die Zeit. Harmonisiert alle sieben Körperchakren und gibt uns dann ein Gefühl sich in dem Bewusstsein der Zeit bewegen zu können.

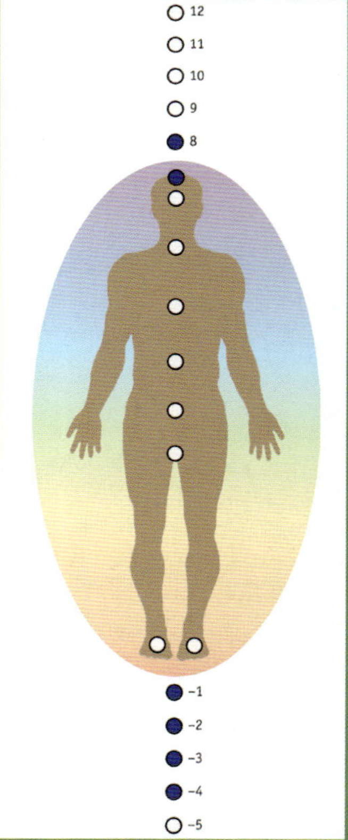

Nr. 25

Six-pointed Star

Devil's Den, UK (1999)

Ein kosmischens Tor für den Raum.
Ein Transformationspunkt um Dunkelheit in Licht zu bewegen, von dem Gefühl der Getrenntheit hin zur Einheit.

Vom Zentrum aus können wir uns mit unserem Bewusstsein von der Erde hin zu einem der sechs Sternensysteme bewegen:

Orion, Pleiaden, Arkturus, Vege, Sirius und Galaktische Zentrum.

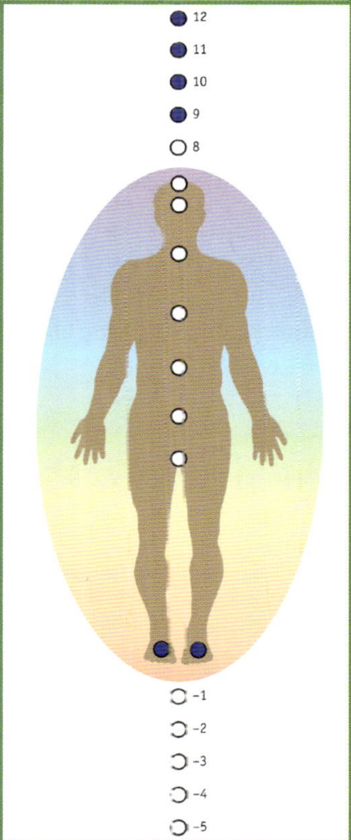

Nr. 26

Space Ship

Liddington Castle, UK (1999)

Ein interdimensionales Tor von Arkturus. Hilft uns Ängste von Veränderungen zu überwinden, öffnet uns für die Erfahrung neuer Horizonte.

Hilft uns, Erfahrungen vergangener leben zu integrieren und fördert die Erfahrung der kosmischen Dimension.

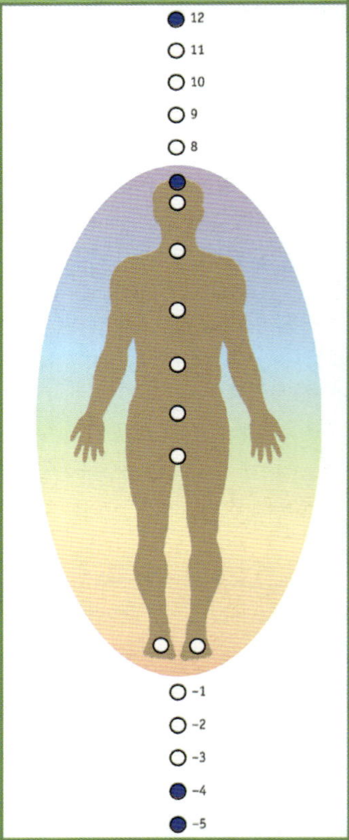

Nr. 27

3 Leaping Dolphins

Barbury Castle, UK (1999)

Die Formation erinnert an drei springende Delphine.

Fördert die Eigenerfahrung, Zusammenarbeit sowie inneren und äußeren Frieden.

Stimuliert das sechste und siebte Chakra und verbindet uns spielerisch mit der Delphinenergie, um mehr Liebe und Frieden zu erfahren.

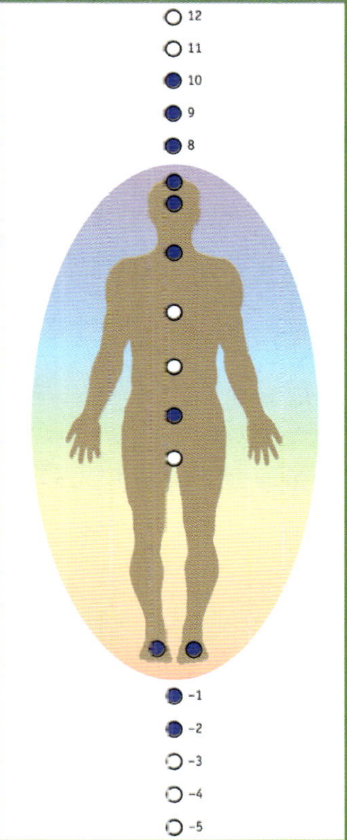

Nr. 28

4 Corners
Silbury Hill, UK (1999)

Verbindet Zeit und Raum. Harmonisiert unsere sieben Körperchakren mit unseren sieben Körpern zu einer Einheit.

Verbindet die Erfahrung vorangegangener Formationen. Öffnet die Regenbogenenergien für die Heilung der Erde.

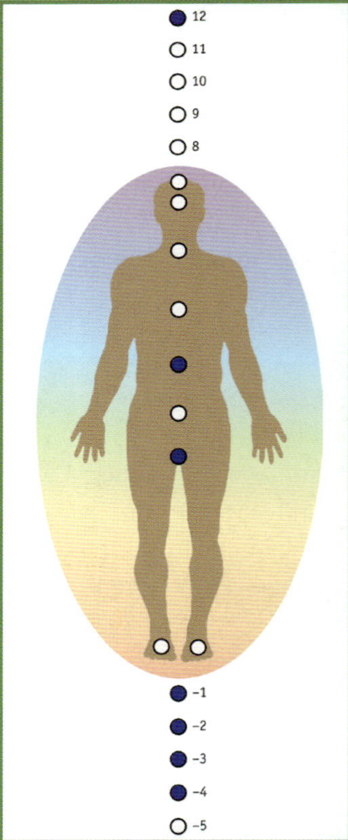

▶ Nr. 29

The Celtic Knot

Beckhampton, UK (1999)

Formation in Form eines keltischen Knotens. Eine Öffnung für unseren Geist.

Wirkt wie eine kosmische Spirale vom Solar Plexus zum Kronenchakra und zurück.

Fördert die Reinigung von Plätzen, die auf Grund von Konflikten, Hass oder Krieg verunreinigt wurden

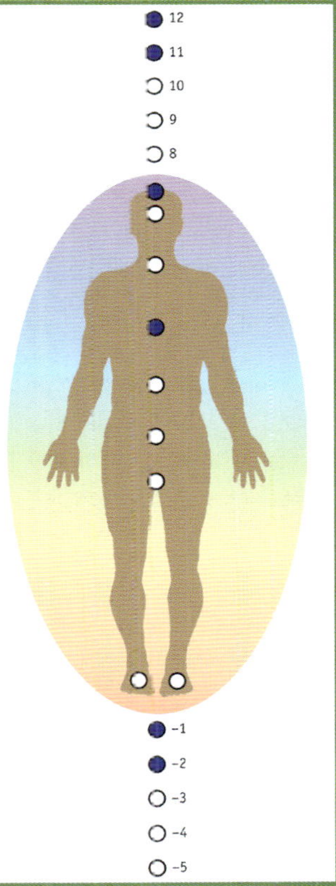

▸ Nr. 30

8 Pointed Star

Bishops Cannings, UK (2000)

Diese Energie entspricht dem Planeten Jupiter. Sie öffnet und weitet.

Öffnet unser Herzchakra und unser Bewusstsein in alle vier Richtungen und gleichzeitig mit Mutter Erde.

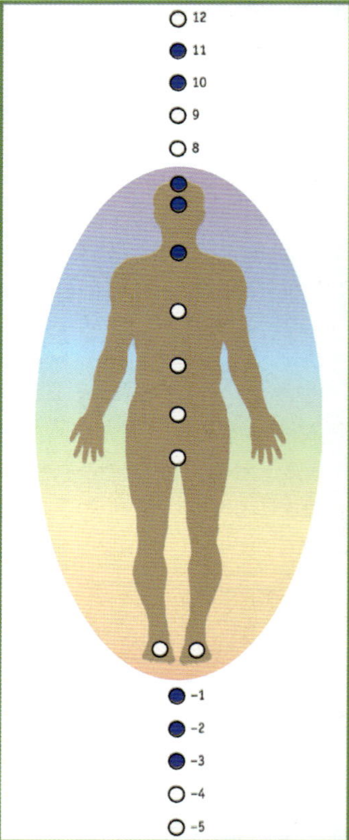

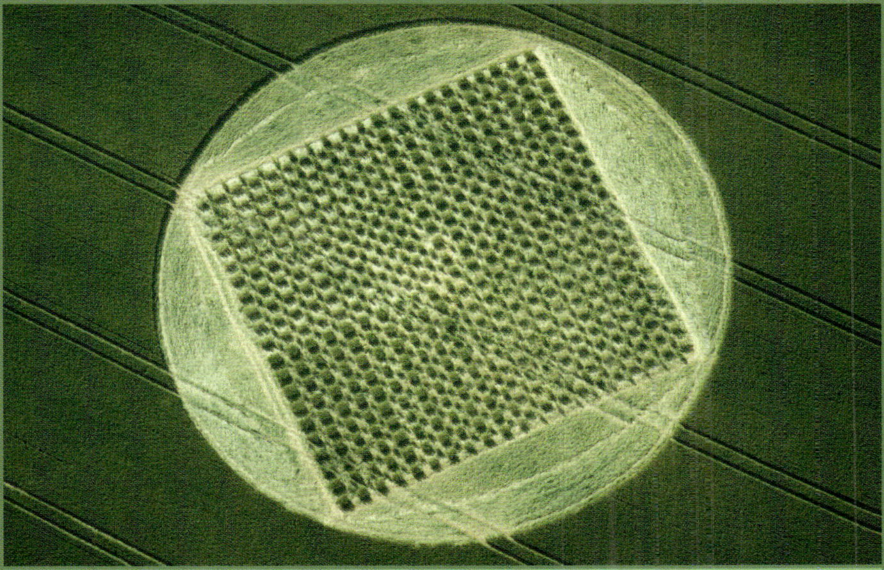

Nr. 31

Peano Curve Square

West Kennet, UK (2000)

Diese große, quadratförmige Formation setzt sich aus 800 (!) Kreisen zusammen.

Ihre Energie verbindet uns mit den Plejaden und hilft uns, unsere Energie zu steigern und mit unserem Höheren Selbst zu verbinden.

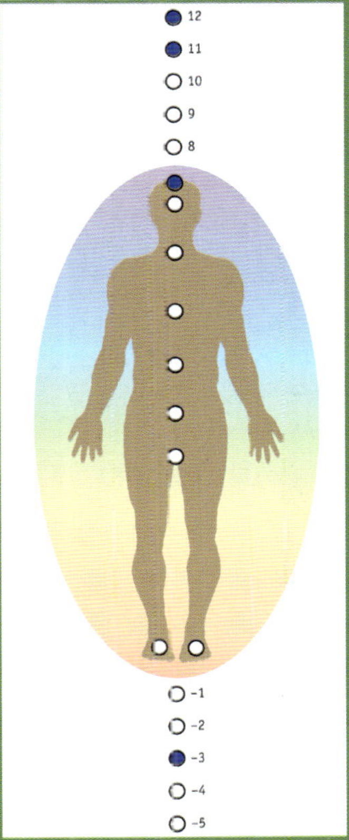

Nr. 32

Heart

West Kennet, UK (2000)

Diese herzförmige Formation entspricht der Venusenergie.

Die Essenz möchte uns an die Freude des Herzens erinnern, an die Herzqualitäten. Wir lernen, dass alle Evolution und jegliche Heilung durch unser Herz geschieht.

Gibt es auch als Anhänger.

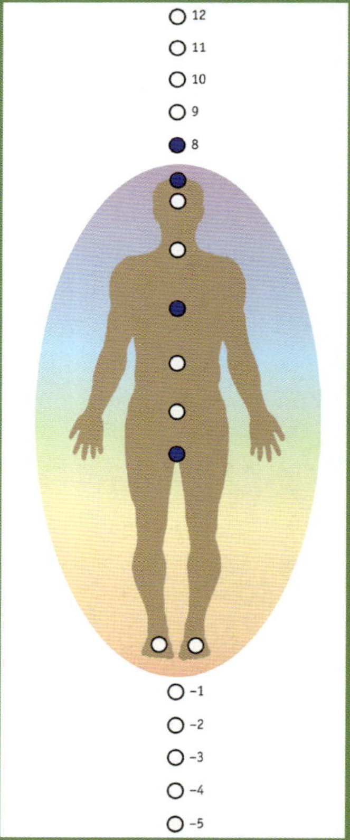

Nr. 33

8-pointed Star
Silbury Hill, UK (2000)

Diese Essenz weitet unser Bewußtsein und fördert die Kommunikation mit den höheren Ebenen.

Wir erinnern uns an unsere gemeinsame Herkunft mit den Sternenbrüdern, wir erinnern uns, dass wir alle von der gleichen Quelle abstammen und miteinander verbunden sind.

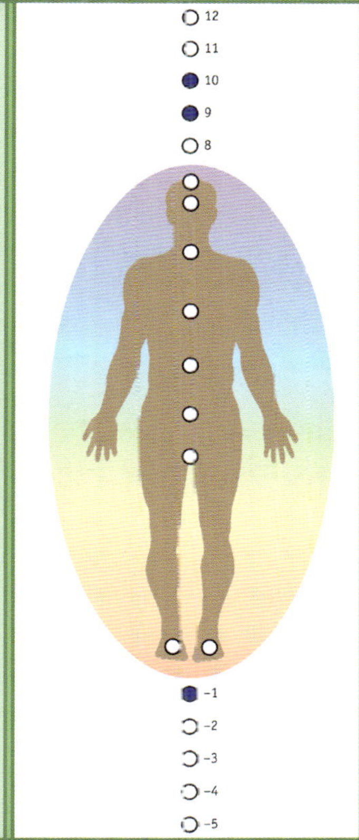

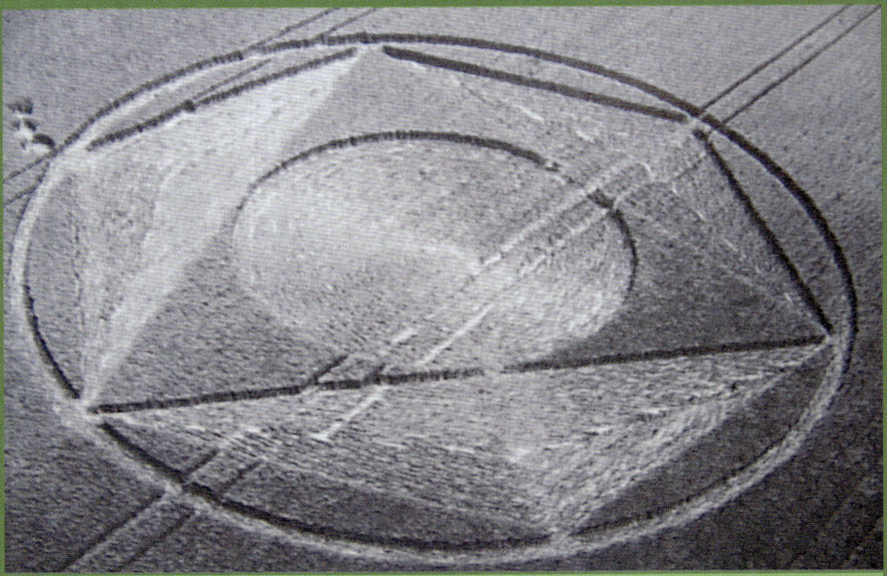

▶ Nr. 34

Eye of God

Silbury Hill, UK (2000)

Die Formation erschien im gleichen Feld wie Nr. 33. Die Essenz fördert die Einheit von Körper, Geist und Seele & die heilige Dreifaltigkeit.

Sie verbindet unser Drittes Auge mit dem höheren Bewusstsein und schenkt uns Verständnis für das Prinzip der Universen.

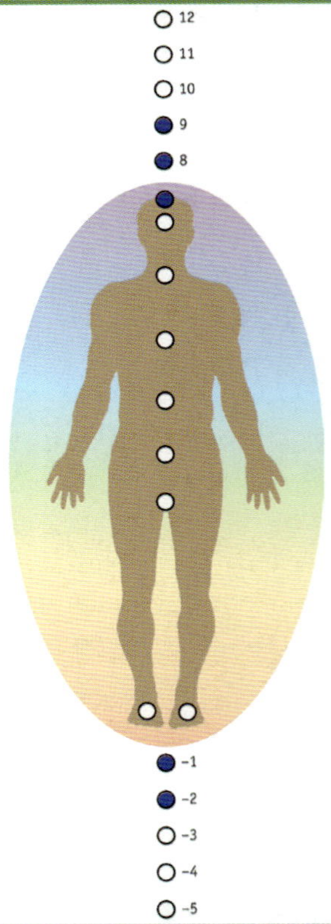

▶ Nr. 35

Petal Flowers

Avebury Downs, UK (2000)

Diese Formation verbindet uns mit unserem inneren Kind und unserem Aspekt von Yin und Yang.

Sie aktiviert die beiden Gehirnhälften und das Lymbische System und öffnet unser Bewusstsein für die Dritte Dimension.

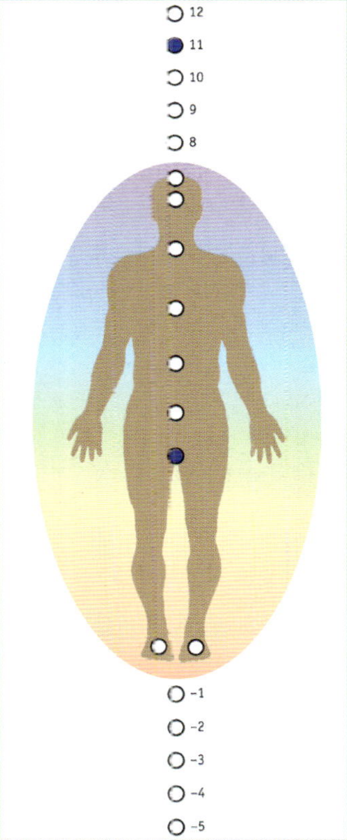

▶ Nr. 36

Rose Window

South Field, UK (2000)

Diese Essenz schenkt uns ein Verständnis für wahre Heilung auf den verschiedenen Ebenen.

Sie hilft innere und äußere Heilung in Einklang zu bringen. Stärkt uns energetisch (Immun System).

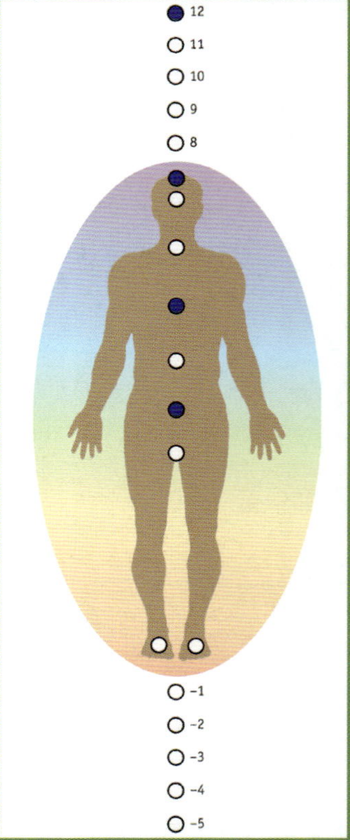

▶ Nr. 37

Vasarelly Pyramid
Windmill Hill, UK (2000)

Die Essenz der Transformation. Wir lernen über das Werden und Vergehen in den Universen.

Die Essenz hilft uns, uns permanent an neue Strukturen anzupassen.

Sie symbolisiert den permanenten Zellerneuerungsprozess.

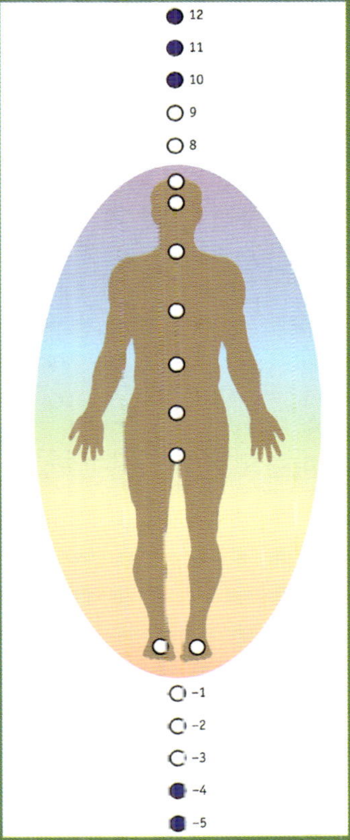

Nr. 38

Ying-Yang

Niederelsungen, D (2001)

Die Essenz hilft die Einheit Gottes zu erkennen, das Alles-das-was-ist, das es nichts gibt, was nicht von Gott ist, das das Eine nicht ohne das Andere existieren kann.

Sie schenkt uns Ausgleich und gibt uns einen Blick für das Gesamte.

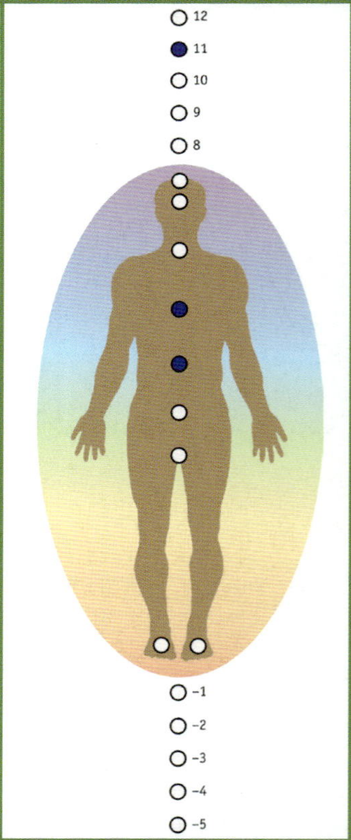

Nr. 39

Flower of Life

Zierenberg, D (2001)

Die Essenz wirkt alles verbindend, hilft uns Kontakt aufzunehmen mit unseren alten Wurzeln.

Sie wirkt befreiend auf unsere Emotionen auf dem Solar Plexus, hilft alte Muster und Schuldgefühle loszulassen und macht uns so frei für einen Neubeginn.

Ist verbunden mit dem Aufarbeiten des Holocaust.

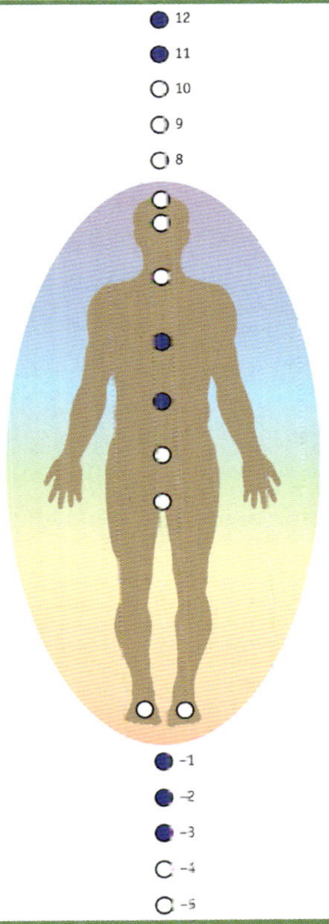

Nr. 40

6 Petal Flower

Donarbrunnen, D (2001)

Alles Leben wurde in Freude und mit dem Segen Gottes geschenkt.

Die Essenz wirkt auf das 2. Chakra. Unsere Schaffenskraft und Kreativität findet in Freude ihren Ausdruck und wird so zu einem neuen Quell des Lebens

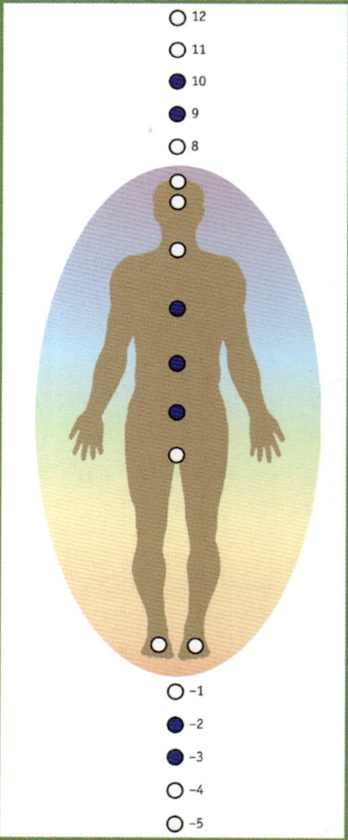

▶ Nr. 41

6-pointed Star

Züschen, D (2001)

Die Essenz wirkt reinigend auf unser Kehlkopfchakra. Sie verbindet uns einerseits mit unseren tiefsten inneren Strukturen und weitet gleichzeitig unsere Erfahrung auf der kosmischen Ebene aus.

Sie macht uns die Energie und Wirkung der Worte bewusst.

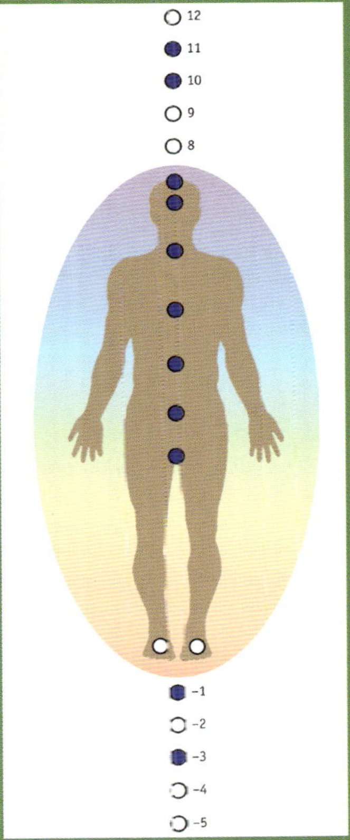

Nr. 42

9 Petal Flower

Heiligenberg, D (2001)

Die Essenz wirkt vom Herzchakra zum Dritten Auge.

Sie steigert unsere Sensibilität für das Feinstoffliche und die Kommunikation auf der Höheren Ebene.

Hilft Frauen, Kindern oder Männern, die sexuell missbraucht worden sind.

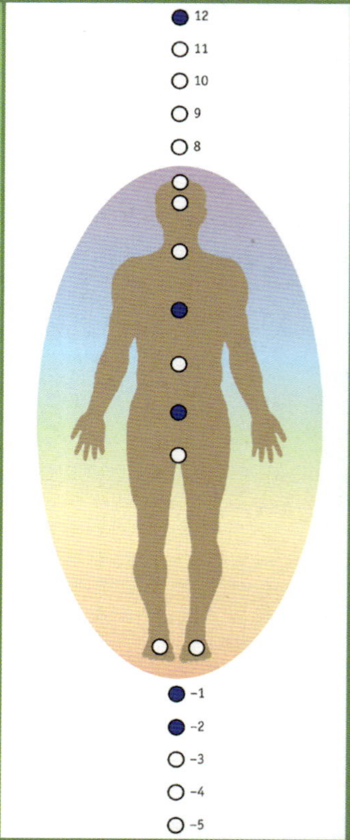

▶ Nr. 43

Ying Yang 2

Windmill Hill, UK (2001)

Die Essenz hilft uns die Multidimensionalität des Seins zu erkennen, dass es auf jeder Ebene des Sein Licht und Schatten gibt.

Sie hilft uns, die Schatten zu integrieren, zu lieben und zu heilen.

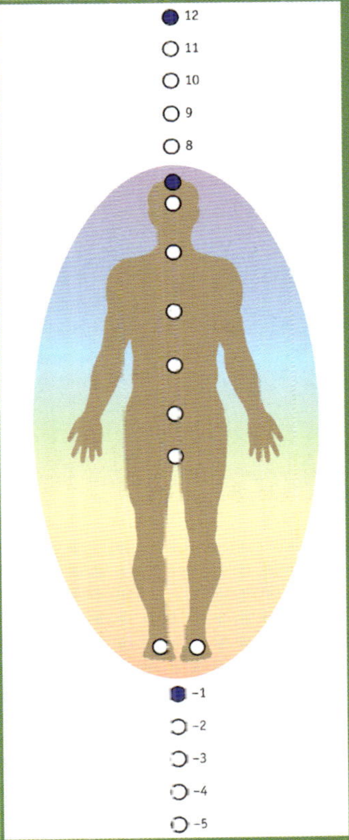

Nr. 44

Ying Yang 3

Yatesbury Field, UK (2001)

Die Formation fördert das Erleben der Multidimensionalität bis zur vierten Dimension.

Sie ist eine Fortsetzung von Nr. 43. Hilft uns, die kosmische Komplexität zu erkennen.

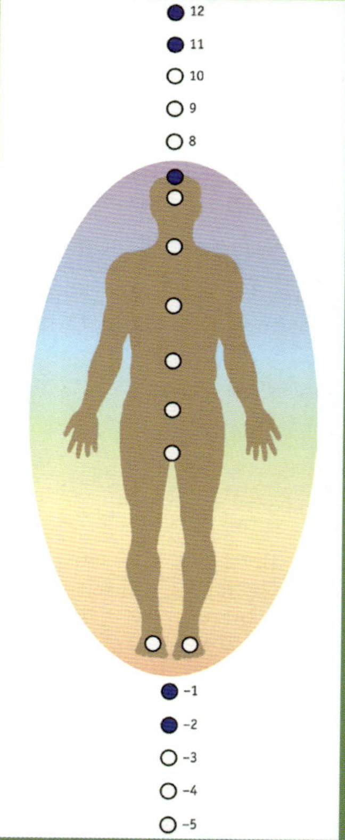

Nr. 45

9-pointed Star
Milk Hill, UK (2001)

Die Formation führt uns tief in unsere Psyche hinein, wenn wir an einen Punkt in unserem Leben kommen, an dem wir uns nach innen entwickeln möchten

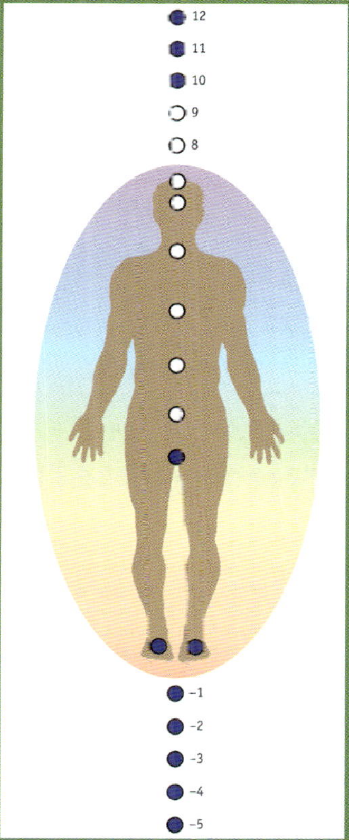

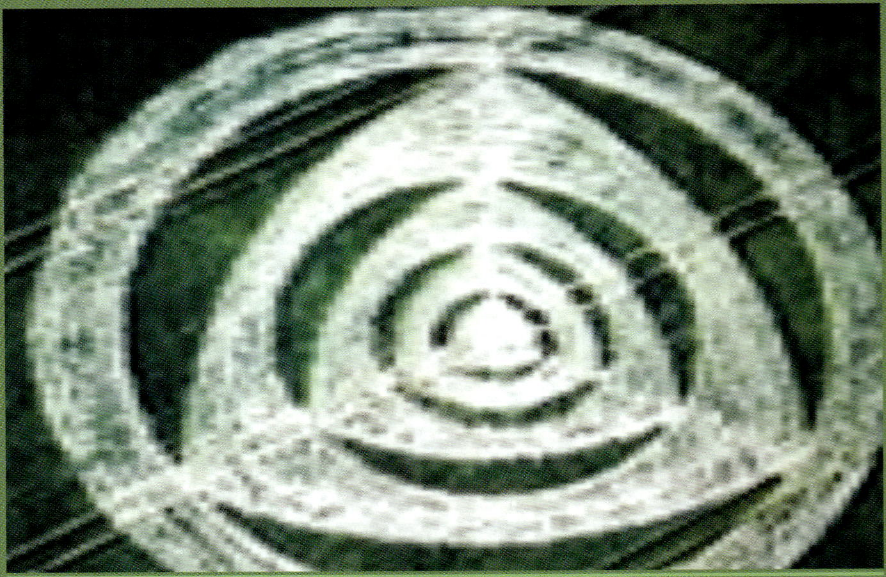

Nr. 46

Shield

East Kennet, UK (2001)

Die Essenz schenkt Harmonie zwischen den verschiedenen Ebenen des Seins.

Sie hilft Spannungen abzubauen, indem sie die verschiedenen Ebenen miteinander verbindet.

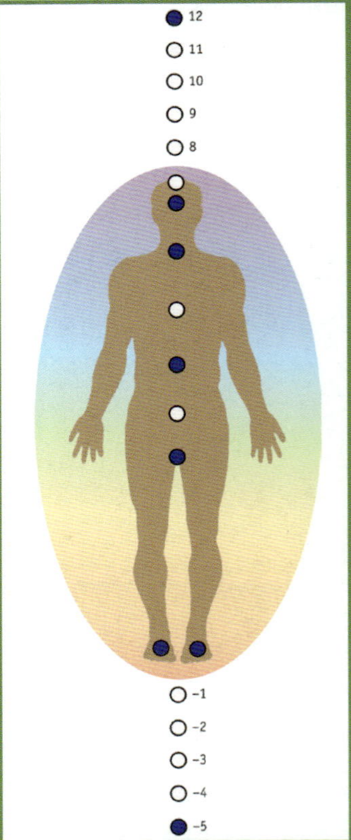

▶ Nr. 47

Orobouros

Badbury, UK (2001)

Das Symbol der Schlange, die sich selbst in den Schwanz beißt, oder selbst Geburt schenkt ist ein Symbol des ewigen Kreislaufs der Wiedergeburten.

Die Essenz macht uns die Relativität unseres Seins bewusst. Die Tiersymbole erinnern uns an unsere Verantwortung, die wir für unsere Mitgeschöpfe tragen.

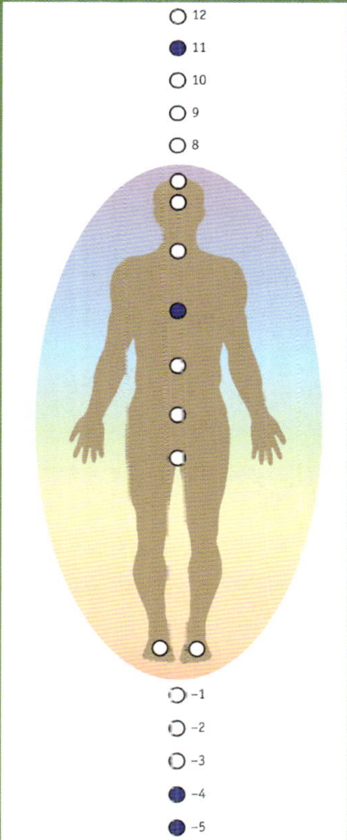

▶ Nr. 48

Pyramid with Spirals

Silbury Hill, UK (2001)

Die Essenz wirkt einerseits durch die Pyramide festigend und schützend, indem sie uns mit der Erde verbindet, andererseits bewirken die drei nach Außen gerichteten Spiralen eine Öffnung und Hebung unseres Energiekörpers.

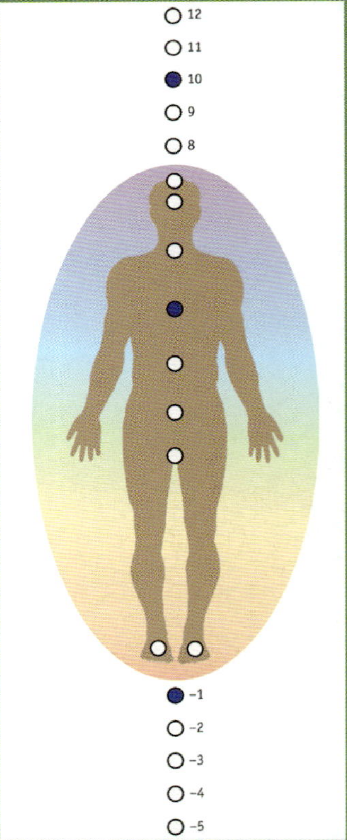

Nr. 49

Flower

Beckhampton, UK (2001)

Die Essenz wirkt stimulierend auf den Kopfbereich und das sechste und siebte Chakra. Sie verbindet unser Bewusstsein mit dem Kosmos und verbindet uns mit der geistigen Ebene.

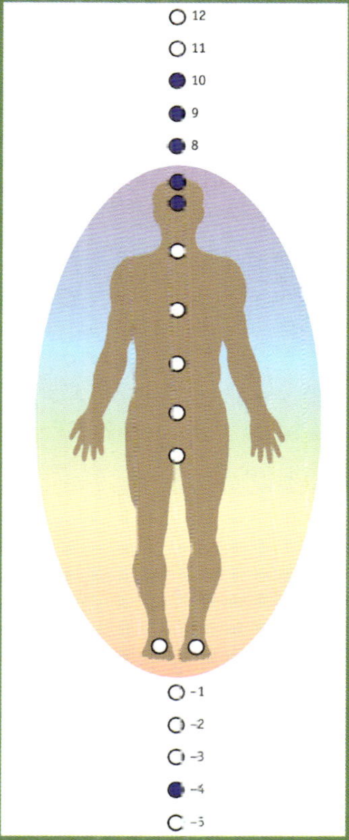

▶ Nr. 50

10-pointed Star

Chilcomb Down, UK (2001)

Die Essenz hilft uns, alte Muster aus der Vergangenheit bewusst zu werden und loszulassen.

Die Essenz wirkt reinigend und hilft uns alte Belastungen loszulassen.

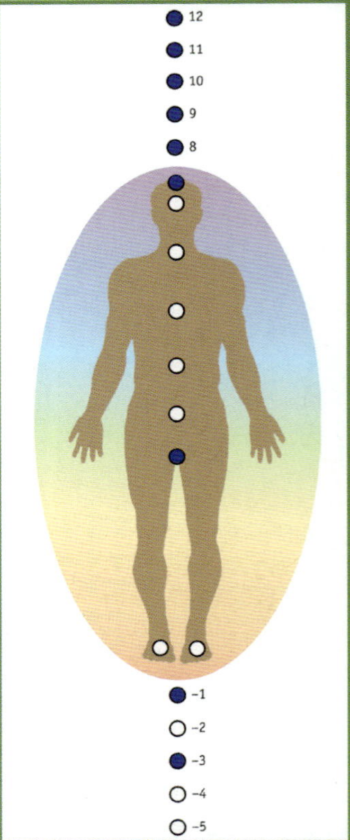

Nr. 51

16-pointed Star

Old Shaw Village, UK (2001)

Die Essenz hilft uns, uns innerlich zu stabilisieren und unseren Blick für das Wesentliche zu schärfen, so dass wir uns nicht mehr nur durch Äußerlichkeiten leiten lassen.

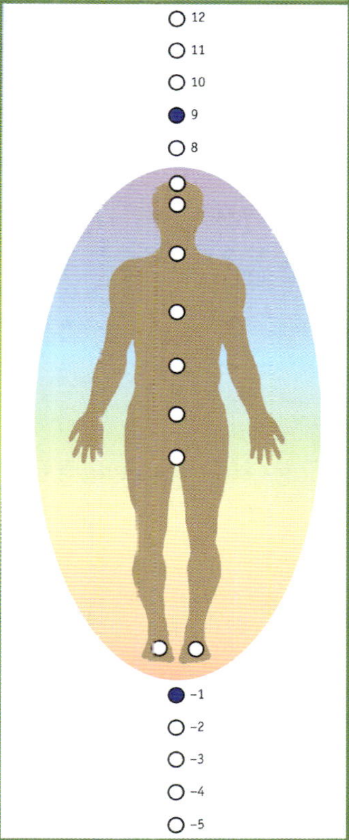

▶ Nr. 52

Pyramid

East Field, UK (2001)

Die Darstellung der Pyramide soll uns daran erinnern, dass die Pyramiden für die Kommunikation mit den Sternen gebaut wurden.

Die Essenz schenkt uns Schutz und Erdung und öffnet unser Bewusstsein für die kosmische Dimension.

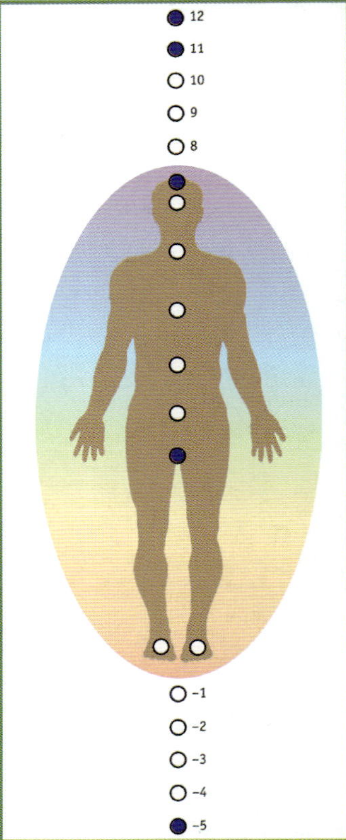

▶ Nr. 53

Infinity Fraction

Stanton St. Bernard, UK (2001)

Die Essenz schenkt uns das Bewusstsein der Unendlichkeit und macht uns die Illusion der Dualität bewusst.

Sie erinnert uns daran, dass alles von der gleichen Quelle abstammt und miteinander verbunden ist.

Fördert die Weiblichkeit.

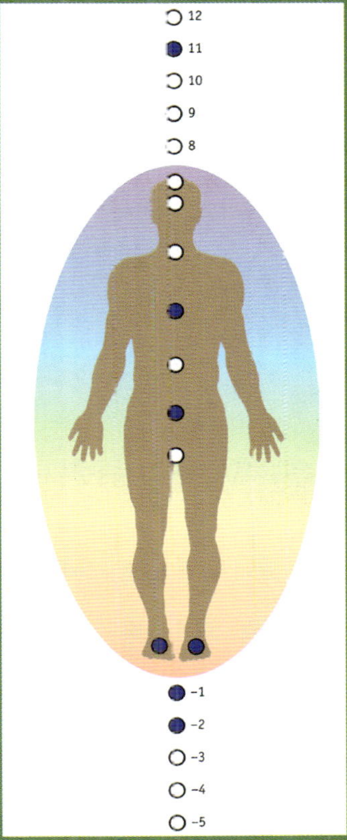

Nr. 54

Rapeseed Formation

Desenberg, D (2002)

Die Essenz hilft, sich von alten Energien zu lösen, macht frei von falschen Schuld- und Schamgefühlen.

Sie befreit von alten Mustern und Blockaden. Sie hilft uns, sich auf unser inneres Licht hin auszurichten und zu erkennen, dass es unsere Gedanken, unsere bewusste oder unbewusste Wahl ist, die unseren Gefühlszustand und unser Lebensgefühl bestimmen.

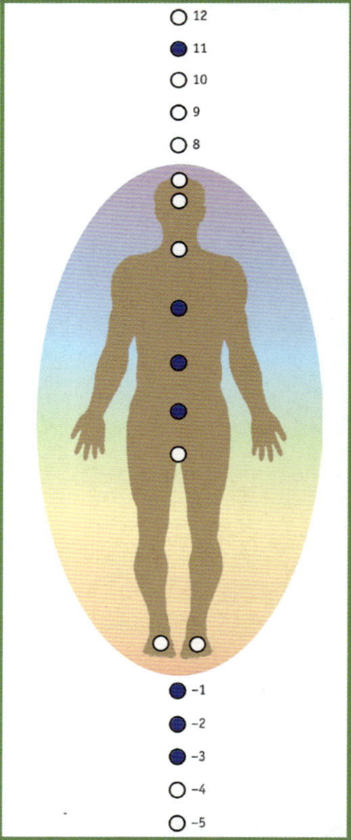

▶ Nr. 55

Crop Circle

Igelsburg/Hohlen Stein, D (2002)

Die Energie wirkt ausgleichend auf die rechte und linke Hemisphäre. Sie verleiht innere Stabilität und bewirkt eine Ausweitung unseres Energiefeldes auf der horizontalen Ebene.

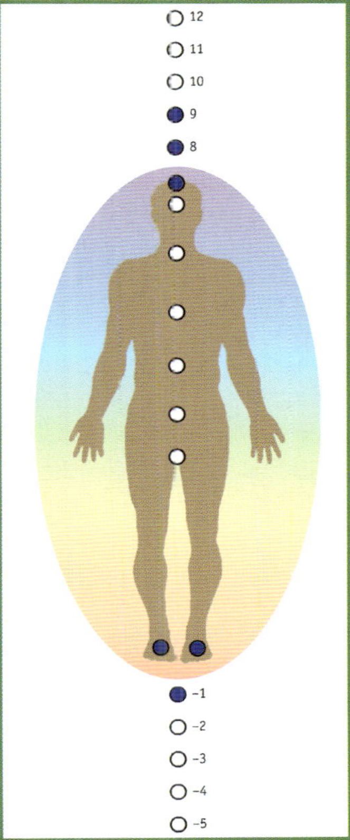

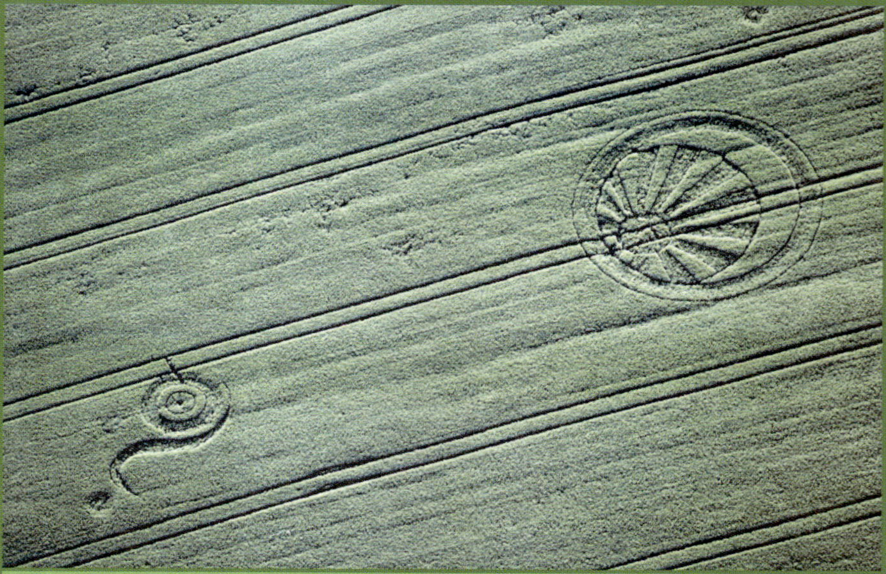

▶ Nr. 56

Rising Sun

Heimarshausen, D (2002)

Diese sanfte, herzöffnende Energie bewirkt ein Empfinden von Herzensqualitäten.

Genauso wie die Strahlen der Sonne strahlt auch unser Herz und öffnet sich für die Energie der Selbstheilung, die ja immer über das Herzchakra fließt.

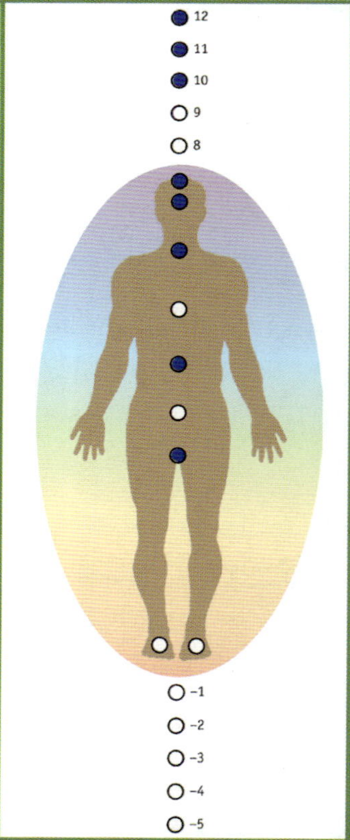

▶ Nr. 57

Crop Circle

Elbenberg, D (2002)

Die Essenz schafft klare Visionen. Sie hilft unseren Weg zu erkennen und mit Klarheit zu gehen. Sie schafft innere Orientierung.

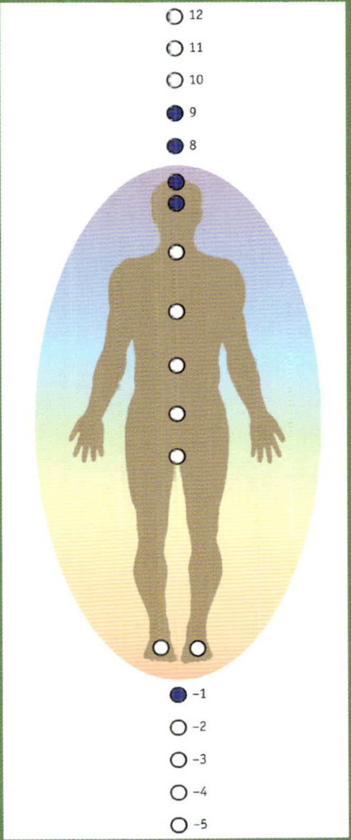

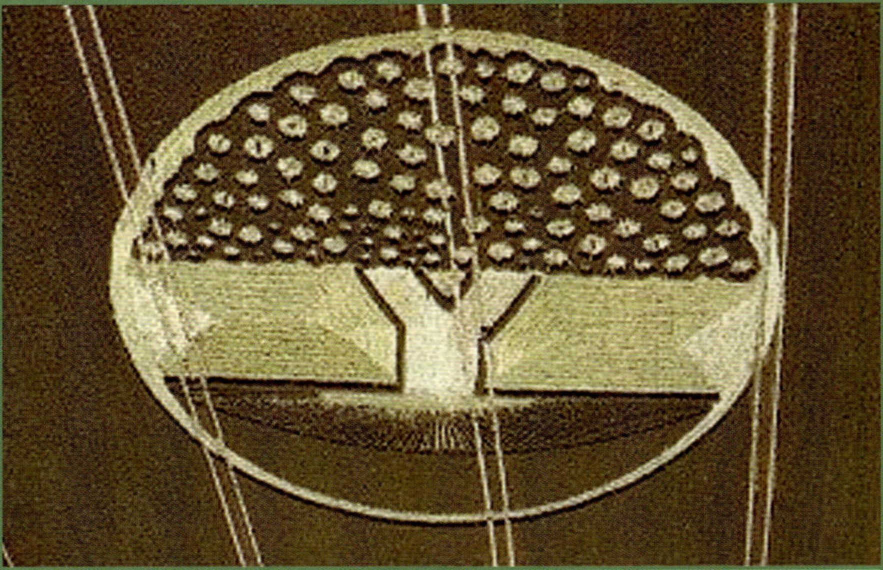

Nr. 58

Tree of Life

East Field, UK (2002)

Der Baum steht als Symbol für das Leben.

Die Essenz verleiht uns Stabilität und Stärke und hilft uns innerlich zu wachsen, unser ureigenes Potential / Lebenskraft zu erreichen.

Fördert die Wurzelbildung und Erdung.

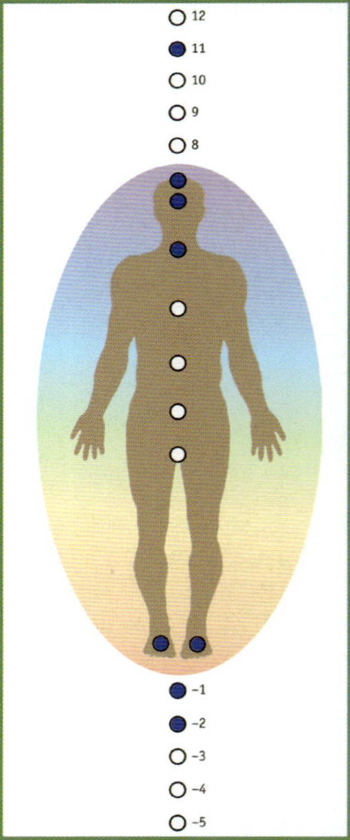

Nr. 59

Crop Circle
Alton Priors, UK (2002)

Die Essenz schenkt Licht, sie stimuliert uns.

Energetisch werden wir wieder mit der Lebensinformation unseres kosmischen Ursprungs versorgt. (Die ursprüngliche, unveränderte Lebensinformation, die die Information von vielen Krankheiten und Störungen noch nicht enthält. Auf diese Weise werden wir mit unserer Selbstheilungsenergie verbunden.)

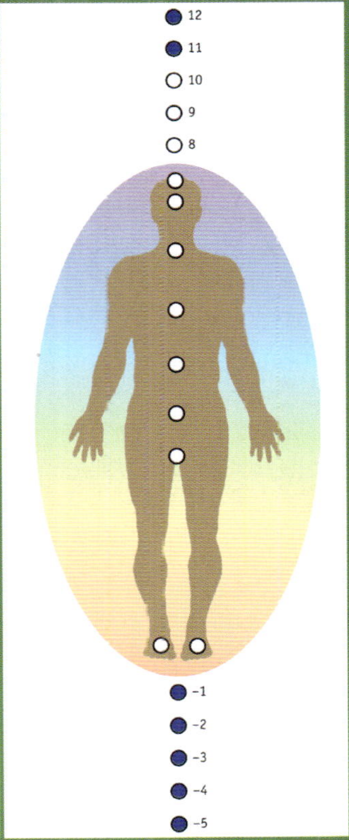

Nr. 60

Mickey Mouse

Alton Barnes, UK (2002)

Ein Kornkreis, der von Menschenhand gemacht wurde.

Formation im Gegenuhrzeigersinn. Für die energetische Reinigung von als „negativ" oder störend empfundenen Energien und Informationen, (Zellreinigung), die den gesunden Lebensenergiefluss behindern.

Genauso wie Menschen hier das Kornkreisphänomen manipuliert haben, genauso hilft die Essenz Menschen, die von anderen manipuliert worden sind (z.B. Mobbing).

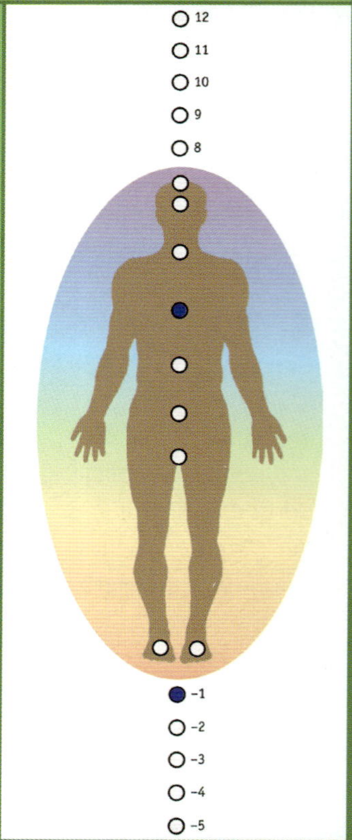

Nr. 61

Celtic Knot

Avebury Trusbe, UK (2002)

Energetische Blockaden können im Körper als Knoten oder Verhärtungen empfunden werden.

Die Essenz hilft, uns solche Blockaden bewusst zu machen und auf der energetischen Ebene aufzulösen.

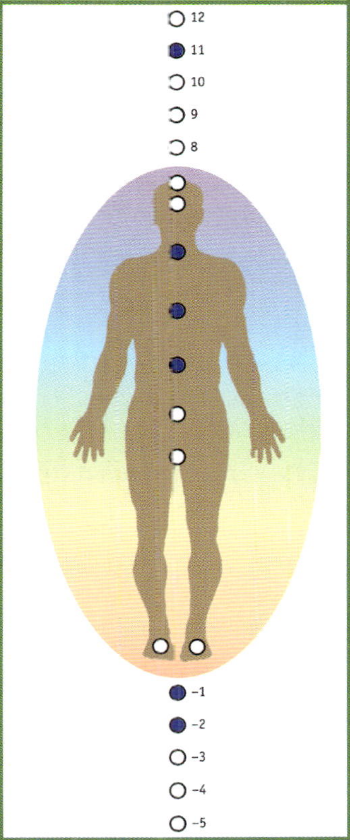

Nr. 62

Star

Windmill Hill, UK (2002)

Die Essenz geht über die Energien des Solar Plexus hinaus.

Sie hilft uns, Kontakt aufzunehmen mit der höheren kosmischen Ebene. Schenkt uns das Gefühl der inneren Ruhe und Friedens, des getragen werdens und der Einheit von Allem-das-was-ist.

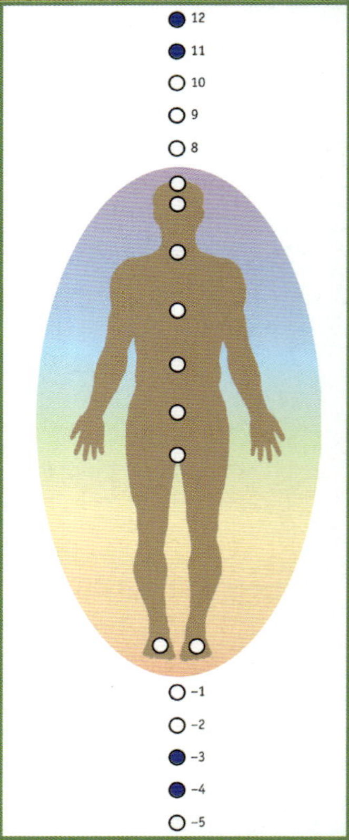

▶ Nr. 63

Sun

Avebury, UK (2002)

Die Essenz der Sonneninformation verbindet uns mit unserem Solar Plexus, stärkt innerlich unser Selbstwertgefühl, unseren Lebenswillen und unser Selbstvertrauen.

Sie schenkt uns innere Integrität.

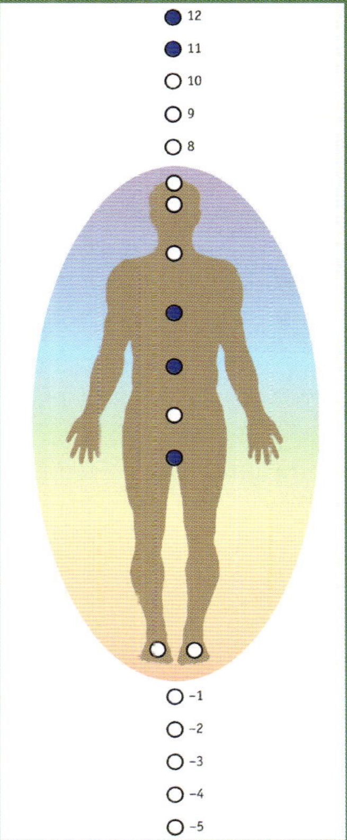

Nr. 64

Spiral

Stonehenge, UK (2002)

Formation zwischen Hügelgräbern bei Stonehenge.

Sie hilft uns, Kontakt aufzunehmen mit unserer Vergangenheit, mit unserer genetischen und kulturellen Herkunft. Sie hilft uns, uns alte Muster bewusst zu machen, aufzuarbeiten und zu reinigen.

Wir lernen so, uns innerlich frei zu machen und uns gleichzeitig unserer Herkunft bewusst zu sein.

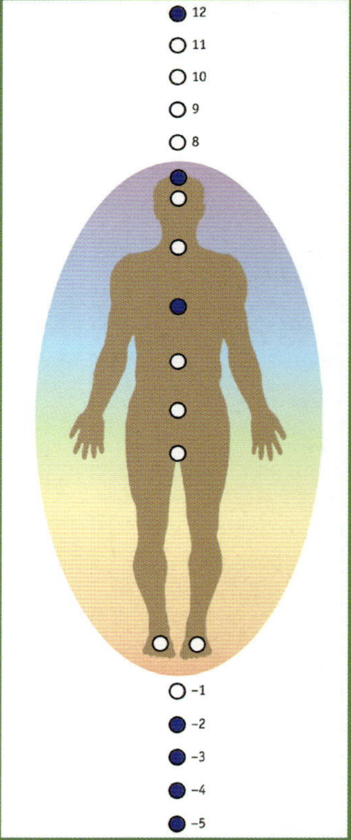

▸ Nr. 65

Wave in a Circle

Kirchardt, D (2003)

Eine Welle im Kreis.

Eine sanfte Energie, die uns hilft, gelassen zu bleiben und positive Gedanken zu entwickeln. Eine Essenz zur Förderung von Harmonie und Integrität.

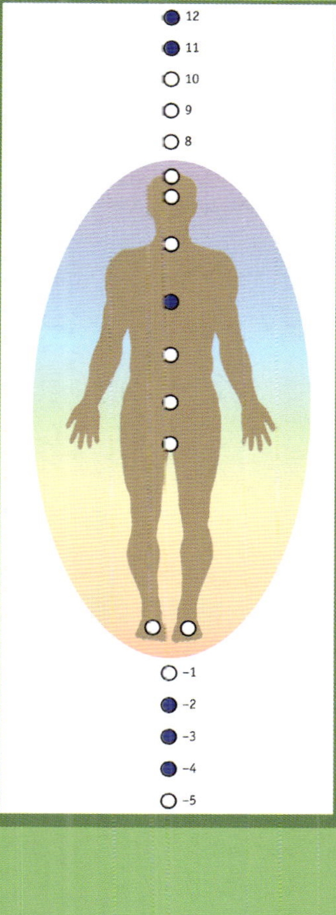

Nr. 66

Wave

Kirchardt, D (2003)

Diese große Wellenformation schenkt uns eine sanfte Energie der Flexibilität.

Sie hilft uns, alte erstarrte Strukturen aufzubrechen und schafft Lockerheit und Gelassenheit.

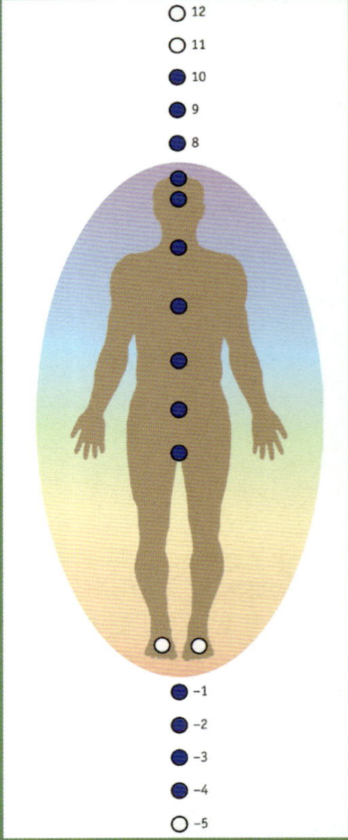

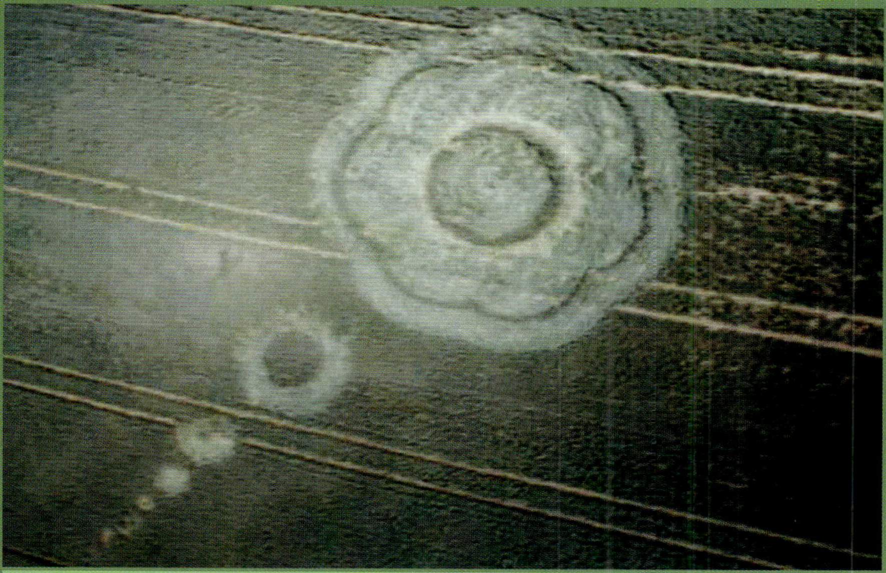

Nr. 67

7-lobed Rosette

Unterrieden, D (2003)

Diese Essenz schafft Verbindungen.

Eignet sich zur Aktivierung und Verknüpfung von Kraftpunkten.

Hilft auch Verbindungen zwischen den Menschen wieder zu erstellen und zu stärken.

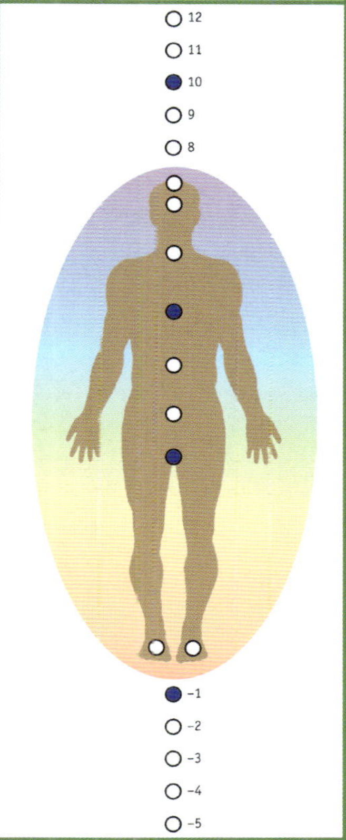

▶ Nr. 68

5-pointed Star

Beckhampton, UK (2003)

Diese Essenz weitet unser Bewusstsein vom Herzen über den Geist.

Sie schenkt uns das Bewusstsein, dass alles miteinander verbunden ist.

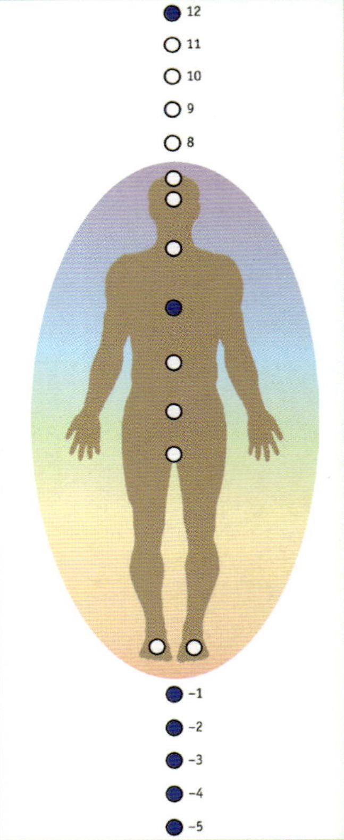

▶ Nr. 69

Star Pentagram

Green St. Avebury, UK (2003)

Die Essenz verbindet uns mit der geistigen Dimension. Sie dient zur Aktivierung der Höheren Chakren und hilft uns so, geistige Klarheit zu schaffen.

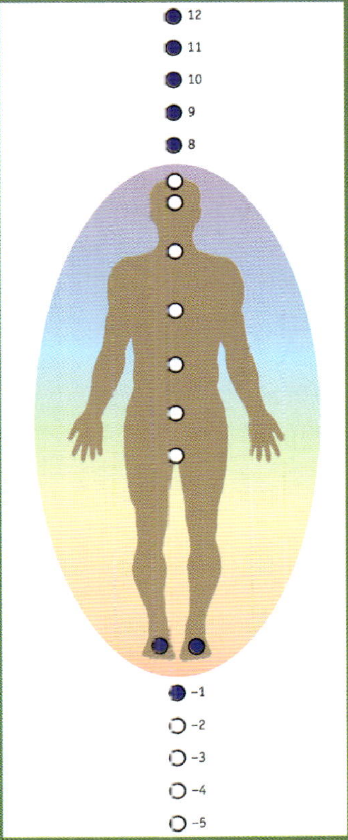

▸ Nr. 70

Ying Yang Fan

Waden Hill, UK (2003)

Für die Reinigung der Chakren. Besonders gut geeignet für die Reinigung vom Solar Plexus, Herz-, Halschakra und drittes Auge.

Unterstützt auch die Reinigung des Emotionalkörpers.

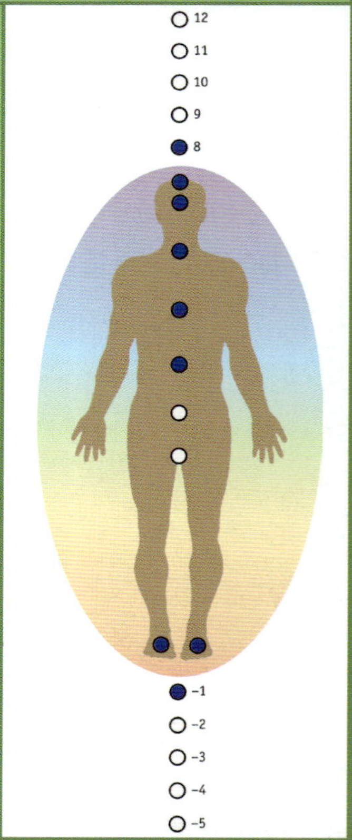

Nr. 71

6 Circles

Beckhampton, UK (2003)

Eine Essenz für die Expansion.

Die Energie weitet sich in der horizontalen Ebene.

Dadurch können wir besser Impulse von außen aufnehmen.

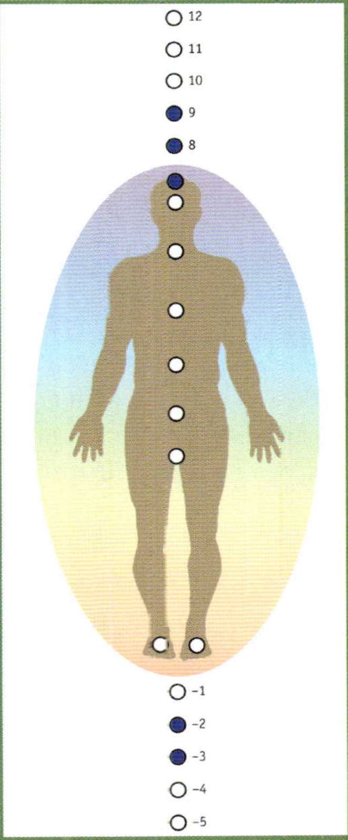

Nr. 72

Pictogram

Büttenhardt, CH (2004)

Formation in der Schweiz nahe der deutschen Grenze.

Die Essenz hat eine stark reinigende Wirkung speziell auf den Solarplexus und den gesamten Verdauungstrakt. Körperliche und energetische Reinigungsprozesse werden aktiviert.

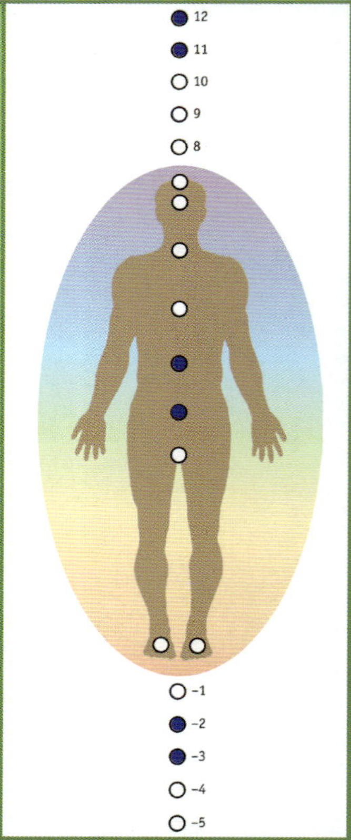

Nr. 73

Circles

Talheim, CH (2004)

Die Essenz hilft uns ein tiefes Vertrauen zu entwickeln und erinnert uns daran, uns immer mit der göttlichen Quelle zu verbinden, so wie alles Leben miteinander verbunden ist.

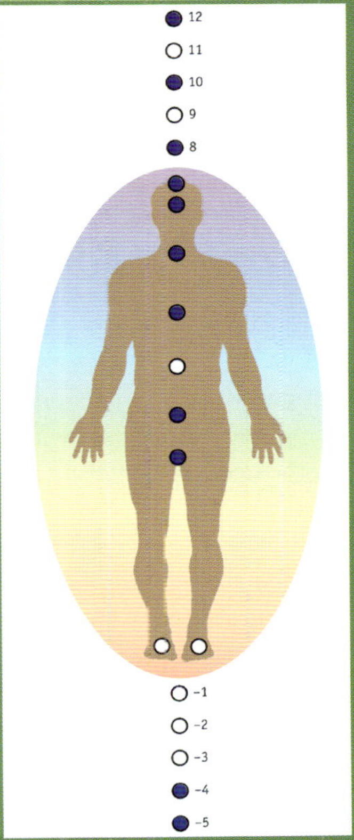

▸ Nr. 74

Dolphins

Droycott Hill, UK (2004)

Hilft uns Mitgefühl für andere zu entwickeln und Dinge in die Tat umzusetzen, Projekte mit Freude zu realisieren.

Fördert das Delphinbewusstsein und erinnert uns daran, dass auch wir auch wir Hüter der Erde sind.

Hilft die Freude zu entwickeln.

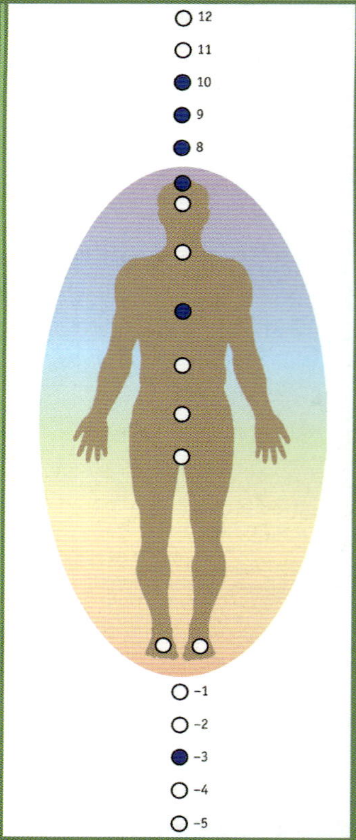

Nr. 75

Tears

Alton Priors, UK (2004)

Hilft Verständnis für andere zu entwickeln und Gefühle wie Melancholie oder Einsamkeit zu überwinden.

Hilft, andere Menschen und deren Gefühle besser zu verstehen.

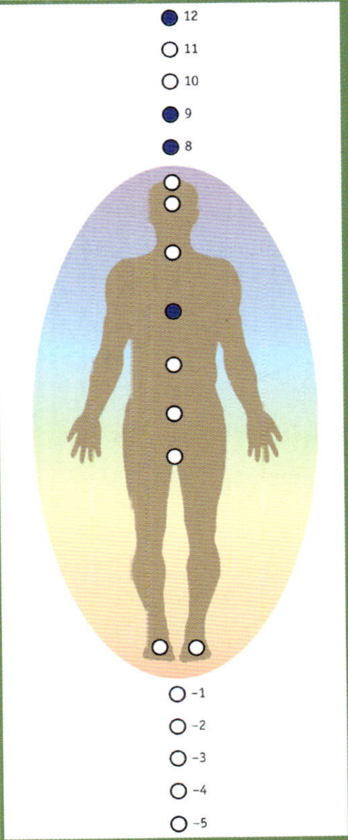

▶ Nr. 76

6 petals Flower

Barge Honeystreet, UK (2004)

Verbindet Herz- und Kehlkopfchakra.

Hilft uns, Gefühle besser und klarer auszudrücken und die Worte liebevoller zu verwenden.

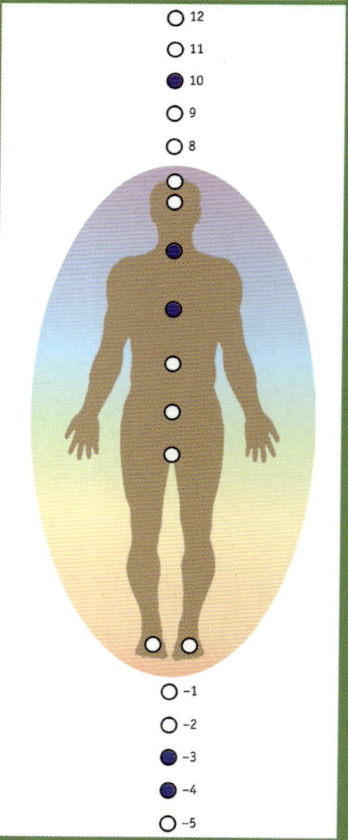

Nr. 77

Bee

White Horse, UK (2004)

Erinnert uns daran, dass alles Leben miteinander verbunden und voneinander abhängig ist.

Genauso, wie wir die Bienen für unsere Ernährung brauchen, ohne die es keine Früchte und keinen Honig gäbe, müssen wir lernen sie zu schätzen und zu achten, lernen, Gottes Schöpfung zu bewahren.

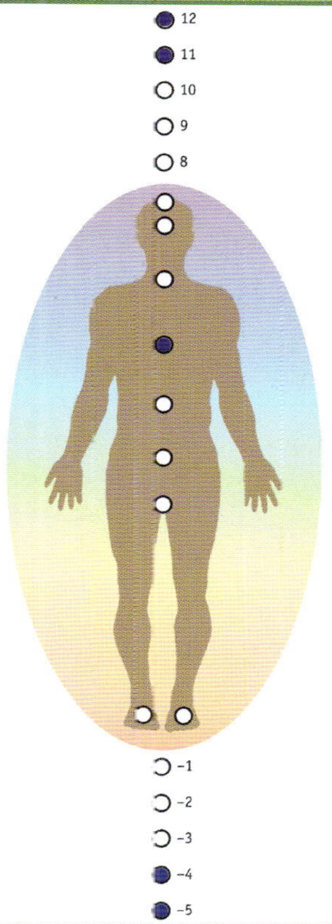

Nr. 78

Hexagram

Windmill Hill, UK (2005)

Eine kosmische Pforte für die Erfahrung des Prinzips im Universum, dass Strukturen immer Teil einer größeren Einheit sind.

Kann die Selbstheilungskräfte auf der Zellebene unterstützen.

Bringt Verankerung und Festigkeit bei Selbstheilungsprozessen, z.B. nach Knochenbrüchen.

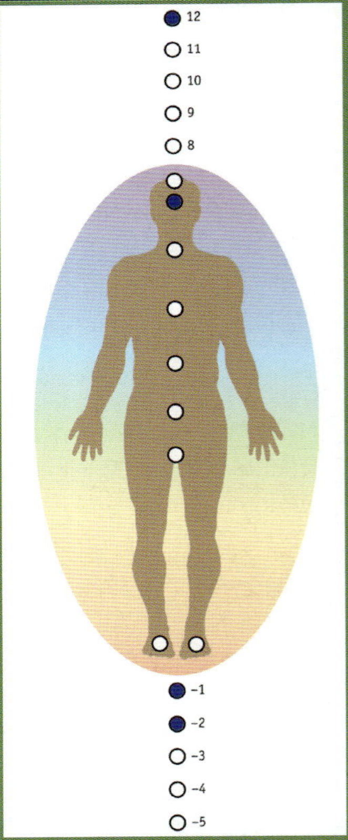

Nr. 79

DNA Profile

Avebury, UK (2005)

Der Kornkreis hat die Struktur eines DNA Querschnittes.

Evtl. ein Hinweis auf die Herauslösung und Reparatur von Krankheitsinformationen.

Auf der geistigen Ebene wirkt sie erweiternd und aktivierend auf das Gehirn, für die Erfassung von geistigen Zusammenhängen und deren Vertiefung.

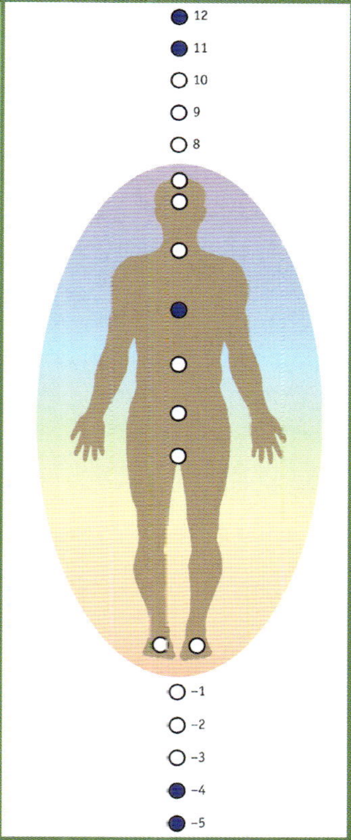

Nr. 80

Scarabe

Silbury Hill, UK (2005)

Der Kornkreis zeigt die Form eines Skarabäus.

Durch die Jahrmillionen der Evolution haben die Insekten gelernt, sich an alle möglichen Dinge anzupassen.

So sind manche resistent gegenüber gewissen Krankheiten und sogar Strahlen. Diese Essenz ist eine Schutzessenz, die unseren energetischen Schutzpanzer verstärkt.

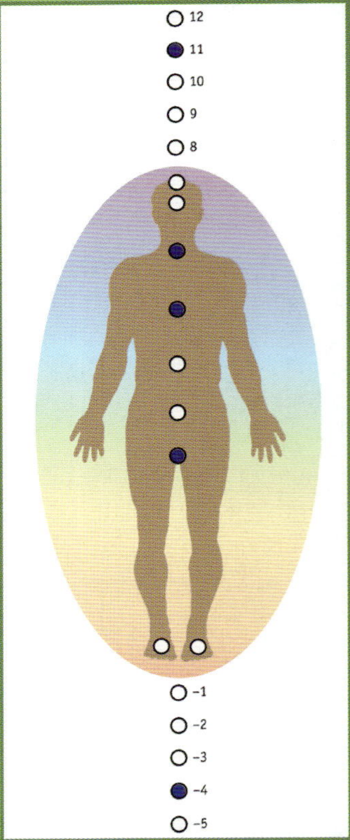

▶ Nr. 81

Virus

Lands End Down, UK (2005)

Die Formation zeigt das Bild eines Virus oder einer Bombe.

Hat eine starke energetische Wirkung auf das Immunsystem.

Steigert die körpereigene Schwingung und kann den Organismus so unterstützen, sich von Innen heraus von Vireninformationen auf der energetischen Ebene zu reinigen.

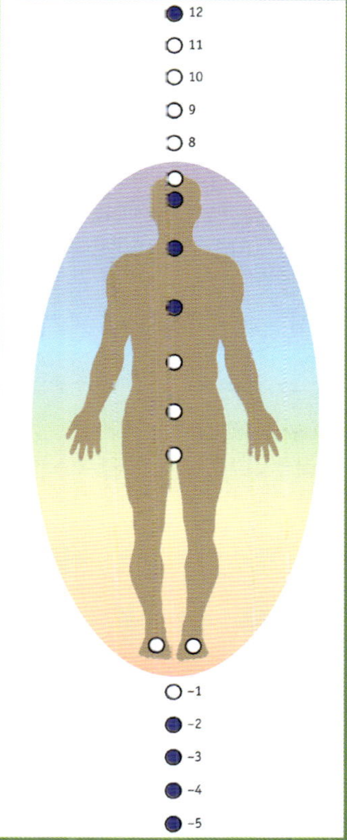

Nr. 82

Penrose Triangles
Avebury, UK (2005)

Die Form erinnert an den Mayakalender.

Wirkt energetisch auf das siebte Chakra wie eine aufsteigende Spirale.

Erweitert unser Bewusstsein, aktiviert das Großhirn und Zentralnervensystem.

Für das Verstehen von höheren komplexen Zusammenhängen.

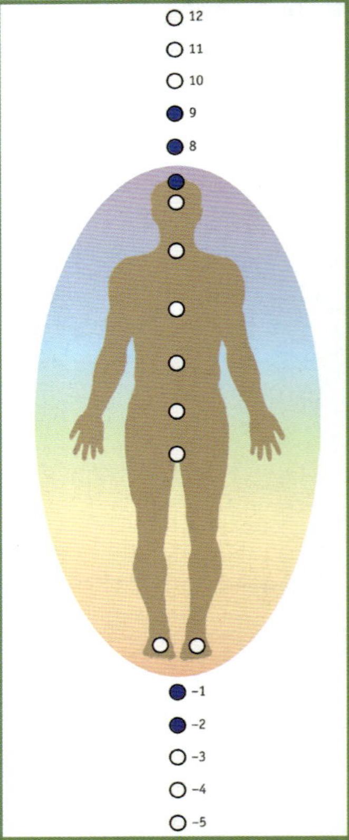

Nr. 83

New Barn

Aldbourne, UK (2006)

Atem des Universums.

Die Essenz regt unseren Stoffwechsel an, 1. und 2. Chakra sowie unsere Schaffenskräfte werden aktiviert.

Wir empfinden uns als Teil der Kraft, die die Galaxien durchströmt.

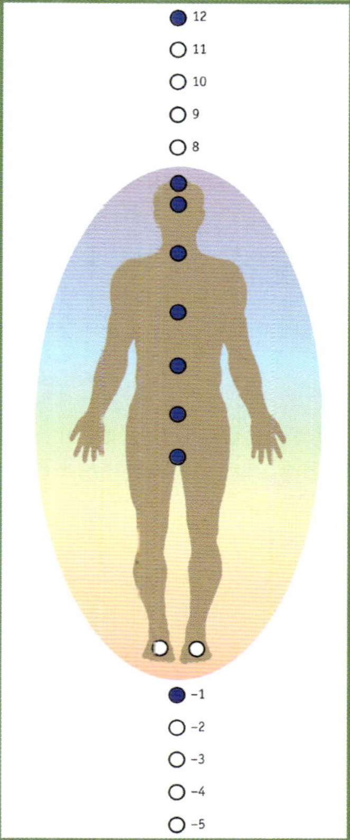

▶ Nr. 84

Severnake Forest

Marlborough, UK (2006)

Die Polarität Mensch & Universum, Hell & Dunkel, Schwarz & Weiß, Männlich & Weiblich.

Nichts und Niemand ist isoliert, alles steht im Zusammenhang mit anderem, sowohl auf der menschlichen Ebene, als auch im Universum.

Hilft das Schöpfungsprinzip zu verstehen.

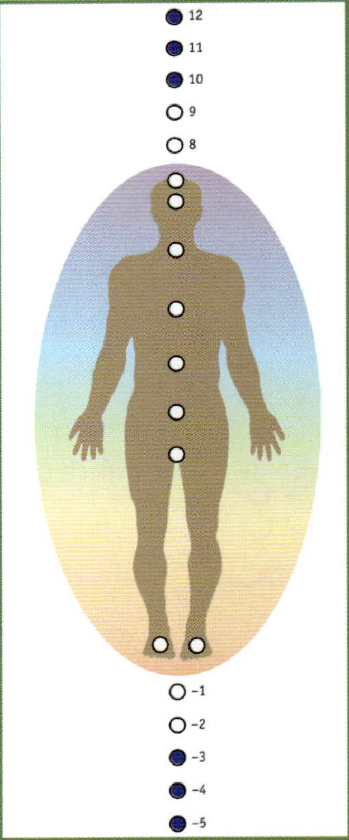

Nr. 85

Eagle

Uffington Castle Ashbury, UK (2006)

Formation auf einem Hügel neben einer keltischen Anlage.

Wirkt auf das 6. Chakra und die Augen, verstärkt die Sicht und die Visionen.

Bringt Klarheit auf der geistigen Ebene und hilft uns, die Dinge mit Abstand betrachten zu können.

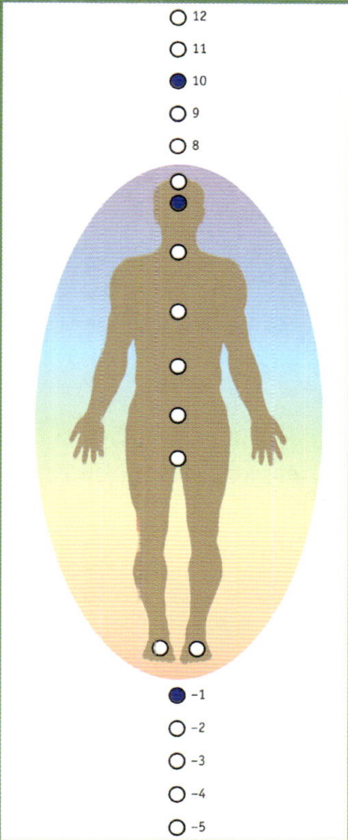

▶ Nr. 86

Wayland Smithy

Ashbury, UK (2006)

Aktiviert die linke Gehirnhälfte, das logische Denken, hilft zu analysieren und Zusammenhänge der Logik erkennen zu können.

Verbindet uns mit der Erde, stimuliert die Füße, bzw. hilft uns neue Erkenntnisse wissenschaftlich und praktisch umzusetzen. Verbindet uns mit der Realität.

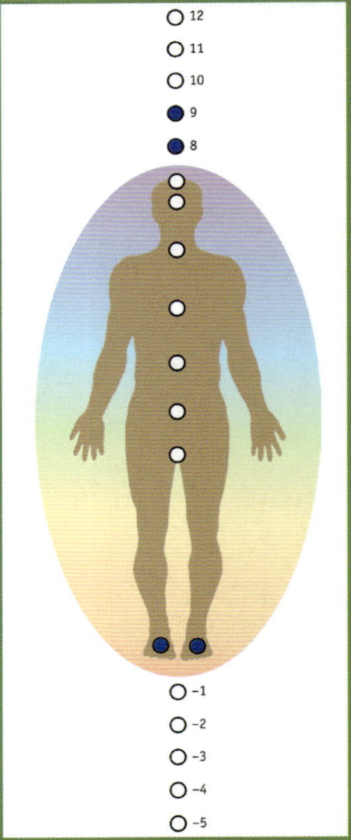

▶ Nr. 87

Fibonacci Spiral

Badbury Castle, UK (2006)

Formation im Gegenuhrzeigersinn.

Ermöglicht einen tiefen Reinigungsprozess. Wir werden uns bewusst, dass wir als Kraftfeld funktionieren und auch mit unserer Umwelt und mit unseren Mitmenschen verbunden sind.

Wir erkennen, wo es eine Reinigung und Klärung erfordert und erreichen diese mit unserem Bewusstsein.

Die Essenz hilft, uns von diesen alten Energien zu befreien und reinigt uns von innen nach außen.

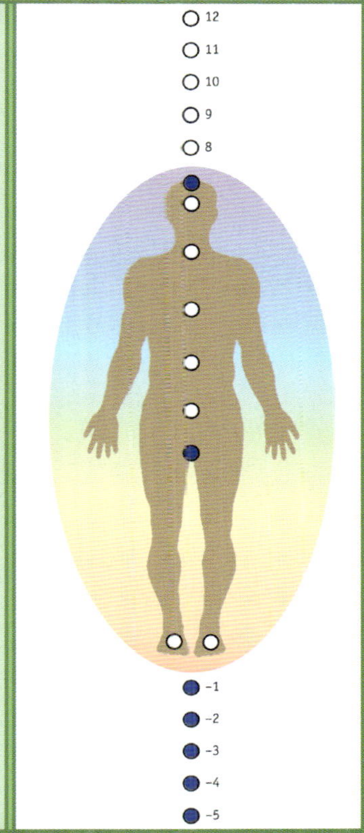

▶ Nr. 88

Charlbury Hill

Hinton, UK (2006)

Formation neben einem Tumulus. Nach der Kakteenessenz Cleistocactus Straussi (Aura Cleansing Cactus) empfohlen.

Die Essenz hilft uns, uns von alten Energien zu befreien.

Sie reinigt nicht nur unsere Aura, sie macht uns auch alte überflüssige Muster bewusst und hilft uns, diese loszulassen.

Diese können auch in der Multidimensionalität unseres Selbst begründet sein.

Die Essenz wirkt pulsierend.

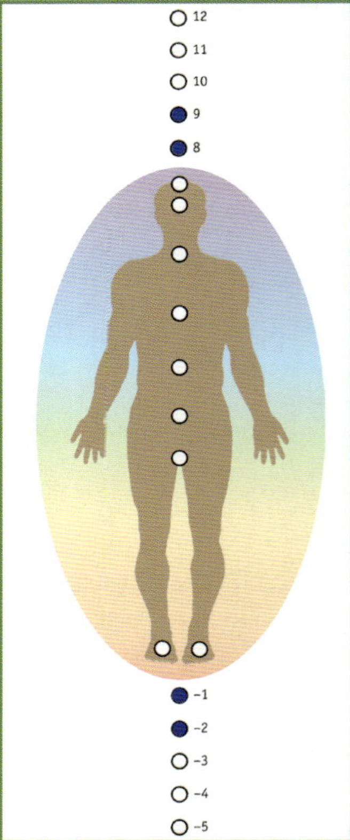

▶ Nr. 89

Windmill Hill

Avebury Trustloe, UK (2006)

Die Essenz hilft, die drei Ebenen, Körper, Geist und Seele in Einklang zu bringen.

Sie harmonisiert uns und auch die Verbindung zu anderen Menschen und fördert so das Zusammenleben, die Zusammenarbeit in Harmonie.

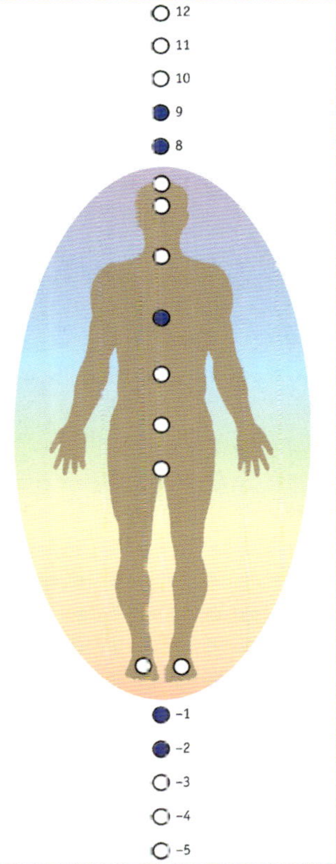

Nr. 90

Spiral

Göttingen, D (2006)

In der Ruhe liegt die Kraft und aus dieser Ruhe heraus schöpfen wir die Kraft für einen Neuanfang, für neue Inspirationen, wie es weitergeht.

Unsere Kreativität wird gesteigert und wir verbinden uns mit unserem Potenzial.

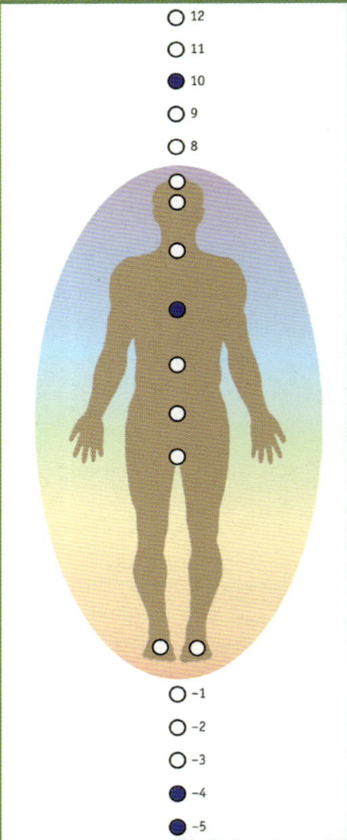

Nr. 91

7-pointed Flower

Mustard, Göttingen, D (2006)

Für die Jahreszeit absolut unüblich erschien diese Formation in Raps unweit einer Autobahnraststätte.

Wie ein Hinweis, dass es keine normalen Jahreszeiten mehr gibt.

Die Essenz hilft uns ganz zentriert und ruhig zu bleiben, ganz egal, was auch passiert.

Und wenn die Welt um uns herum stehen bleibt, wir bleiben ruhig und zentriert.

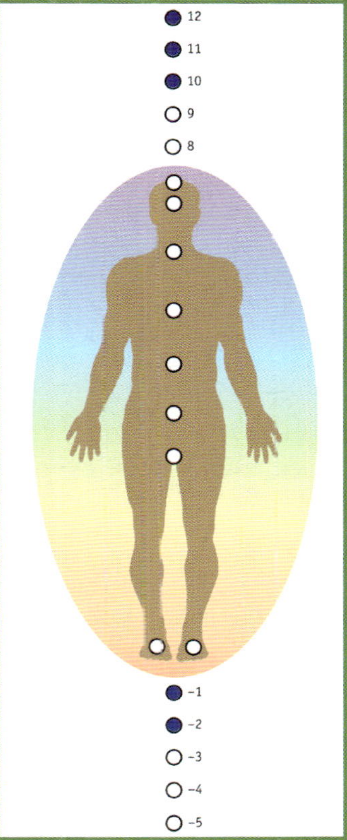

Nr. 92

Snail

Rheinau, CH (2007)

Diese Formation im Gegenuhrzeigersinn wirkt reinigend auf Gedanken und Muster.

Die rechte und linke Gehirnhälfte werden miteinander verbunden und ein inneres Gleichgewicht kann sich so einstellen, Gedanken können so klar eingeordnet werden.

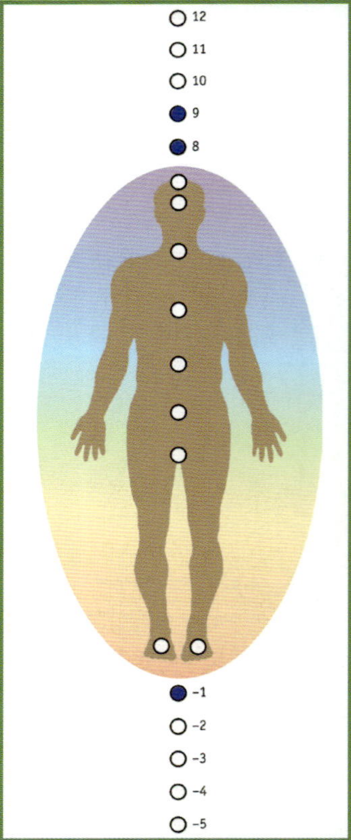

▸ Nr. 93

Long Borrow

West Kennet, UK (2007)

Diese Formation neben der Grabanlage symbolisiert den Übergangsprozess in die nächste Dimension.

Die Essenz hilft, den physischen Tod als einen solchen zu verstehen und zeigt durch seine ästhetische Schönheit dass dieser Übergang eine Bereicherung für die Seele sein kann.

Gut geeignet für Meditation. Für die Reise durch die Dimensionen. Erweiter unsere Erfahrungen.

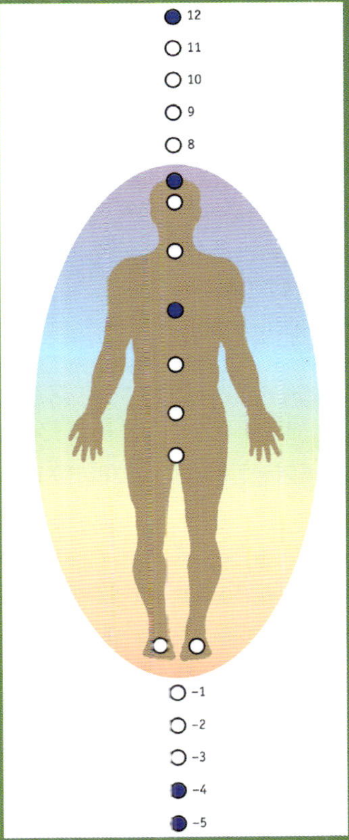

Nr. 94

Jugglers Lane

Cherhill, UK (2007)

Diese Formation ähnelt einem geschliffenen Diamanten.
Sie lässt unsere innere Schönheit nach aussen erstrahlen, stärkt den Charakter und Sinn für Ästhetik.

Stärkt unsere Aura und unsere Ausstrahlung.

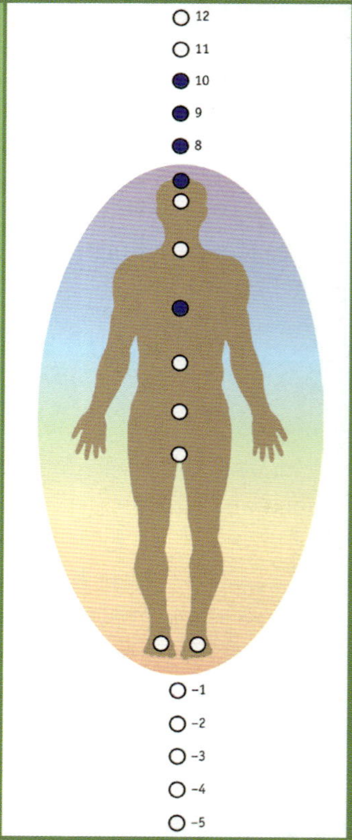

Nr. 95

Butterfly

Hailey Wood Ashbury, UK (2007)

Die Essenz in Form eines Schmetterlings als Symbol der Transformation. Sie unterstützt uns bei Veränderungsprozessen und erinnert uns an die Leichtigkeit und Freude unserer Seele.

Sie hilft Dinge leicht zu nehmen und schenkt uns Unterstützung.

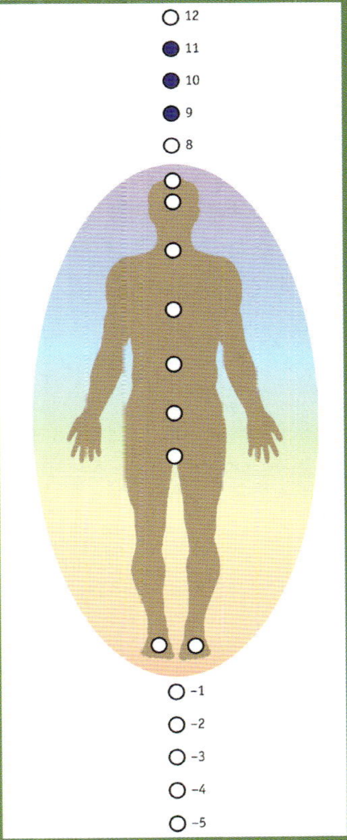

Nr. 96

Paradise Forest

Diessenhofen, CH (2008)

Die Formation hat eine starke positive, lebensstärkende Kraft.

Sie wirkt auf sämtliche Chakren und Drüsen. Positive Gedanken werden verstärkt, die Lebensfreude gesteigert und das Immunsystem unterstützt.

Sie hilft Menschen in schwierigen Situationen, sich auf das Positive zu besinnen, sich mit Gott zu verbinden.

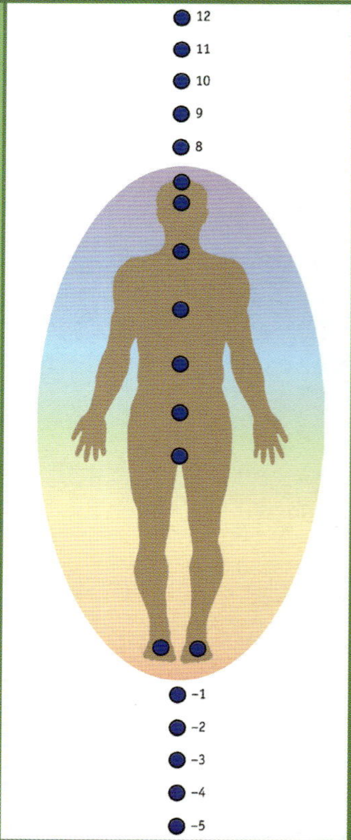

Nr. 97

PI

Barbury Castle, UK (2008)

Die Formation enthält die Zahl Pi 3,1415.

Sie stellt einen Schritt in der Evolution dar. Sie hilft uns, innerlich zu wachsen und uns weiterzuentwickeln.

Wir sind uns unseres Ursprungs bewusst, unserer Vergangenheit, Gegenwart und daraus resultierenden möglichen Zukunft.

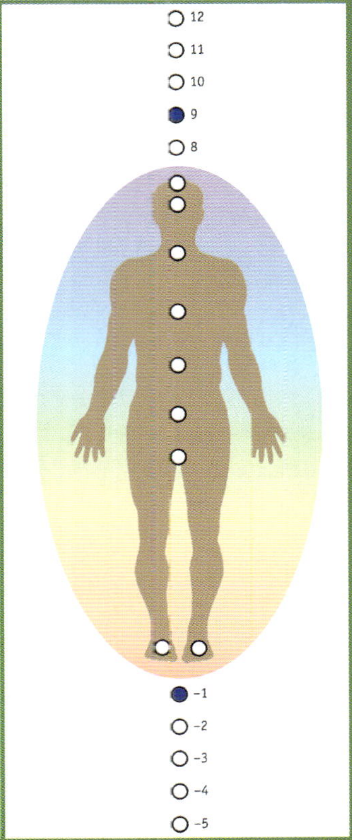

Nr. 98

Diamond

All CanningsUK (2008)

Der Kornkreis arbeitet auf der Ebene der Lichtkörper.

Er wirkt klärend und reinigend und bringt Licht und Glanz in unser Wesen. Er steigert unsere Ausstrahlungskraft und die Schutzwirkung unseres Energiekörpers.

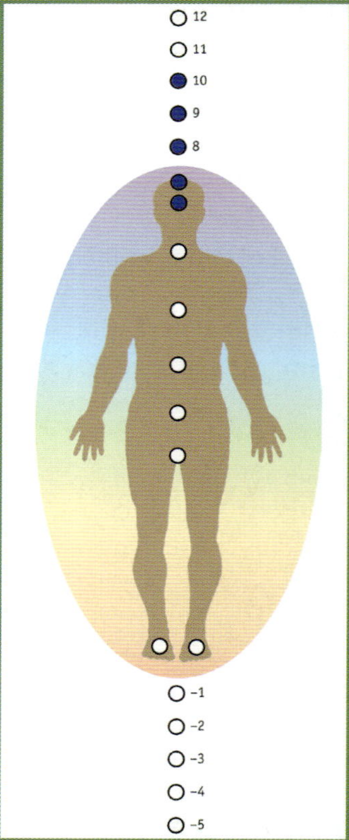

▶ Nr. 99

Dimensions

HortonUK (2008)

Für die Erhebung unseres Bewusstseins.

Die Formation hilft Menschen sich aus der Dunkelheit heraus wieder zum Licht zuzuwenden, das Göttliche neu zu entdecken und sich Gott zuzuwenden.

Hilft depressiven, ziellosen Menschen wieder einen inneren und äußeren Weg zu finden.

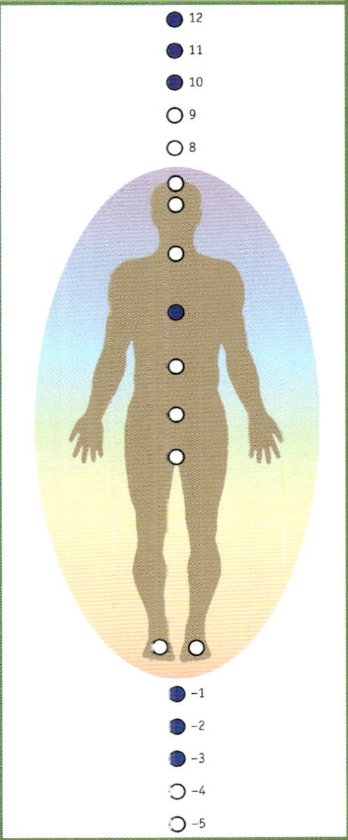

▸ Nr. 100

Swallows

Alton Barnes, UK (2008)

Formation entstand auf dem Fundament eines ehemaligen Römerkastells.

Ein Vogelflug in perfekter Formation. Sie hilft uns, uns innerlich freizumachen, seine eigenen Ängste und innerlichen Begrenzungen loszulassen und eine Weitung des Bewusstseins zu erleben.

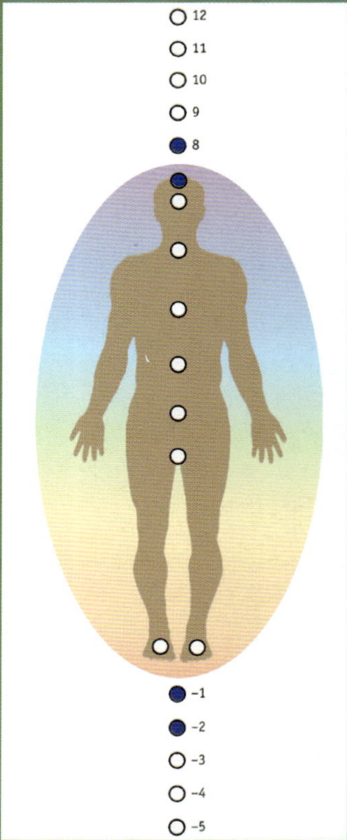

Nr. 101

Star

East Field, UK (2008)

Die Formation hat eine stark erdende Wirkung, sie wirkt auf die Füße, auf unsere Verbindung zur Realität.

Sie hilft uns zu erkennen, wie wichtig unsere Erdverbindung, unserer erstes Chakra ist. Hilft höhere Energieebenen mit der Erde zu verbinden.

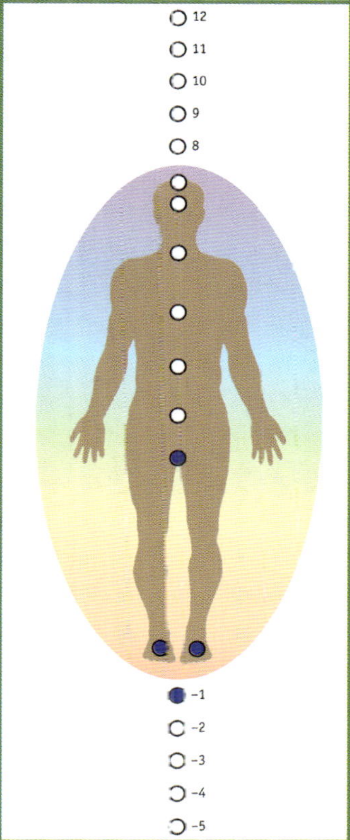

▶ Nr. 102

Westwood

Lockeridge, UK (2008)

Die Leichtigkeit des Seins.

Die Formation erweitert unser Bewusstsein. Wir gehen über unsere eigenen Begrenzungen hinaus und lernen, Dinge leichter zu sehen, lockerer zu sein.

Hilft alte Verhärtungen liebevoll aufzulösen und alte Muster loszulassen.

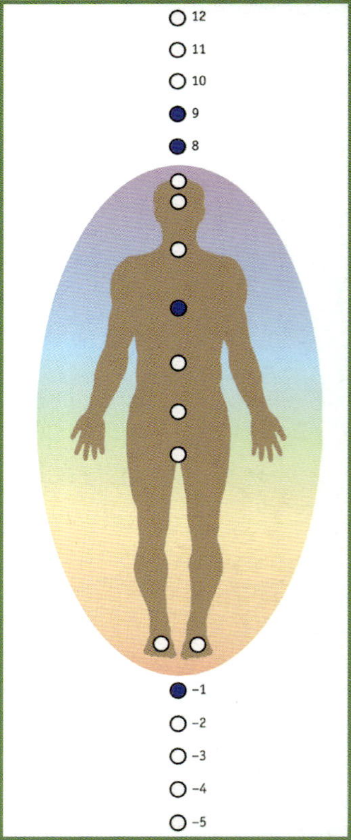

▶ Nr. 103

Circles

Waylands Smithy UK (2008)

Formation aus 168 kleinen und 112 großen Kreisen bestehend.

Essenz für die Erdheilung. Sie bringt die Information der Liebe auf die Erde. Sie bringt Menschen zusammen und hilft, sich gegenseitig zu respektieren und zu unterstützen in Achtung vor der Individualität jedes Einzelnen.

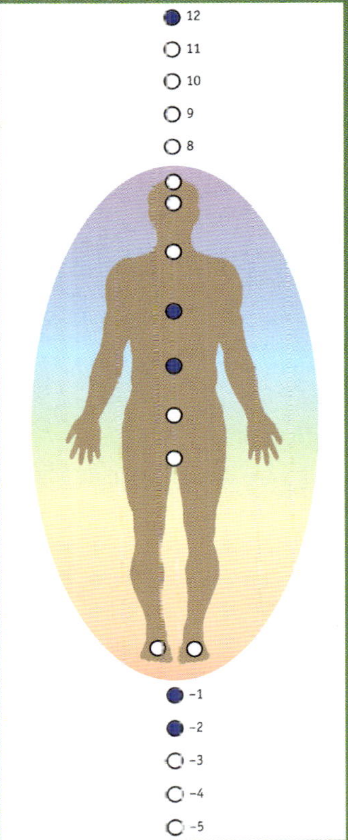

Nr. 104

Planet System 21.12.2012

Avebury, UK (2008)

Die Formation entstand direkt neben dem Steinkreis von Avebury.

Sie schenkt uns Demut vor der Schöpfung Gottes und verbindet unser Bewusstsein mit dem Universum.

Sie erinnert uns daran, dass auch Avebury als Ort für die Planetenkommunikation gedient hat.

Sie verbindet die Erde mit dem Universum und lässt uns erleben Teil eines Großen, Ganzen zu sein. Zeigt die Konstellation der Planeten zum 21.12.2012.

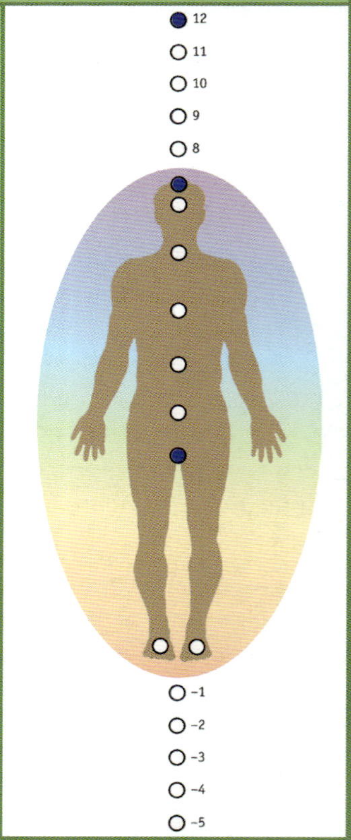

Nr. 105

Snake

Silbury Hill, UK (2008)

Die Formation schafft Verbindung zwischen Polaritäten.

Unterschiedliche Energien können zueinander finden.

Schafft Verbindung zwischen Menschengruppen, die sich sonst verfeindet gegenüberstehen. Hilft in der Kommunikation aufeinander zugehen zu können.

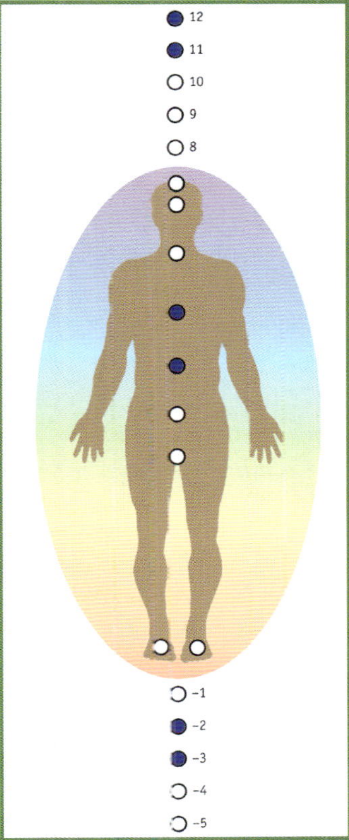

Nr. 106

Circles

Lockeridge, UK (2008)

Die Formation fördert die Zusammenarbeit von Menschen in einer Gruppe, oder von Völkern in einer Gemeinschaft.

Sie bringt Dynamik und Effizienz.
Sie hilft Menschen, ihre eigene Rolle im Zusammenspiel zu finden.

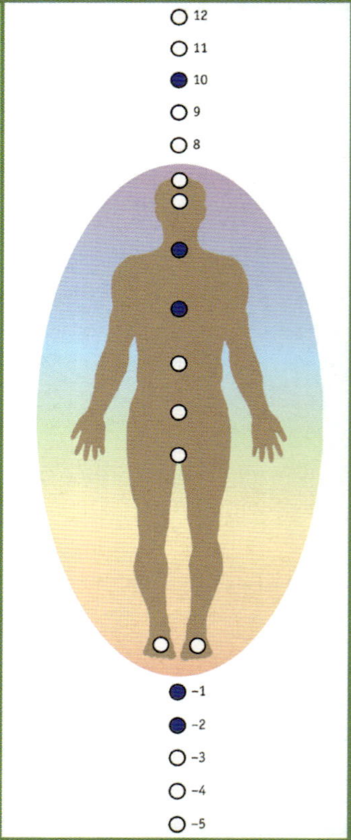

Nr. 107

Saturn Ring

West Kennet, UK (2008)

Verbindet mit der Energie von Saturn, schafft Ordnung, bringt die Dinge in die Form.

Wenn alles Drunter und Drüber geht, wenn Chaos herrscht, hilft diese Essenz wieder Ordnung zu schaffen. Eine eher schwere Energie, die alles an seinen rechten Platz weist.

Wirkt stärkend auf die Knie und die Gelenke.

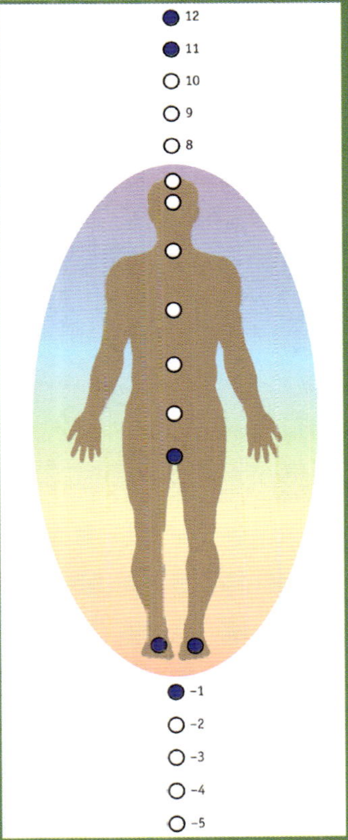

▸ Nr. 108

Goddess

Alton Barnes, UK (2008)

Eine stark Yin betonte Energie.

Hilft das Heilige in der Sexualität zu erkennen und zu heilen.

Kann energetisch die Fruchtbarkeit fördern und hilft zu erkennen die Fähigkeit, Leben zu schenken als ein Geschenk Gottes zu sehen.

Schafft einen gesunden Ausgleich in der Sexualität und lässt uns die Symbolik der Jungfräulichkeit erkennen.

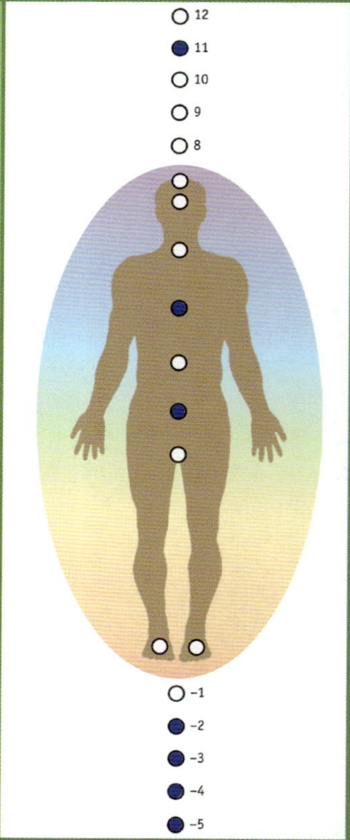

▶ Nr. 109

DNA-Light Frenquenzes

Hörhausen, D (2009)

Kornkreis in Form einer sich aufrichtenden Spirale.

Hilft der DNA sich an Veränderungen anzupassen, Lichtfrequenzen aufzunehmen, weiterzuleiten und zu transformieren.

Essenz für die Schwingungserhöhung.

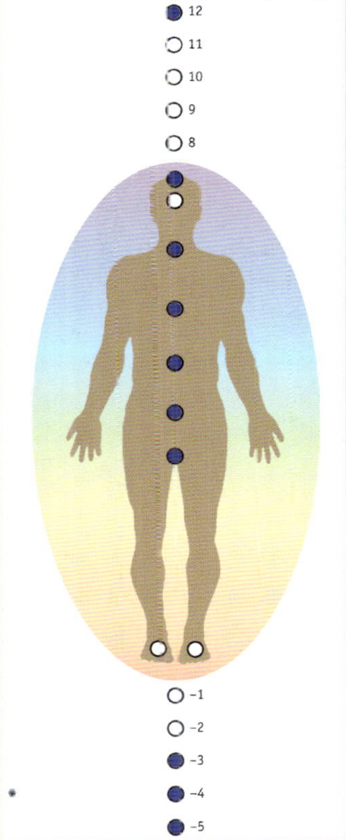

▶ Nr. 110

Indian Eagle

Yatesbury, UK (2009)

Hilf, sich auf alte Werte und Traditionen zu besinnen.

Schafft Verbundenheit mit der Realität und gibt Bodenhaftung, und doch sind wir gleichzeitig mit dem Spirituellen verbunden.

Hilft Menschen, die sich innerlich verloren haben (Drogen).

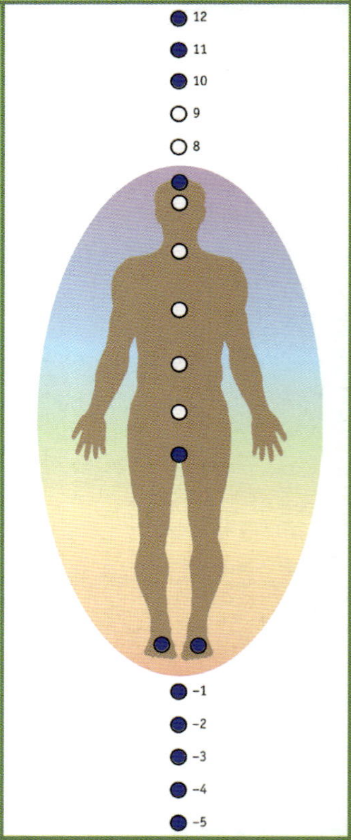

Nr. 111

Dragonfly

Yatesbury, UK (2009)

Essenz hilft Menschen sich mit der geistigen Ebene zu verbinden, den Überblick zu bewahren.

Für Personen, die sich in ihren Emotionen verlieren, Ängste haben.

Es geht um das Erkennen, dass alle zusammenarbeiten müssen um die Probleme des Planeten zu lösen und gemeinsam überleben zu können.

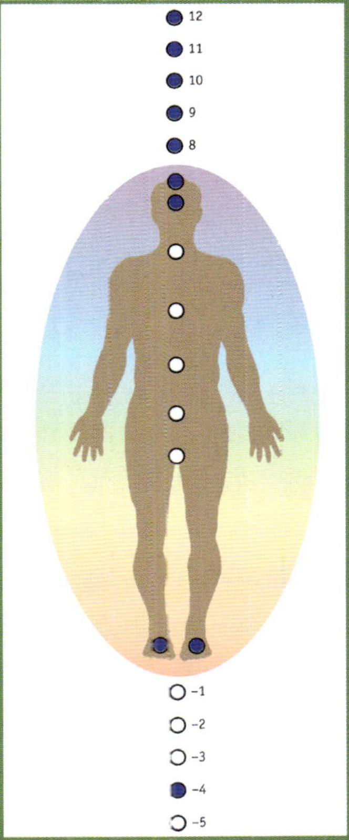

Nr. 112

The Creation

Knoll Down, Beckhampton, UK (2009)

Anregung des Potentiales der Kreation.
Schaffenskraft aus Freude.

Wirkt reinigend und stimulierend. Wirkt stärkend auf das zweite Chakra. Hilft uns neue Energie und Dynamik zu entwickeln.

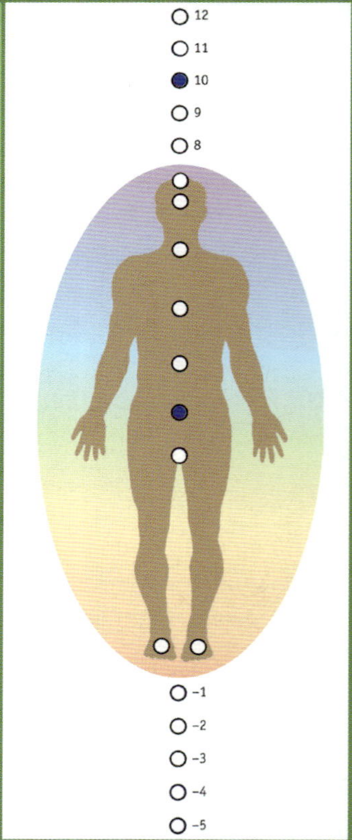

Nr. 113

West Down Gallops

Beckhampton, UK (2009)

Essenz der Regeneration.

Hilft der DNA sich zu regenerieren, sich zu reinigen, die ursprüngliche reine Frequenz zurückzufinden.

Erninnert uns daran, dass wir auf unsere Nahrung achten müssen.

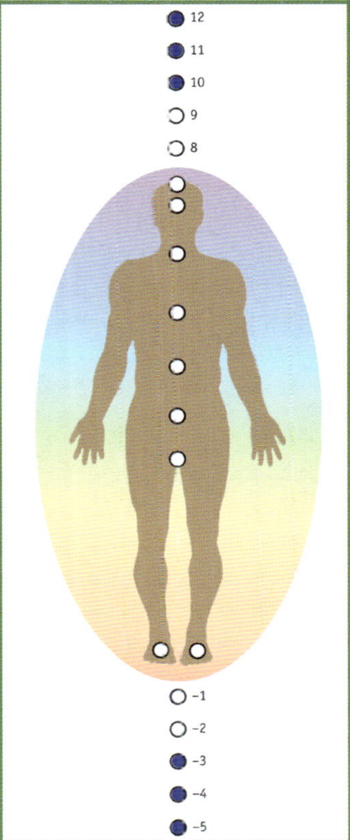

▸ Nr. 114

Silbury Hill

Avebury, UK (2009)

Wie ein Fächer der frischen Wind zufächelt. So hilft uns dieser Kornkreis, alte Muster aufzulösen und uns frei zu machen für neue Erfahrungen und neue Energien.

Er hilft uns voranzuschreiten in unserer Entwicklung, hilft, die nächste Evolutionsetappe vorzubereiten.

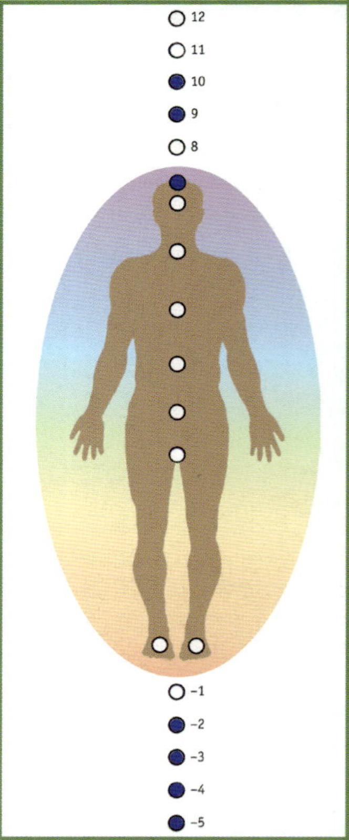

Nr. 115

Waden Hill

Avebury, UK (2009)

Die Formation erinnert uns an das Heilige der Sexualität, die Fähigkeit neues Leben schenken zu können.

Sie geht hinab bis in das Zellbewusstsein, die Erinnerung an die Erschaffung des Lebens. Das Heilige der DNA wird uns in Erinnerung gerufen.

Wirkt positiv für Schwangerschaft und Empfängnis, wirkt stimulierend auf Spermien und Ovarien.

Das 2. Chakra wird angeregt.

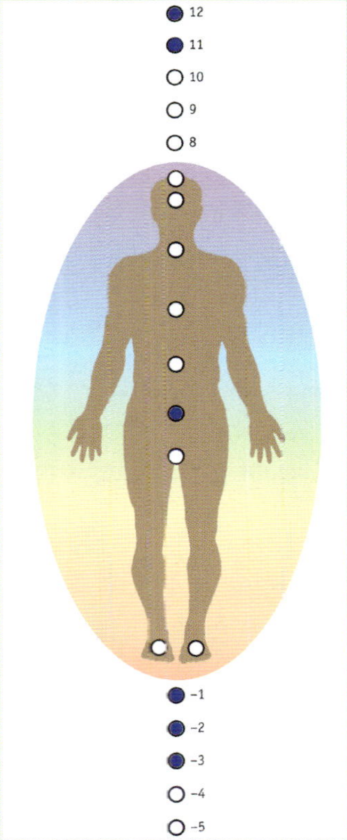

▶ Nr. 116

Ying Yang

East Kennet, UK (2009)

Wie oben so unten.

Die Essenz schafft Ausgleich. Wir erkennen, dass es ohne Licht kein Dunkel gibt, ohne Yin kein Yang.

Gleicht die Körperflüssigkeiten aus. Säure-Base-Gleichgewicht.

Schenkt ein Gefühl der Harmonie und des Ausgleichs, ein „Sich-geborgen-fühlen" in der Einheit Gottes.

Hilft alte Wunden zu heilen.

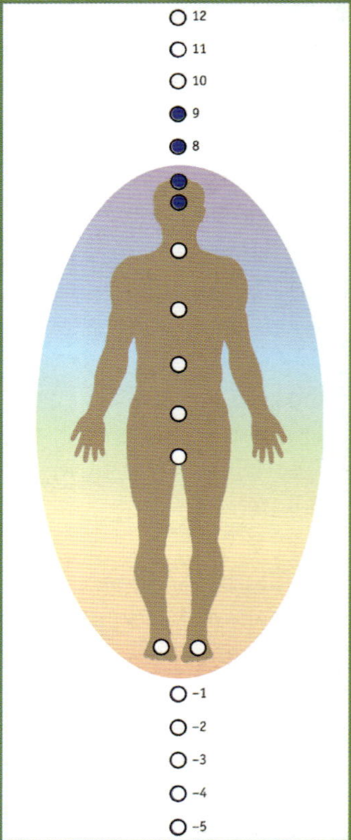

▶ Nr. 117

Eagle

Milk Hill, UK (2009)

Die Formation gleicht einer peruanischen Adlerdarstellung aus Nasca. Sie möchte uns an unsere gemeinsame Herkunft erinnern.

Sich frei machen von inneren Begrenzungen, sich öffnen für das Verständnis, dass alles Leben Gottes Schöpfung ist, und dass auch schon alte Zivilisationen dieses Wissen als Mysterium teilten.

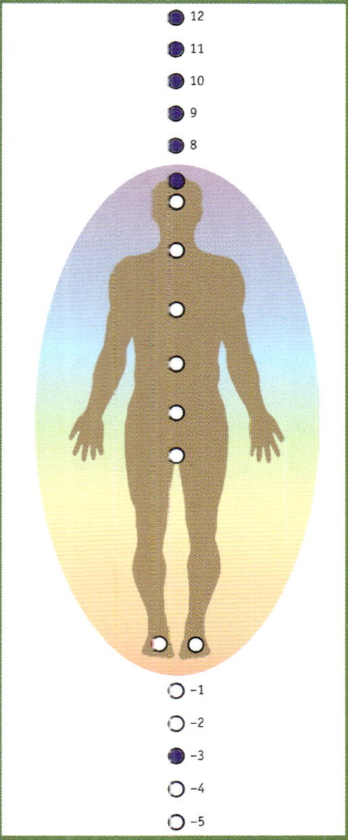

Nr. 118

Antenne mit Piktogramm

Milk Hill, UK (2009)

Die Essenz hat eine reinigende Wirkung auf zu viel aufgenommene Information. Sie bringt alte Erlebnisse ins Bewusstsein. Sie wirkt reinigend auf tiefe Ebenen des Unterbewusstseins, unserem Ursprung entsprechend.

Verbindet uns mit dem Universum und dem Unterbewusstsein.

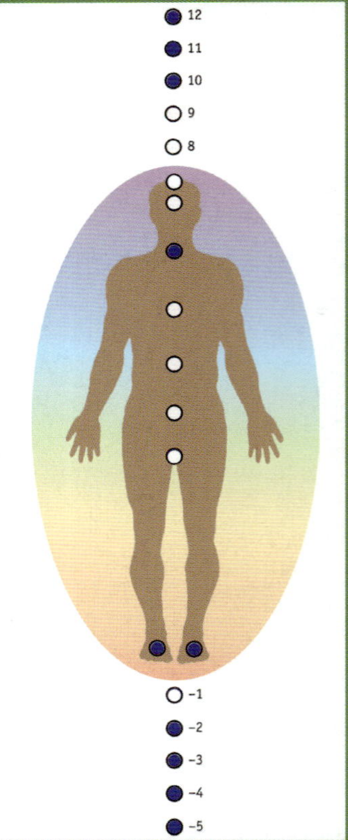

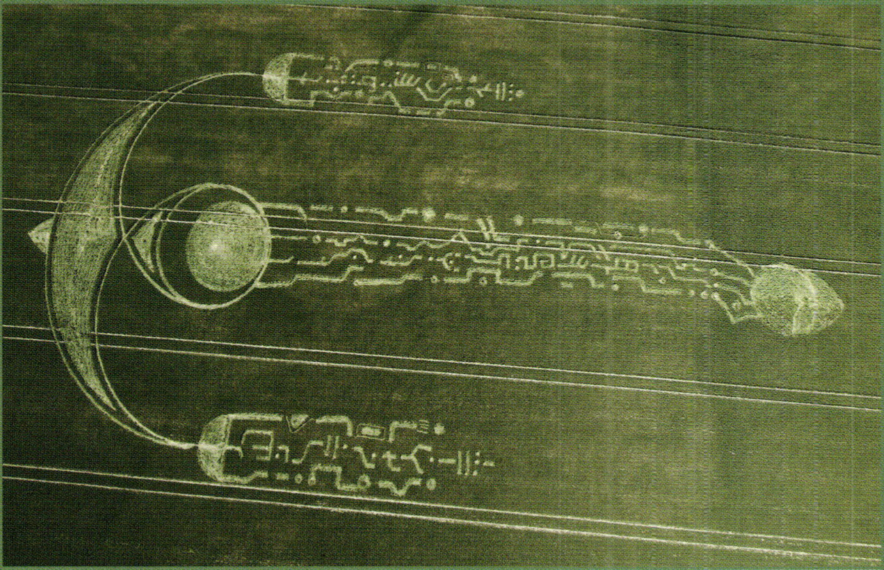

Nr. 119

Swallow
Alton Priors, UK (2009)

Die Essenz wirkt befreiend und beflügelnd. Sie wirkt lösend auf Blockaden im Unterbewusstsein, der Familiengeschichte und der Erinnerungen der Volksgruppen.

Sie hilft uns diese ins Bewußtsein zu holen und diese alten Informationen loszulassen bzw. deren bewußt zu sein. Wir werden so innerlich frei und freier.

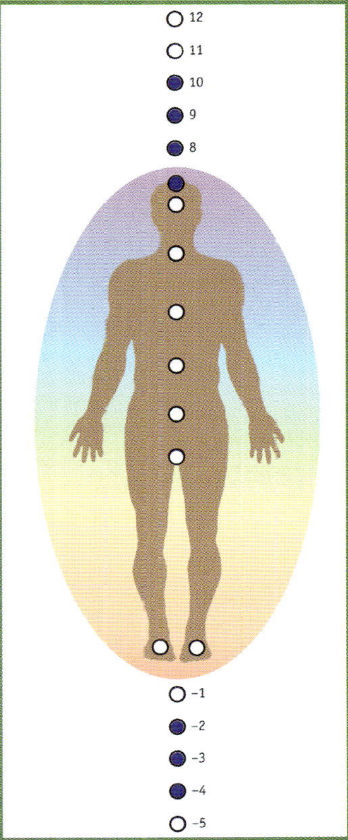

▶ Nr. 120

Cannings Cross

Allington, UK (2009)

Die Formation hilft uns unsere Persönlichkeit und Schönheit zu entfalten. Sie schenkt uns viel Freude am Leben, das Bewusst-Sein im Jetzt und Hier und auf der geistigen Ebene.

Verbindet unsere Persönlichkeit mit der geistigen Dimension.

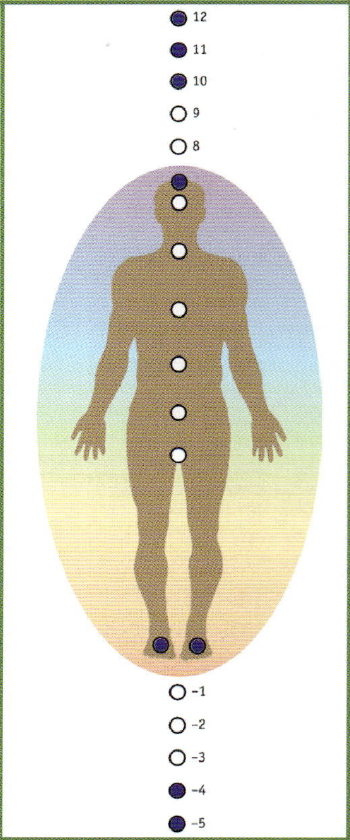

Nr. 121

Avebury
Avenue, UK (2009)

Die Formation zeigt eine Zellbefruchtung. Die Formation erinnert uns an das Heilige der Fortpflanzung. Die Verschmelzung der Zellen zu einer neuen DNA-Frequenz. Das Heilige der Schöpfung Gottes.

Hilft Menschen, die mit dem Thema Abtreibung zu tun hatten (oder künstliche Befruchtung oder Klonen bei Tieren)

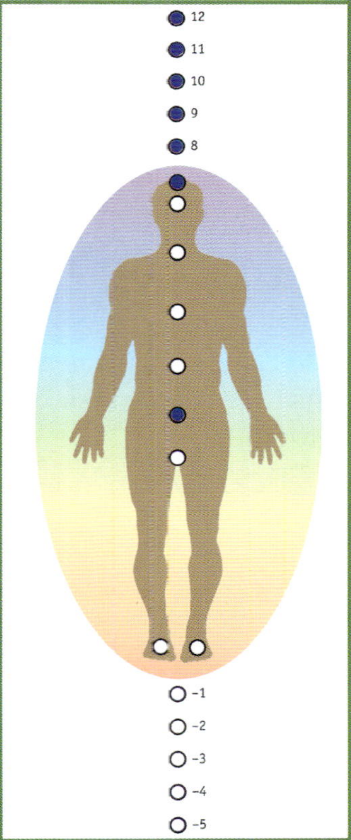

Nr. 122

Ogbourne

St. George, UK (2009)

Verbindet uns sowohl mit der Erde als auch mit der geistigen Ebene.

Hilft uns, zentriert und bewusst zu sein, Ängste zu überwinden und auf Gott zu vertrauen

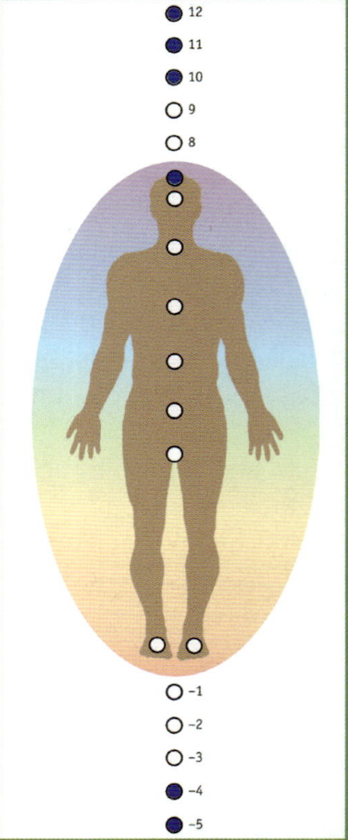

Nr. 123

Kornkreis Hochfelden

Switzerland (2010)

Kornkreis wirkt reinigend auf alte Muster. Hilft zu erkennen, dass alles aus der liebe Gottes heraus geboren ist, das Prinzip der heiligen Schöpfung zu achten und alte Gewohnheiten und Begrenzungen im Denken loszulassen, sich frei zu machen für eine neue Bewusstseinsebene.

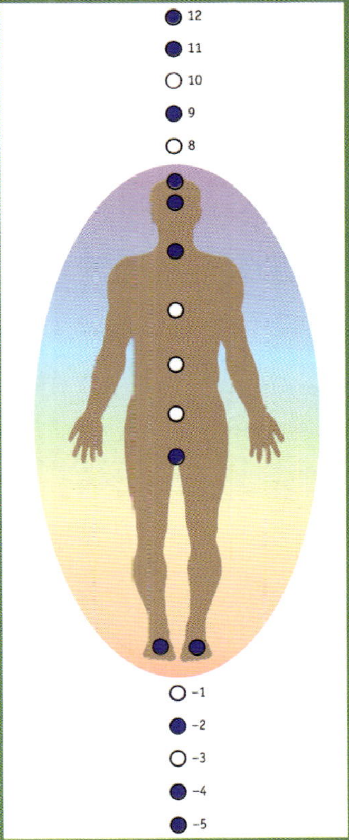

Nr. 124

Savernake Forest

Marlborough, UK (2010)

Alles Wachstum, alles Leben, von der kleinsten bis zur größten Struktur basiert auf dem Bauplan der Schöpfung Gottes. Die Essenz hilft uns, unseren Platz darin zu finden, uns im Leben zu orientieren und einzufügen.

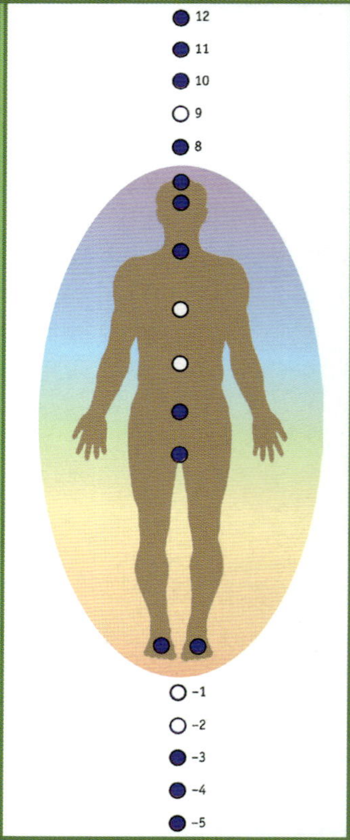

Nr. 125

St. Martins Chapel

Chisbury, UK (2010)

Kornkreisformation mit einem Pentagramm.

Hilft den Menschen in ihre Mitte zu kommen, Ruhe zu finden. Und aus dieser inneren Ruhe heraus gehen wir in unsere Kreativität und können so unser volles Potential ausschöpfen. Wirkt stark erdend.

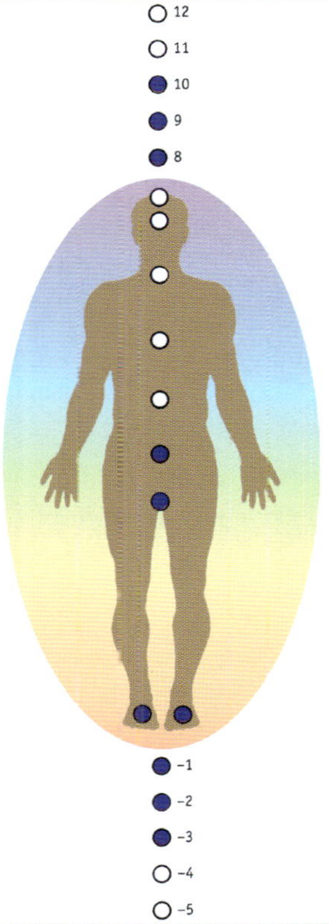

Nr. 126

Windmill Wilton

UK (2010)

Formation in Paps neben einer Windmühle. Die Essenz ist verbunden mit dem Zeitaspekt und dem Kosmos.

Sie hilft uns zu verstehen, wie wichtig es gerade heute ist, auf unsere Nahrung zu achten und die Grundlage unseres Lebens zu schützen. Sie verbindet mit kosmischen Ereignissen und hilft diese zu intergieren.

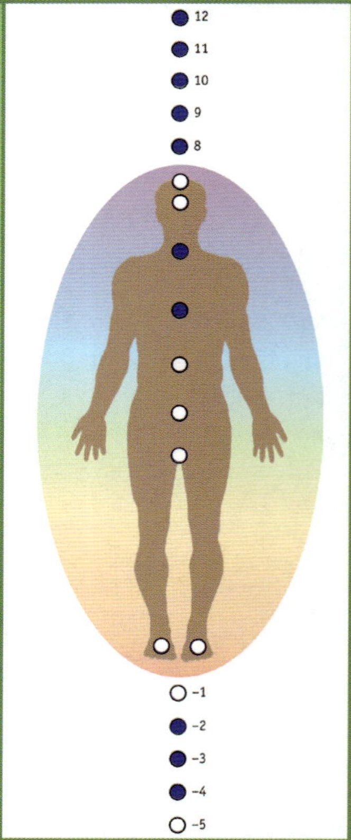

Nr. 127

Cube Fosbery

Vernham Dean, UK (2010)

Die Essenz der Schaffenskraft, wirkt positiv auf Strukturen, auf Zellen, auf Zellerneuerung, auf Heilprozesse. Sie hat eine starke energetische Wirkung auf das dritte Auge und unsere Resonanz mit der Umwelt.

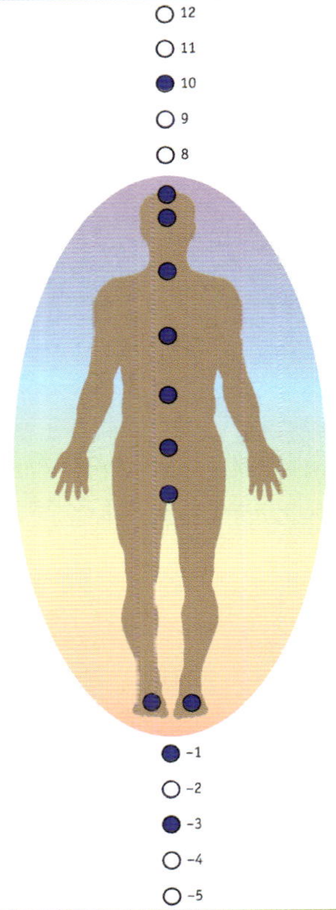

▶ Nr. 128

Danebury Hill

Nether Hallop, UK (2010)

Formation neben einem Monument aus der Eisenzeit. Hilft alte Muster aufzulösen, festgefahrene Verhaltensweisen zu erkennen, loszulassen und aufzulösen. Alte Strukturen dürfen weichen, um neuen Denkschemen Platz zu machen.

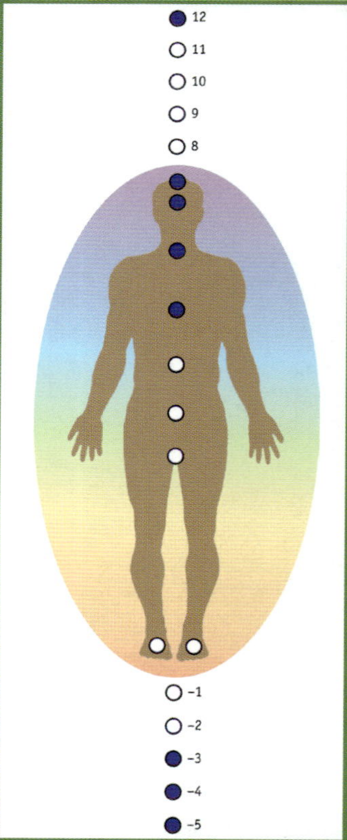

Nr. 129

Cley Hill

Warminster, UK (2010)

Der Kornkreis zeigt eine dreidimensionale Struktur. Er hilft kalre, gesunde Strukturen zu bilden. Eine männliche Energie, schafft klare Ordnung und gibt Orientierung. Auf Zellebene, hilft er neue gesunde Strukturen im Gewebe zu bilden, auf emotionaler Ebene sich gut in Strukturen einfügen zu können, auf spiritueller Ebene, sich in die Göttliche Struktur des Lebens einfügen zu können. Alles ist ein Teil eines Großen Ganzen.

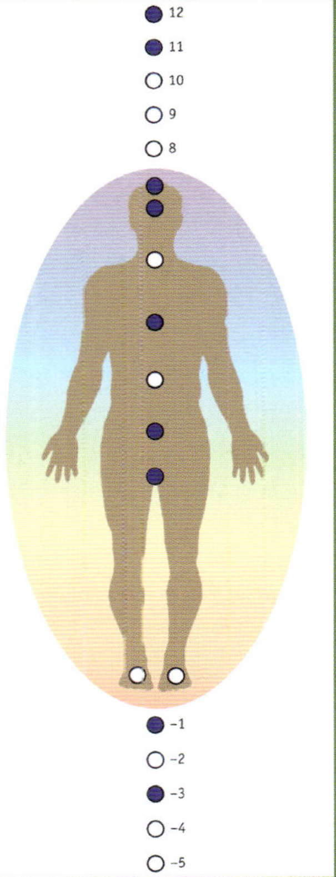

Nr. 130

White Sheet Hill

Mere, UK (2010)

Wie oben, so unten. Alles ist miteinander verbunden. Wir lernen, dass sich durch unsere persönliche Bewusstseinsveränderung das gesamte Energiefeld verändert, wie sich vom Einzelnen hin zum Kollektiv im Laufe der Zeit das Gesamtbewusstsein sich verändert. Wie ein Tropfen im Ozean.

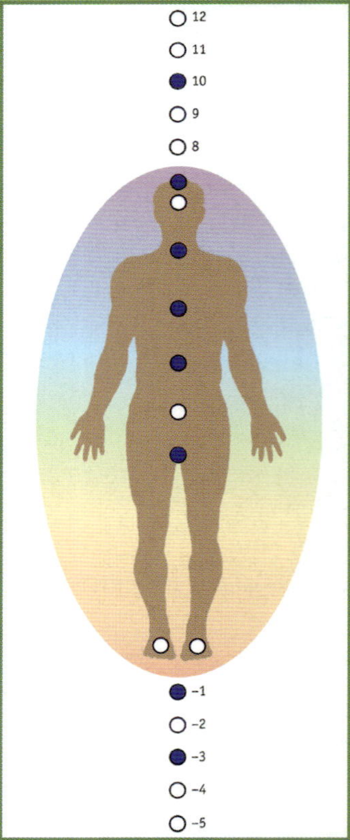

▶ Nr. 131

Pewsey Oare

UK (2010)

Kornkreis in Form eines zentrischen Diagramms, Codes oder Kalenders.

Hilft uns, ruhig und zentriert zu bleiben, unser Ziel nicht aus den Augen zu verlieren.

Hilft eher ängstlichen Menschen, die sich gerne ablenken lassen. Schenkt Vertrauen und Gelassenheit auch in schwierigen Situationen.

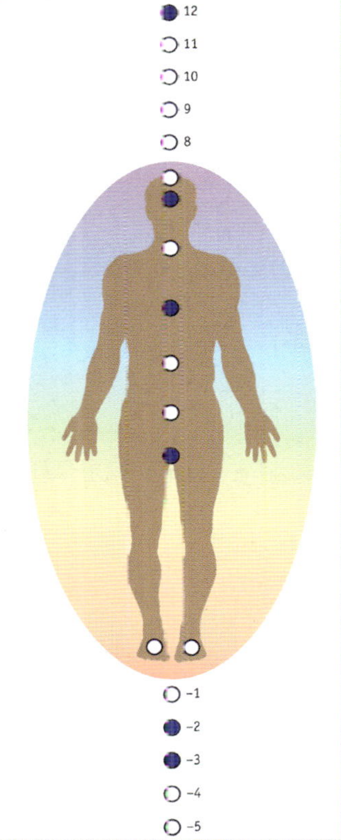

Von den Bachblüten zu den Kornkreisen

Dr. Edward Bach, der berühmte Englische Arzt hat in den 30iger Jahren des vorigen Jahrhunderts die besondere Heilkraft der Blüten entdeckt und die ersten 38 Blütenessenzen entwickelt. Dr. Bach entwickelte diese Essenzen wenige Jahre vor seinem Tod und hätte wahrscheinlich noch viel mehr entdeckt, wenn er länger gelebt hätte. Heute, viele Jahre später, hat sich die wahre Dimension seiner Pionierarbeit gezeigt. Die Bach-Blüten-Therapie hat sich zu einem festen Bestandteil moderner Heilmethoden entwickelt. Weltweit werden Blütenessenzen heute angewendet und im manchen Staaten wie Kuba sind sie inzwischen fester Bestandteil in der medizinischen Ausbildung.

Andreas Korte begann in den 80iger Jahren mit einer neuen Methode, der Kristallherstellungsmethode Blütenessenzen in der Schweiz herzustellen und erweiterte die Bach Blüten Therapie um zwei ganz entscheidende Bereiche: neben neuen Blütenessenzen in Europa begann er 1989 die ersten Orchideenessenzen aus dem Amazonasgebiet herzustellen und entwickelte danach die Pilzessenzen.

Mit den auf den Bäumen wachsenden tropischen Orchideenessenzen waren nun zum ersten Mal Mittel gefunden worden, die auf Ebenen über dem Emotionalkörper hinaus, auf die höheren Chakren wirken. Wissenschaftler hatten dann festgestellt, dass sich diese Essenzen gut für die Schmerztherapie und für die Bekämpfung von Infektionen eignen.

Mit den Pilzen waren nun Mittel entdeckt worden, die im Gegenteil tiefer als die Blütenessenzen in den Bereich des Unterbewusstseins wirken und starke Reinigungskräfte besitzen.

1991 gelang ein weiterer, entscheidender Durchbruch: die Entwicklung der weltweit ersten Delphinessenz, Delph, gewonnen aus der Heilkraft freilebender, wilder Delphine. Diese Essenz stellt einen Wendepunkt dar. Von nun an war es möglich auch von der Heilkraft der Tiere Essenzen zu gewinnen. Und gerade durch Kontakte mit Delphinen und Walen wurde Herr Korte dann 1996 auf des Phänomen der Kornkreise aufmerksam. Zusammen mit Bekannten aus den USA besuchte er dann die ersten Kornkreisformationen in Südengland und begann die besondere Heilkraft der Kornkreise in Essenzenform zu speichern und zu erforschen. Seit 1996 fährt er nun regelmässig zu verschiedenen Kornkreisen um seine Arbeit fortzusetzen.

Erste Ergebnisse zeigen, dass diese Kornkreisessenzen ganz besondere Heilkräfte besitzen.

Dr. Spitzer, ein deutscher Arzt machte sich zusammen mit Herrn Korte an die Erforschung dieser neuen Essenzen, deren Ergebnisse nun in Buchform zum ersten Mal vorliegen und die eine ganz neue Dimension der Heilmöglichkeiten darstellt.

Blick auf das White Horse bei Alton Barnes (Foto: Harald Hoos)

Reisen zu den Delphinen in Teneriffa/Spanien, inklusive Workshops bietet an:

PHI Essences BV
Andreas KORTE
www.PHIessences.com

Der Besuch des Vulkanes Teide und der Guimar Pyramiden gehören mit zum Workshop

Amazonas Reisen
Entdeckung des Dschungels und der Rosaroten Amazonasdelphine

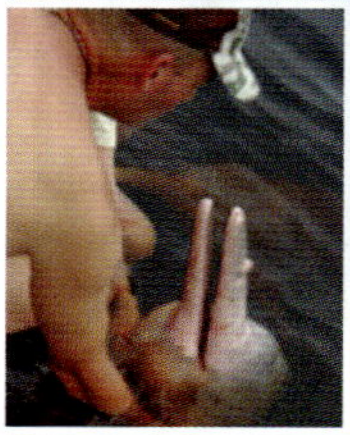

Programm:

Das Seminar beginnt nach der Ankunft am Flughafen Manaus.
Fahrt in den Dschungel – Übernachtungen in einer Dschungel-Lodge – Entdeckung der Wasserfälle – Wanderung im Dschungel – Erleben der Fauna und Flora – Arbeit mit Essenzen

Rückkehr nach Manaus, Fahrt zu den Rosaroten Amazonasdelphinen,
2 Tage Delphinkommunikation
Rückreise nach Manaus

Daten und weitere Informationen unter: www.PHIessences.com

Anmeldungen unter:

PHI Essences BV
Rijksweg Zuid 1
NL-5951 AM Belfeld
info@phiessences.com
Tel. +31 77 475 4252
www.PHIessences.com

Video: http://www.youtube.com/watch?v=R7_ujhh1ZHM

Durch unsere Arbeit wollen wir den Menschen zeigen, wie einfach wir mit Hilfe von Steinen, Pflanzen und Tieren wieder zur inneren und äußeren Harmonie zurückfinden können und dadurch uns selbst, das Verhältnis zu anderen Menschen und Mitgeschöpfen und zur Natur wieder heilen können.

Es ist uns neben der Verbreitung dieses Wissens auch ein Anliegen, konkret etwas für die Umwelt zu tun. PHI unterstützt deshalb auch neben unserer Arbeit der Wasseraktierungen und Forschungsarbeiten für Umweltbehandlung in Tschernobyl und Tokay (Japan), Umweltschutzprojekte im Regenwald des Amazonas.

Andreas Korte mit der Leuchterblume (Ceropegia fusca)

Wir stellen selbst die Essenzen an ihren natürlichen Standorten in Europa, Afrika und dem Amazonasgebiet her.

Durch unsere Forschungs- und Pionierarbeiten mit den Amazonasorchideen 1989 und der Entwicklung der weltweit ersten Delphinessenz Delph® 1991 hat PHI Standards für die Entwicklung der Blütenessenzen gesetzt.

Inhaltsverzeichnis

Die PHI Essenzen®

Heute wissen wir, daß Blüten mit ihren bezaubernden Düften, Formen und Farben nicht nur die schönste Ausdrucksform der Pflanzen sind, sondern auch Schwingungen und Energien aussenden, die in ihrer Aura sichtbar gemacht werden können.
Mit Farbe und Form reflektieren die Blüten bestimmte Schwingungsfrequenzen des Lichtes. Mit Hilfe sensibler und doch einfacher Mechanismen haben wir die Möglichkeit, diese Energien einzufangen und zur Harmonisierung für Menschen, Tiere und Pflanzen einzusetzen. Der intuitive Forscher Andreas Korte hat ein neues Verfahren zur Gewinnung solcher Essenzen entwickelt: **die Kristallherstellungsmethode©.**

Die Blüten der Pflanzen werden hierbei nicht mehr gepflückt oder beschädigt. Die Lichtinformation der Blüten wird durch die Kristalle direkt ins Wasser geleitet. Der Physiker Dr. Werner Altmann hat dieses neu entwickelte Verfahren in seinem Buch „Ich und der Kosmos“* wissenschaftlich erklärt. Die Lichtanteile (Quarks) werden durch die Kristalle geleitet und im Wasser gespeichert. Dr. Emoto in Japan konnte nachweisen, wie sich dadurch die Struktur von Wassermolekülen verändert. Die PHI Essenzen haben sich seit 1984 bewährt und werden heute in vielen Ländern der Welt wegen ihrer guten Wirkung geschätzt und angewendet.

Es handelt sich um harmonisierende Mittel und nicht um Medikamente im klassischen Sinn, da sie nicht gegen die *Symptome* körperlichen und seelischen Unwohlseins direkt wirken, sondern deren *Ursachen zu beseitigen helfen* und uns in unserer Entwicklung begleiten. **Im Gegensatz zu Medikamenten und Arzneimitteln haben die PHI Essenzen® keine Indikationen, da sie nur energetische Affirmationsträger der harmonisierenden Informationen der Blüten, Orchideen oder Edelsteine sind.** Man könnte sie als Katalysatoren oder als Vitamine unserer Seele bezeichnen, die die Einheit und Harmonie zwischen Körper, Geist und Seele zu entfalten helfen.

Die folgenden Beschreibungen beanspruchen in keinem Fall für sich, dass die Essenzen sich auf Diagnose, Heilung, Linderung, Behandlung oder Prophylaxe von Krankheit oder auf physiologische Prozesse beziehen, oder dass sie in irgendeiner Art und Weise beabsichtigen, die Struktur oder Funktionen des Körpers zu beeinflussen. PHI erhebt keine therapeutischen Anrechte für seine Produkte. Im Krankheitsfall suchen Sie bitte auf jeden Fall fachmännischen Rat bei einem Arzt oder Heilpraktiker.

Anwendung der Edelstein- und Blüten-Energieessenzen

Alle PHI Essenzen sind »Stockbottles«, d.h. Konzentrate, die für die Anwendung verdünnt werden können. Dazu nehmen Sie für ein 30 ml Fläschchen - mit 50% Cognac und 50% reinem Quellwasser - vier bis sieben Tropfen aus der Stockbottle.

Wir empfehlen Ihnen, vor allem die Orchideen-Energie- und TierEssenzen immer auszutesten; dazu eignen sich das Pendel, der Muskeltest und der Pulstest. Kurse werden hierzu angeboten. Gerne schicken wir Ihnen ein aktuelles Seminarprogramm zu. Informationen auch im Internet unter www.PHIessences.com

Die Schwingungsenergien der Blüten-Energie-Essenzen können sehr gut äußerlich angewendet werden: Man kann sie z.B. auf Reflexzonen der Haut oder Chakren auftragen oder ins Badewasser geben. Zu letzterem nehmen Sie ca. sieben Tropfen aus der Stockbottle. Sie können die Essenzen auch Ihren Haustieren verabreichen, doch empfiehlt es sich hier ebenfalls vorher auszutesten. Reste von Edelstein- und Blüten-Energie-Essenzen dürfen Sie natürlich gern dem Gießwasser für Ihre Pflanzen zusetzen (Orchideenessenzen auch hier vorher austesten). Die Pflanzen werden es Ihnen danken.

***Werner Altmann, Yo y el cosmos, La Gran Encyclopedia Vasca, ISBN 84-248-0897-5**

Die Energy Balancer Line: (alles Konzentrate)

1. **Women Energy balancer:**
   - Steigert die YIN Kraft
   - Hilft Frauen ihre Weiblichkeit mit Freude anzunehmen
   - Hilft Verletzungen der Weiblichkeit zu heilen
   - Schenkt emotionale Stabilität
   - Unterstützt energetisch bei Schwangerschaft
2. **Men Energy balancer:**
   - Stärkt die Männlichkeit (YANG Kraft)
   - Hilft bei übertriebenem Leistungsdenken
   - Hilft sich besser durchsetzen zu können
   - Schenkt Kraft und hilft zur Zusammenarbeit
3. **Joyful Sexuality Essence:**
   - Steigert unsere Emotionen für die schönen Stunden
   - Hilft uns die Sexualität mit Freude genießen zu können
   - Verbindet die Erfahrung von Körper, Geist und Seele
   - Empfohlen in Kombination mit der Women oder Men Energy balancer Essenz
4. **Forever Young Energy Essence:**
   - Schenkt uns das Gefühl von innerer Jugend
   - Hilft Ängste vor dem Älterwerden loszulassen
   - Wirkt energetisch stimulierend für Körper Geist und Seele
   - Lässt die innere Schönheit nach außen strahlen
5. **Regeneration Energy Balancer:**
   - Wenn wir uns matt und ausgelaugt fühlen
   - Schenkt uns neuen Schwung und Leistungskraft
   - Gibt uns innere Stabilität
6. **Purification Energy Balancer:**
   - Hilft uns, wenn wir uns innerlich verunreinigt fühlen
   - Schenkt uns das Gefühl von innerer und äußerer Reinigung
7. **Stress Energy Balancer:**
   - Schenkt uns innere Ruhe und Gelassenheit wenn wir das Gefühl haben zu explodieren
   - Wir lernen Distanz zu den Dingen zu entwickeln und unser inneres so zu schützen
   - Wir lassen uns nicht mehr so schnell aus der Ruhe bringen und lassen den Dingen ihre Zeit
8. **Jet Lag / Sleep Energy Balancer:**
   - Fördert Schlaf- und Ruhephasen
   - Hilft uns zu regenerieren
   - Unterstützt auf Reisen und bei Zeitverschiebungen
9. **Heart / Emotional Energy Balancer:**
   - Fördert alle Herzensqualitäten
   - Wir lernen bedingungslos zu lieben
   - Unterstützt unsere Gefühlsebene
   - Schenkt das Gefühl geliebt zu sein
10. **Protection Energy Balancer:**
    - Stärkt unser natürliches Schutzschild für unseren energetischen Körper und unsere Gefühlsebene
    - Schenkt uns das Gefühl von Schutz und hilft uns Distanz zu entwickeln
    - Stärkt unser Gefühl des Vertrauen immer geschützt zu sein

Literatur zu den PHI Essenzen:

„Delphine und Wale“ – Ihre Botschaft und ihre Essenz,
Autoren: Andreas Korte und Karin Huber, Verlag Gesundheit und Entwicklung, CH-8202 Schaffhausen, ISBN 3-9520830-4-6

Delphine sind geistig hochentwickelte Wesen, die mit dem Menschen in uralter Freundschaft verbunden sind. Sie bringen uns in Berührung mit unserer eigenen Spontaneität, mit Lebensfreude, Vertrauen und Lachen – kurz: mit unserer Seele. Sie sind Therapeuten des Meeres, die unser Herz öffnen und uns helfen, unsere Verbundenheit untereinander und mit der Natur liebevoll wiederherzustellen. (Direkt beim Verlag bestellen)

„Ratgeber Blütenessenzen“ von Andreas Korte, ISBN 3-00-008624-2

Dieser Ratgeber ist ein unentbehrliches Nachschlagewerk sowohl für den professionellen Anwender, als auch ein Buch zum Einstieg in die Arbeit mit den Essenzen.

Fotokarten erhältlich

- 20 Orchideenkarten
- 20 Edelsteinkarten
- 20 Pilzkarten
- 10 Rosenkarten
- 20 Kakteenkarten
- 40 Klassische Blütenkarten
- 40 Wildpflanzenkarten
- 40 hochwertige Karten „Bachblüten-Devas“ des Künstlers Alois Hanslian
- 108 Karten mit Kornkreis-Informationen

Kann über die Firma PHI ESSENCES BV bezogen werden.

Besuchen Sie unsere Homepage
www.PHIessences.com

Edelstein-Essenzen

1. Amazonit
fördert unsere Verbundenheit mit der Umwelt und erleichtert den Zugang zum Wesen der Steine und Pflanzen.

2. Amethyst
schafft einen besseren Zugang zum Intuitiven; Streßauswirkungen werden abgebaut.

3. Aquamarin
wirkt beruhigend und unterstützt energetisch die Arbeit der reinigenden Organe des Körpers.

4. Bergkristall
hat eine reinigende, entgiftende Wirkung im seelischen Bereich. Die Auraschutzwirkung wird verstärkt.

5. Diamant
bringt das Licht in den Schatten der Seele. Klarheit und Erkenntnis unterstützen die Selbstverwirklichung.

6. Elestial Kristall
löst Blockaden und macht klar, wo »unsere« Wahrheit nicht mit der universellen Wahrheit übereinstimmt.

7. Hämatit
aktiviert unser Wesen und wirkt erdend.

8. Mondstein
fördert die rezeptiven, inspirativen und träumerischen Aspekte im Menschen.

9. Olivin
die entspannende Essenz regt das Herz- und das Solarplexuschakra an.

10. Rauchquarz
hilft uns, unsere eigenen «Schattenseiten» anzuschauen und zu akzeptieren.

11. Rosenquarz
löst Negativität durch sanfte Liebe auf, harmonisiert den Emotionalkörper.

12. Rubin
Die Essenz regt energetisch die Vitalkraft an und stärkt das Herzchakra.

13. Rutilquarz
hilft uns, die Wurzeln der Probleme zu finden. Licht wird in die dunklen Winkel der Seele gebracht.

14. Smaragd
öffnet das Herz für die Vielfalt des Lebens. Unsere Intuition wird aktiviert und die Verbindung zum Höheren Selbst wird klarer.

15. Topas (Goldfarben)
ersetzt Negativität durch Freude und Liebe. Die Essenz läßt die Gefühle vom Sonnengeflecht zum dritten Auge aufsteigen.

16. Turmalin blau
löst im Solarplexus gestaute Emotionen, die dann über die Sprache zum Ausdruck gebracht werden können.

17. Turmalin rosa
befreit das Herzchakra von Stauungen, die auf negativen Lebenserfahrungen beruhen.

18. Turmalin schwarz
hilft bei Überlastung durch Strahlen von Computern, elektrischen Geräten und Bildschirmen. Die Essenz bietet Hilfe und baut auch negative Schwingungen in Körper und Geist ab.

19. Wassermelonen-Turmalin
regt auf energetische Weise die Zellbildung an und fördert Selbstheilungskräfte.

20. Zitrin
balanciert die emotionale Ebene des Solarplexus aus und stärkt unser Selbstvertrauen.

Neue Edelstein- und Metall-Essenzen

21. Achat
gibt Schutz, Kraft und Erdverbundenheit und vermittelt ein tiefes Gefühl der Sicherheit.

22. Apatit
zur Beruhigung, Klärung, Konzentration und Meditation. Die Essenz ist als Unterstützung für Regressionsarbeiten geeignet.

23. Chrysoberyl
fördert geistige Kapazität, Ausgleich und Reinigung. Die Essenz dient der energetischen Unterstützung für die Augen.

24. Feueropal
stimuliert unsere Kreativität und hilft Blockaden zu lösen. Initiativkraft wird gefördert.

25. Fluorit
hat eine beruhigende und entspannende Wirkung und hilft die Konzentrationsfähigkeit zu verbessern.

26. Gold
symbolisiert die Vitalität, die aktive Energie, stärkt den Solar-Plexus und die Willenskraft.

27. Granat
zur Kräftigung und energetischen Unterstützung. Bringt Selbstvertrauen und Willensstärke.

28. Herkimer Diamant
dient der Reinigung und Klärung auf allen Ebenen, unterstützt die Meditation und das Traumleben.

29. Roter Jaspis
unterstützt das Herz energetisch. Die Essenz wirkt erdend und schützend, unterstützt bei Ängsten.

30. Koralle
bringt energetische Stimulierung, hilft Blockaden zu lösen, fördert Selbstheilungsprozesse und wirkt aufbauend.

31. Kupfer
zur Vitalisierung, Reinigung, beschleunigt Selbstheilung, fördert Optimismus, Harmonie und Schutz.

32. Lapislazuli
für Beruhigung, Intuition, Klärung, hilft Blockaden zu lösen. Schutz vor Negativität, stärkt Hilfsbereitschaft und Güte.

33. Magnetit
wirkt ausgleichend und reinigend, fördert unsere Naturverbundenheit. Die Essenz gibt uns Kraft und Mut, sie stärkt die Yang-Kraft.

34. Malachit
Chakrenausgleich und Reinigung, schenkt Lebensfreude, Verständnis und Liebe.

35. Moldavit
zur Chakrenreinigung und Unterstützung der Meditation. Die Essenz ist geeignet den Zugang zu intuitivem Wissen zu stärken.

36. Obsidian
zur Stabilisierung, Klärung und Reinigung der geistigen Kräfte. Intellekt und Intuition verbinden sich harmonisch miteinander.

37. Perle
für Schutz und Ausgleich auf der emotionalen Ebene. Die Essenz verstärkt Sensibilität und Intuition.

38. Platin
stimuliert die geistigen Kräfte. Sie bringt Zugang zur Intuition und dient dem energetischen Ausgleich.

39. Blauer Saphir
für Inspiration, Beruhigung, hilft bei Ängsten und fördert den Schlaf.

40. Silber
für Intuition, emotionalen Schutz, fördert unsere Senibilität, die Phantasie und das Traumleben.

41. Sonnenstein
hilft Blockaden im Solarplexus aufzulösen, wirkt reinigend, vitalisierend und stimulierend. Die Essenz bringt unsere Willenskraft ins Gleichgewicht.

42. Blauer Sugilit
wirkt befreiend und beruhigt. Gut für Meditationen, Visionen, transpersonelle Prozesse.

43. Violetter Sugilit
hilft uns, Spiritualität in das Leben zu integrieren. Wirkt reinigend, fördert die emotionale Harmonie, hilft Trauer und Schwermut zu lösen.

44. Tigerauge
für mentale Konzentration, unterstützt unsere Fähigkeit klarzusehen.

45. Blauer Topaz
fördert unsere künstlerische Kreativität und Inspiration. Die Essenz wirkt mental beruhigend und klärend.

46. Zirkon
hat eine sehr ruhige Schwingung und bringt die Geduld, auch anderen Menschen zuzuhören.

Die Pilz-Essenzen

1. Amethystblauer Lacktrichterling (Laccaria amethystea)
unterstützt alle Transformationsvorgänge und inneren Prozesse und befreit von Belastungen.

2. Butterröhrling (Suillus luteus)
lässt tiefsitzende Gefühle von Scham und Schuld bewußt werden und befreit von Blockaden.

3. Flaschen-Stäubling (Lycoperdon perlatum)
verbindet uns mit unserem Bewußtsein und hilft uns ruhig und zentriert zu bleiben.

4. Fliegenpilz (Amanita muscaria)
unterstützt die energetische Reinigung von Informationen von Psychopharmaka und ähnlichen Produkten. Öffnet unserenZugang zu anderen Dimensionen.

5. Graue Koralle (Clavulina cinerea)
wirkt energetisch stimulierend auf das Nervensystem. Intellekt und Intuition werden harmonisiert.

6. Herbsttrompete (Craterellus cornucopioides)
verbindet uns mit tiefen Aspekten des Unterbewußtseins; hilft energetische Blockaden über die Atemsbewegung zu befreien.

7. Herkuleskeule (Clavariadelphus pistillaris)
stellt die Verbindung zu den höheren Ebenen her und vermittelt so einen besseren Lebensüberblick.

8. Knopfstieliger Rübling (Collybia confluens)
wirkt auf unsere geistigen „Antennen“ und lässt uns feinfühliger werden.

9. Mönchskopf (Clitocybe geotropa)
für die energetische Ausleitung von Giftstoffinformationen in Körper, die wir über die Nahrung oder Medikamente aufgenommen haben.

10. Orangebecherling (Aleuria aurantia)
hilft einen Ausgleich zwischen Materie und Geist zu schaffen und reguliert sowohl zu starke als auch zu wenig Verwurzelung mit der Materie.

11. Parasol (Macrolepiota procera)
hilft uns, unser Potential zu erkennen, zu akzeptieren und zu entfalten.

12. Samtfußrübling (Flammulina velutipes)
vermittelt Frische und Leichtigkeit im Denken und hilft alte Schemen loszulassen.

13. Schmetterlingstramete (Trametes versicolor)
schützt und unterstützt uns während Krisen und Veränderungsprozessen in unserem Leben.

14. Sommer-Steinpilz (Boletus reticulatus)
verbindet mit der Kraft der Erde und ist ein energetischer Schutz für den ganzen Organismus.

15. Strahlige Schönflechte (Caloplaca flavescens)
hilft, den Kontakt zur Aussenwelt zu definieren, fördert die energetische Besonderheit der Haut.

16. Strauchförmige Flechte (Sterecaulon vesuvianum)
vermittelt Kraft und Lebenswillen, um nach erschütternden Ereignissen neu anzufangen.

17. Veilchen-Rötelritterling (Lepista irina)
reinigt und fördert den Energiefluss zwischen den Chakren und den verschiedenen Ebenen.

18. Zitterzahn (Pseudohydnum gelatinosum)
hilft uns Lebensenergie zu sammeln statt zu verschwenden, fördert unsere Konzentrationsfähigkeit indem sie uns zentriert.

19. Amazonas-Pilz Nr. 1 – Kernkeulen (Cordyceps)
unterstützt und reinigt energetisch das 2. Chakra (Nieren) und fördert die Ausleitung emotionaler Gifte.

20. Amazonas-Pilz Nr. 2 – Porling (Pycnoporus sanguineus)
verbindet das 1. Chakra mit der Erde und stimuliert intensiv die Füße.

Klassische Blüten-Energie-Essenzen

1. Agrimony (Agrimonia eupatoria, Odermenning)
hilft, sich offen und dem inneren Gefühl entsprechend mitzuteilen.

2. Aspen (Populus tremula, Zitterpappel, Espe)
schenkt Schutz vor unbestimmten Ängsten und hilft, Ihre Sensitivität positiv zu nutzen.

3. Beech (Fagus sylvatica, Rotbuche)
vermittelt Toleranz und Großzügigkeit sich selbst und anderen gegenüber.

4. Centaury (Centaurium umbellatum, Tausendgüldenkraut)
hilft, sich gegen die Forderungen anderer abzugrenzen und den eigenen Willen zu stärken.

5. Cerato (Ceratostigma willmotiana, Bleiwurz)
fördert die Intuition und unterstützt die Entscheidungsfähigkeit.

6. Cherry Plum (Prunus cerasifera, Kirschpflaume)
Unterstützung in Situationen, in denen man sich innerlich angespannt und stark unter Druck fühlt.

7. Chestnut Bud (Aesculus hippocastanum, Rosskastanien-Knospe)
hilft, sich für Neues zu öffnen und das eigene Potential zu entfalten.

8. Chicory (Cichorium intybus, Wegwarte)
hilft, Erwartungshaltungen an andere loszulassen. Wahre Liebe ist geben und bekommen.

9. Clematis (Clematis vitalba, Waldrebe)
fördert Erdverbundenheit und stärkt den Sinn für die Realität.

10. Crab Apple (Malus pumila, Holzapfel)
unterstützt körperliche Reinigungsprozesse. Sie werfen alte Muster über Bord und finden zu einer neuen Lebensordnung.

11. Elm (Ulmus scabra, Ulme)
hilft in Situationen, in denen man sich überfordert fühlt. Schenkt Kraft, Dinge mutig anzugehen und durchzustehen.

12. Gentian (Gentiana amarella, Enzian)
hilft, auch angesichts von Schwierigkeiten Gottvertrauen und Gewißheit zu entwickeln, daß alles zu einem guten Ende kommt.

13. Gorse (Ulex europaeus, Stechginster)
schenkt nach durchstandenen Schwierigkeiten neue Hoffnung und die Kraft für den Neubeginn.

14. Heather (Calluna vulgaris, Heidekraut)
fördert Ihre Fähigkeit zur gleichwertigen Kommunikation mit anderen und schenkt Ihnen Seelenfrieden.

15. Holly (Ilex aquifolium, Stechpalme)
hilft bei Konflikten, den Stellungskrieg zu beenden und zum Ausdruck wahrer Liebe zurückzufinden.

16. Honeysuckle (Lonicera caprifolium, Geißblatt)
stärkt die Fähigkeit, die Vergangenheit positiv zu sehen und dadurch das Hier und Jetzt bewußt zu leben.

17. Hornbeam (Carpinus betulus, Hainbuche)
fördert die Motivation und schenkt Ihnen damit frische Lebensenergie und Schwung für den Alltag.

18. Impatiens (Impatiens glandulifera, Springkraut)
lindert psychische Streßsymptome. Sie lernen, anderen und sich selbst mit mehr Gelassenheit und Geduld zu begegnen.

19. Larch (Larix decidua, Lärche)
fördert das Selbstbewußtsein und die Fähigkeit, die eigenen Begabungen erfolgreich einzusetzen.

20. Mimulus (Mimulus guttatus, Gauklerblume)
Sie können konkrete Ängste überwinden und fassen Mut, den Tatsachen ins Auge zu sehen.

21. Mustard (Sinapsis arvensis, Wilder Senf)
vertreibt die dunkle Wolke, die Sie im Augenblick um sich herum empfinden. Indem Sie Ihren Schatten annehmen, können Sie sich gelöst dem Licht zuwenden.

22. Oak (Quercus robur, Eiche)
Sie dürfen Gefühle zulassen, ohne diese als Schwäche zu sehen. Sie lernen mit Ihrer Kraft hauszuhalten; sich geborgen und geschützt zu fühlen.

23. Olive (Olea europapaea, Olive)
bei Erschöpfung und nach anstrengenden Zeiten unterstützt die Olive uns dabei, uns Erholung zu gönnen.

24. Pine (Pinus sylvestris, Kiefer)
hilft, Schuldgefühle zu überwinden und mit sich selbst und seiner Leistung zufrieden zu sein.

25. Red Chestnut (Aesculus carnea, Rote Kastanie)
hilft, die Sorgen um andere loszulassen, zur inneren Ruhe zurückzufinden und positiv zu denken.

26. Rock Rose (Helianthemum nummularium, Gelbes Sonnenröschen)
läßt Sie angesichts großer Schwierigkeiten standhaft bleiben und über sich selbst hinauswachsen.

27. Rock Water (Aqua petra, Heilquellenwasser)
unterstützt Sie, überholte starre Verhaltensweisen loszulassen. Sie dürfen sich dem Fluß des Lebens anvertrauen.

28. Scleranthus (Scleranthus annuus, Einjähriger Knäuel)
verhilft zu innerer Balance und Entscheidungsfähigkeit.

29. Star of Bethlehem (Ornithogalum umbellatum, Doldiger Milchstern)
schenkt Erleichterung nach seelischen Belastungen und Schockzuständen, gibt Trost.

30. Sweet Chestnut (Castanea sativa, Edelkastanie)
schenkt in unüberwindlich erscheinenden Situationen Trost und Hoffnung. Sie erkennen das Licht am Ende des Tunnels.

31. Vervain (Verbena officinalis, Eisenkraut)
hilft, wenn Sie in Ihrem Bemühen etwas Gutes zu tun, zu weit gehen. Sie lernen die anderen in ihrem So-sein zu respektieren und angemessen zu handeln.

32. Vine (Vitis vinifera, Weinrebe)
hilft die natürliche Autorität einfühlsam einzusetzen.

33. Walnut (Juglans regia, Walnuss)
unterstützt Sie bei jedem Neuanfang im Laufe des Lebens.

34. Water Violet (Hottonia palustris, Sumpfwasserfeder)
hilft aus Ihrer freiwilligen Isolation herauszukommen und die Nähe oder Hilfe anderer annehmen zu können.

35. White Chestnut (Aesculus hippocastanum, Roßkastanie)
beruhigt die Gedanken und führt zu ganzheitlichem Denken.

36. Wild Oat (Bromus ramosus, Waldrespe)
hilft Ihnen, Ihr eigentliches Ziel zu erkennnen und zu verwirklichen.

37. Wild Rose (Rosa canina, Heckenrose)
wenn Sie das Gefühl haben, daß alles keinen Sinn mehr hat, schenkt sie neue Lebensfreude und die Kraft zur Veränderung Ihrer Situation.

38. Willow (Salix vitellina, Gelbe Weide)
wenn das Schicksal es mit Ihnen bisher nicht sehr gut gemeint hat, hilft die Gelbe Weide, das Leben trotzdem leichter zu nehmen. Sie lernen durch positive Gedanken aktiv am Leben teilzunehmen.

39. RQ5
Die klassische Notfallkombination, bestehend aus der Blütenessenz des Doldigen Milchstern, des Sonnenröschens, des Springkrauts, der Waldrebe und der Kirschpflaume.

40. RQ7
Die Kombination der fünf mit der Braunelle zur Aktivierung der Selbstheilungskräfte und dem harmonisierenden Lotus. Für alle Notfälle.
Auch als Spray und Creme erhältlich.

Essenzensprays

sind sehr einfach in der Anwendung. Sprühen Sie das Spray ein- bis viermal über Kopf und Schultern. Die Essenzentröpfchen wirken so auf ihr gesamtes Körperenergiefeld (Aura).

Auraspray (Schutz)

Stärkt und unterstützt unser natürliches Auraschutzschild. Hilft die zunehmende Strahlenbelastung durch die Zerstörung der Ozonschicht, elektromagnetische Belastungen durch Funktelefone, Computer etc. besser verkraften zu können. Auch ideal zur Unterstützung in therapeutischen Berufen geeignet, damit wir nicht die Emotionen anderer aufnehmen.

RQ7 (Notfallspray)

Neu gibt es nun auch die wohltuende Notfalltropfenkombination für die äusserliche Anwendung in Sprayform. Unter Stress oder in Schocksituationen sprühen Sie einige Male in Ihre Aura oder direkt auf die Haut. Auf Reisen und im Auto sollten wir es immer dabei haben.

Delph®-Spray (Reinigung)

Die wohltuende und reinigende Wirkung von Delph® ist nun auch in Spray-Form erhältlich. Hilfreich zur Reinigung von energetisch belasteten Räumen (Büros, Behandlungszimmer, Konferenzsäle etc.). Delph® schafft eine bessere energetische und gereinigte Atmosphäre und fördert die Herzöffnung.

Wildpflanzen-Energie-Essenzen

1. Ackergauchheil (Anagalis arvensis)
hilft bei der Umsetzung des spirituellen Bewußtseins ins tägliche Leben und unterstützt zwischenmenschliches Verhalten.

2. Arnika (Arnica montana)
ist ein Basismittel bei jeder Art von «Verletzung» bis schockartigen Empfindungen. Sie macht den Weg frei, damit wir uns wieder als Ganzes spüren können.

3. Basilikum (Ocinum basilicum)
für eine harmonische Verbindung aller Energiezentren, hilft die Sexualität natürlich zu integrieren.

4. Borretsch (Borago officinalis)
gibt Kraft und Mut uns aus auslaugenden emotionalen Situationen zu befreien, fördert Optimismus und Lebensfreude.

5. Braunelle (Prunella vulgaris)
hilft uns, unsere Selbstheilungskräfte zu aktivieren und fördert den Mut, gesund zu sein. (Auch als Creme zu empfehlen).

6. Hahnenfuss (Ranunculus acris)
hilft uns, in unsere natürliche Größe hineinzuwachsen; das Selbstvertrauen zu stärken.

7. Iris (Iris germanica)
hilft uns, die Impulse für künstlerisches Schaffen zu entwickeln. So kommen wir in Verbindung mit unserem schöpferischen Potential und entfalten unsere Kreativität.

8. Johanniskraut (Hypericum perforatum)
hilft bei «kindlichen» Ängsten und Angstträumen. Die psychische Abwehrkraft wird gestärkt, das Denken findet wieder zum Optimismus zurück. So kommt Licht ins Dunkel.

9. Königskerze (Verbascum thapsus)
vermittelt uns ein sicheres Gefühl für die eigene Position in einer Gruppe. Sie hilft den Überblick zu bewahren.

10. Lavendel (Lavandula officinalis)
beruhigt unsere Gedanken. Besänftigt bei Überreizung, wirkt ausgleichend und schenkt uns inneren Frieden.

11. Löwenzahn (Taraxacum officinale)
für das Loslassen von Verspannungen. Unterstützt die Entkrampfung bei emotionalen Spannungen, die sich auch in den Muskeln spiegeln können. Ideal geeignet als Zugabe für ein Massageöl.

12. Mistel (Viscum album)
hilft Menschen, die sich in einem radikalen Veränderungsprozess befinden. Sie fördert unsere Fähigkeit, die Transformation auf physischer und psychischer Ebene bewußt zu unterstützen.

13. Rosmarin (Rosmarinus officinalis)
hilft uns, im Hier und Jetzt zu sein, fördert die Konzentration und geistige Wachheit.

14. Rotklee (Trifolium pratense)
unterstützt uns dabei, auch in extremen Situationen ruhig und uns selbst zu bleiben.

15. Weiße Schafgarbe (Achillea millefolium)
verstärkt unseren Eigenschutz, wenn man störenden Umwelteinflüssen ausgesetzt ist.

16. Sonnenblume (Helianthus annuus)
hilft bei Problemen mit dem Vaterbild. Sie stärkt unser Selbstbewusstsein und fördert unsere Eigenverantwortung.

17. Tränendes Herz (Dicentra spectabilis)
bei allen Arten von «Herzensangelegenheiten»: Hilft, den Lauf der Dinge besser akzeptieren zu können, tröstet bei Enttäuschungen und bringt die notwendige Distanz.

18. Veilchen (Viola hirta)
hilft uns, unser eignenes Profil zu entwickeln und besser in einer Gruppe vertreten zu können.

19. Vergißmeinnicht (Myosotis sylvatica)
stimuliert unser Unterbewußtsein, fördert positive Träume und lässt die Erinnerungen integrieren.

20. Zinnie (Zinnia elegans)
hilft uns trotz Schwierigkeiten in der Umwelt, die Dinge mit Humor zu betrachten. Dadurch lösen sich Spannungen und wir sehen wieder positiv nach vorne: „Lachen ist die beste Medizin“.

21. Baldrian (Valeriana officinalis)
hat eine energetisch beruhigende Wirkung auf Körper, Geist und Seele. Die Essenz hilft in Streßsituationen und unterstützt die innere Ruhe.

22. Brombeere (Rubus fruticosus)
hilft uns, unsere Schöpferkraft in der physischen Welt zu verwicklichen. Für Menschen, denen es an «Startenergie» fehlt. Die Essenz bringt die Energie, Projekte zum Abschluß zu bringen.

23. Calla (Zantedeschia aethiopica)
hilft uns, unsere Yin- & Yang-Energien im 1. und 2. Chakra auszugleichen. Die Balance von aktiver und rezeptiver Energie wird erreicht.

24. Dill (Anethus graveolens)
Ideal für überforderte Kinder auf Reisen. Hilft uns, eine große Menge verschiedener Eindrücke und Erfahrungen besser verarbeiten.

25. Feuerlilie (Lilium bulbiferum)
fördert die Schaffenskraft und hilft uns, größe Aufgaben zu meistern. Verbindet Sexualität und Herz.

26. Gänseblümchen (Bellis perennis)
Unterstützt uns, viele verschiedene Gedanken «unter einen Hut zu bringen». Diese Synthese-Fähigkeit ist ideal für Kinder und Erwachsene in Lernprozessen.

27. Kamille (Matricaria chamomilla)
wenn Sie sich überreizt und überfordert fühlen, hilft Ihnen die Kamille, die Spannungen zu verringern und in sich den Ruheraum zu finden, in dem Sie sich erholen können.

28. Knöterich (Polygonum bistorta)
hilft Menschen, die die Tendenz haben, in Gedanken stets an mehreren Orten gleichzeitig zu sein. Sie unterstützt uns dabei voll anwesend zu sein und uns zu zentrieren und zu konzentrieren.

29. Kürbis (Cucurbita pepo)
fördert die Energie des 2. Chakras und hilft uns, die Dinge wachsen und gedeihen zu lassen. Die Essenz ist geeignet für die Integration des weiblichen Teiles in uns, sie bringt Harmonie während der Schwangerschaft.

30. Lotus (Nelumbo nucifera)
bringt Harmonie in alle Chakren. Gibt sanfte Klarheit und Durchlässigkeit auf den verschiedenen Ebenen. Stimuliert insbesondere das siebte Chakra.

31. Mandelbaum (Prunus amygdalus)
hilft uns, den Sinn jeder Lebensphase zu entdecken und uns auf diese Weise wirklich weiterzuentwickeln. Sie läßt uns die Relativität der Dinge erkennen und die Vergänglichkeit der Materie akzeptieren.

32. Mais (Zea mays)
fördert die Verbundenheit mit allem Lebendigen und hilft uns, in Einklang mit den Rhythmen der Natur zu kommen. Ideal für «Stadtmenschen», die den Kontakt zur Erde suchen.

33. Passionsblume (Passiflora bryonioides)
hilft uns, in schwierigen Situationen die Herausforderung anzunehmen. Wir bekommen Abstand zu uns selbst und können das Leben aus einem neuen Blickwinkel betrachten.

34. Prunkwinde (Ipomoea purpurea)
wir werden uns unserer Abhängigkeiten bewusst und machen uns frei. Sie unterstützt uns im Ablösungs- und Entwicklungsprozess.

35. Rosa Schafgarbe (Achillea millefolium)
hilft uns, unabhängiger zu werden von den Emotionen anderer und uns weniger Sorgen um sie zu machen. Die Essenz verbessert unseren Schutz auf der Herz- und Gefühlsebene.

36. Salbei (Salvia officinalis)
wirkt stark reinigend auf der energetischen Ebene. Die Essenz bringt uns wirkungsvoll zu unserem eigenen inneren Rhythmus zurück.

37. Staudenfeuerkraut (Epilobium angustifolium)
bringt Harmonie auf allen Ebenen, wo sie massiv gestört war. Energetischer Wiederaufbau nach Schock und Trauma.

38. Weiße Lilie (Paradisea lileastrum)
öffnet das 7. Chakra und stellt dadurch unsere Verbindung mit der Erfahrung des großen Ganzen her. Ideal für Meditationen.

39. Wilder Knoblauch (Allium angulosum)
wirkt energetisch beruhigend und besänftigend bei allen Formen von Angst. Dadurch wird gebundene Energie frei, die das gesamte System stärkt.

40. Wilde Möhre (Daucus carota)
unterstützt unsere innere wie äußere bildhafte Wahrnehmung. Sie bringt eine energetische Stärkung des Sehens und eine mentale Beruhigung.

Erweiterung des Wildpflanzensets:

41. Ackerschachtelhalm (Equisetum arvense)
stärkt unsere Regenerations- und Durchhaltekraft. Die Essenz fördert die innere Aufrichtigkeit; hilft, »sich wieder aufzurichten« und vorwärtszuschreiten.

42. Augentrost (Euphrasia officinalis)
schärft unsere Erkenntnisfähigkeit und das innere Sehen. Die Essenz fördert die Einsichtsfähigkeit und tröstet bei Verlusten.

43. Bärlauch (Allium ursinum)
regt die Verdauung energetisch an. Sie können Ballast und Trägheit loslassen und bekommen Leichtigkeit und neue Lebenskraft.

44. Brennessel (Urtica dioica)
harmonisiert bei Konflikten in einer Gruppe und hilft uns, aufeinander zugehen zu können, ohne uns zu verletzen.

45. Ginkgobaum (Ginkgo biloba)
stärkt unsere Widerstandkraft auch gegenüber ungünstigen Umweltbedingungen. Die Essenz schenkt uns Hoffnung und Durchhaltevermögen.

46. Huflattich (Tussilago farfara)
läßt unsere aufgestauten Emotionen durchbrechen. Dadurch fühlen wir uns innerlich entlastet und setzen durch, was für uns wichtig ist.

47. Immergrün (Vinca minor)
beruhigt und wirkt ausgleichend. Es lässt Ihre Nerven zu Drahtseilen wachsen. Sie werden ruhiger und zentrierter; entwickeln mehr Distanz in Streßsituationen.

48. Kanarische Kiefer (Pinus canariensis)
hilft, tiefsitzende Scham- und Schuldgefühle zu befreien. Schützt uns vor negativen Projektionen anderer und läßt »durchatmen«.

49. Löwenmaul (Antirrhinum majus)
fördert den richtigen Ausdruck. die Essenz harmonisiert das Kehlkopfchakra und unterstützt dabei, »den richtigen Ton zu treffen«.

50. Nachtkerze (Oenothera biennis)
bringt Licht ins Dunkel angsterfüllter Emotionen. Besänftigt und beruhigt, gibt uns die Zuversicht, daß wir geschützt und sicher sind.

51. Paprika (Capsicum annuum)
schärft unsere sinnliche Wahrnehmung und steigert auf diese Weise die Aktivität. Die Essenz wirkt energieverstärkend.

52. Petunie (Petunia Hybr.)
hilft uns, die mentale Energie zielgerichtet einzusetzen. Die Essenz unterstützt unsere Fähigkeit, uns gedanklich zu fokussieren.

53. Ringelblume (Calendula officinalis)
unterstützt uns dabei, alle Emotionen und Nähe zuzulassen. Die Essenz hilft bei der Aufrechterhaltung der eigenen Mitte und löst energetische Blockaden durch Schocks und Traumata.

54. Roßminze (Mentha pulegium)
schützt uns auf der Mentalebene vor äußeren Störungen. Die Essenz bringt uns frische Energie für einen neuen Aufbruch.

55. Roter Sonnenhut (Echinacea purpurea)
Die psychische Abwehrkraft wird energetisch angeregt. Emotionale Belastungen auf dem Niveau der Herzens werden gelöst. Stau- und Druckgefühl lösen sich auf, alles kommt in Fluss und macht den Weg frei.

56. Sauerampfer (Rumex acetosa)
stärkt unsere Lebens- und Durchhaltekraft sowie energetische Resistenz.

57. Schlüsselblume (Primula veris)
löst an den »Schlüsselstellen« unsere energetischen Blockaden, wodurch unsere schöpferischen Impulse wieder in Fluß kommen.

58. Türkenbundlilie (Lilium martagon)
hilft uns, die Verunsicherungen aufzulösen, die aufgrund mangelnden Schutzes in der Kindheit entstanden sein können. Hilft ein positives Mutterbild zu entwickeln.

59. Weißdorn (Crataegus oxyacantha)
löst tiefe Trauergefühle auf, entkrampft emotional, hilft loszulassen und ermöglicht neue Belebung.

60. Zitrone (Citrus limon)
reinigt auf allen feinstofflichen Ebenen und bringt neue Klarheit. Die Essenz erneuert so das Wohlbefinden.

Afrikanisch- Kanarische- Essenzen

1. Aloe (Aloe striata)
hilft bei Erschöpfungszuständen und ersetzt die Lebensenergien, wenn wir uns verausgabt haben. Diese Essenz stellt das innere Gleichgewicht wieder her.

2. Banane (Musa paradisiaca L.»nana»)
stärkt die Yang Energie (männliche Sexualität). Bei übertriebenem Leistungsdenken; hilft die Gefühle nach aussen bringen zu können.

3. Baumerika (Erica arborea)
hilft uns, wenn wir andere benötigen, um uns selbst besser zu spüren. Gibt Selbständigkeit und hilft, sich so anzunehmen, wie man ist.

4. Bleiwurz (Plumbago auriculata)
bringt Gelassenheit beim Aufarbeiten von alten Problemen. Hilft, sich zu verwurzeln und unterstützt den Prozeß des Loslassens.

5. Eukalyptus (Eucalyptus globulus)
wirkt öffnend und befreiend. Sie bringt alles zum Fliessen und unterstützt die zwischenmenschliche Kommunikation.

6. Fensterblatt (Monstera deliciosa)
gleicht die männliche Lebenskraft aus, stärkt und integriert sie. Hilft uns die Yang Seite zu akzeptieren.

7. Gänsedistel (Sonchus acaulis)
in stürmischen Zeiten hilft die Gänsedistel die Gedanken zu sammeln und Spannungen auf verschiedenen Ebenen aufzulösen. Ideal als Zugabe zum Massageöl geeignet.

8. Geranie (Geranium perforatum)
wenn wir den Alltag als sehr grau und triste empfinden, hilft uns die Geranie, die gesellschaftlichen Fesseln zu sprengen und neue Kraft und Freude zu entwickeln.

9. K9
hilft das Immunsystem energetisch zu unterstützen. Bei starken Transformationspozessen. Stärkt und stabilisiert uns. Gut als Vorbeugung auf Reisen. K9 + RQ7 sollten in keiner Hausapotheke fehlen.

10. Kanarische Kletterglockenblume (Canarina canariensis)
gibt Vertrauen und Sicherheit in «wackelnden» Situationen. Hilft Zärtlichkeit zu entwickeln und zuzulassen.

11. Kanarischer Wermut (Artemisia arvensis)
nach auszehrenden Erlebnissen, psychischen Verletzungen und grossen Erschöpfungen schenkt sie uns neue Lebenskraft und Regeneration.

12. Kokospalme (Cocos nucifera)
hilft Menschen, die Weichheit in sich zu akzeptieren und sensibler Menschen, sich eine «harte Schale» zuzulegen.

13. Mimose (Acacia)
hilft den Kontakt mit anderen zu verbessern, indem wir uns unserer eigenen Stärke bewußt werden. Hilft uns unseren inneren Reichtum zu entdecken und unser inneres Licht zu spüren.

14. Natternkopf (Echium vulgare)
mit Humor und Freundlichkeit kommen wir weiter als mit bloßer Pflichterfüllung und Disziplin. Wir entwickeln Freundlichkeit und Herzlichkeit und lernen, daß ein Lächeln Türen öffnen kann.

15. Paradiesvogelblume (Strelitzia reginae)
hilft uns, unsere innere Schönheit zu finden und die Relativität von Äusserlichkeiten zu erkennen. Wir lernen uns so anzunehmen, wie wir sind und zielgerichtet unsere Vision zu verfolgen.

16. Reifrocknarzisse (Narcissus tazetta)
in Momenten, in denen wir uns in großer Dunkelheit fühlen, hilft sie uns das Licht am Ende des Tunnels zu sehen. Hilft Zuversicht zu gewinnen und wieder Freude auszustrahlen.

17. Roseneibisch, Hibiskus (Hibiscus rosa-sinensis)
bringt die weiche Seite und Gefühlstiefe in uns zum Schwingen. Hilft die Yin Seite und weibliche Sexualität zu integrieren.

18. Tachinaste weiß (Echium wildpretii)
gibt Kraft zum Handeln. So können wir uns aus beengenden Situationen befreien. Um auf allen Ebenen einen Durchbruch zu erreichen und durchzuhalten.

19. Weihnachtsstern (Euphorbia pulcherrima)
gibt uns den Mut, unsere wahren Gefühle auszudrücken und uns so darzustellen, wie wir wirklich sind.

20. Zistrose (Cistus albidus)
stärkt unsere innere Festigkeit und hilft, sich auch in einer Gruppe mit Klarheit einbringen zu können.

Kakteenessenzen

1. Shadow-Cactus (Caralluma russelliana)
wirkt befreiend auf den Solarplexus, innere Prozesse werden uns bewußt, wir können sie positiv verarbeiten und uns von ihnen lösen.

2. Radiation Protection-Cactus (Cereus peruvianus)
bietet uns Schutz vor Strahlung (Erdstrahlen, Elektro-Smog etc.). Wir entwickeln und stärken unser inneres Potential, dadurch sind wir vor der Ausstrahlung von Negativität besser geschützt.

3. Release-Cactus, Leuchterblume (Ceropegia fusca)
hilft uns bei der Befreiung von als negativ empfundenen alten Mustern. Sie reinigt von tief sitzenden Blockaden und hilft, uns zu regenerieren.

4. Inner Cleansing-Cactus (Cleistocactus ritterii)
stimuliert die reibungslose innere Verarbeitung und «Verdauung» aller Eindrücke und innerer Vorgänge.

5. Aura Cleansing-Cactus, Silberkerze (Cleitocactus straussii)
dient dem Schutz und der Reinigung der Aura, speziell auf der Astralebene. Hilft die Aura von Fremdenergien und -wesenheiten zu befreien.

6. Golden Barrel-Cactus, Schwiegermuttersessel (Echinocactus grusonii)
wenn wir vielen verschiedenen Einflüssen und Störfaktoren ausgesetzt sind, dann bringt uns diese Essenz wieder in unsere Mitte zurück.

7. Beauty-Cactus (Echinocereus scheeri)
hilft uns, die innere Schönheit entfalten zu können. Sie fördert das Gleichgewicht auf der Herzensebene.

8. Inspiration-Cactus (Echinopsis oxygona)
wirkt erweiternd und reinigend auf unseren Mentalbereich. Sie schützt uns vor störenden Gedanken und negativen Einflüssen.

9. Self-Esteem-Cactus (Ferocactus schwarzii)
stärkt das Selbstvertrauen und unterstützt energetisch unsere Abwehrkraft. Fördert das Gruppenbewußtsein der gemeinsamen Stärke und das Mitgefühl zu anderen.

10. Here & Now-Cactus (Hylocereus undatus)
steigert unsere Erdverbundenheit. Hilft im Jetzt und Hier zu leben.

11. Formation-Cactus, Warzenkaktus (Mammillaria rubrograndis)
wirkt schützend und stabilisierend auf alle Ebenen der Form von der Zell- bis zur Informationsebene. Sie unterstützt und stärkt belastete Bereiche.

12. Blueberry-Cactus, Heidelbeerkaktus (Myrtillocactus geometrizans)
hilft Abgrenzung und Schutz für die Gefühlsebene zu lernen; sie festigt und läßt das volle Potential zur Geltung kommen.

13. Joyful Opuntia (Opuntia cardiosperma)
schenkt uns Lebensfreude und Erleichterung bei starken seelischen Belastungen. Sie bringt Vertrauen, Zuversicht und Optimismus.

14. Grounding Opuntia, Roter Feigenkaktus (Opuntia dejecta)
aktiviert das 1. Chakra, bringt Verwurzelung und Standhaftigkeit.

15. Life Force-Cactus (Orbea variegata)
steigert die Ausstrahlung der Lebenskraft. Auf diese Weise werden energetische «Parasiten» verdrängt und Schutz aufgebaut.

16. Inside/Outside-Cactus (Pilosocereus pachycladus)
fördert Schutz und Regeneration für die Energie der Haut; Aufhebung des Gefühls der Begrenzung.

17. Queen of the Night, Königin der Nacht (Selenicereus grandiflorus)
bringt Licht ins Dunkel von Sorgen und Ängsten. Sie reinigt und läutert unsere Gedanken.

18. Love-Cactus (Seticereus icosagonus)
wirkt auf das 2. Chakra. Wir lernen bewußt mit unseren schöpferischen Kräften umzugehen und sie positiv zu nutzen.

19. Noble Heart-Cactus (Stenocereus marginatus)
die innere Haltung des Sich-aufrichtens wird von dieser Essenz gefördert. Diese Haltung bringt eine energetische Stützung der Wirbelsäule und hilft, das Herz aufrichtig zu öffnen.

20. Earth Star-Cactus (Stapelia desmetiana)
reinigt kraftvoll die Basisenergien und fördert die Ausleitung emotionaler Gifte.

Rosen-Essenzen

1. Japanische Rose (Rosa roxburghi)
schenkt uns Bescheidenheit und Demut in der Liebe. Sie hilft uns, die Hoffnung auf die Liebe im Leben zu entwickeln.Wir lernen die Dornen nur dann einzusetzen, wenn es unbedingt sein muß.

2. Zimtrose (Rosa majalis)
hilft, selbst in Phasen, in denen man keinen Ausweg mehr sieht, Hoffnung und Lebensfreude zu wecken.

3. Frühlingsgold (Rosa spinosissima)
wirkt harmonisch ausgleichend auf unser Selbstwertgefühl und verbindet unseren Solar Plexus mit dem Herzchakra.

4. Wildrosen Hybride (Rosa X pruhoniciana)
in einer Welt voller Gegensätze gibt uns diese Rose mehr Standhaftigkeit. Wir verbinden unser Herz mit der Erde.

5. Apfelrosenhybride „Sarah van Fleet" (Rosa rugosa)
wirkt stark auf unser Herzzentrum für die tiefe Erfahrung der Liebe. Wir lernen Liebe zu schenken, ohne eine Erwartungshaltung daran zu knüpfen. Für die kindliche, reine Herzensfreude und wahre Mutterliebe.

6. Apfelrosenhybride „Souvenir de Philemon Cochet" (Rosa rugosa)
Wirkliche Liebe braucht die Einheit von Körper, Geist und Seele. Die Essenz hilft, diese Verbindung aufzubauen und die verschiedenen Ebenen zu verknüpfen.

7. Tibetanische Bergrose (Rosa moyesii)
wir lernen uns so anzunehmen und zu lieben, wie wir sind. Auf diese Weise wächst unser Selbstvertrauen und Lebensfreude.

8. Grüne Rose (Rosa chinensis viridiflora)
Wenn wir uns stark eingeengt und unter Druck fühlen, hilft uns die grüne Rose mehr Gelassenheit und Ruhe zu entwickeln. Sie wirkt befreiend und weitet das Herz.

9. Königin von Dänemark (Rosa alba)
die Essenz unterstützt uns bei emotionalen Verletzungen. Sie hilft uns, die «Stachel» aus unserem Herzen zu nehmen und uns von alten Schmerzen zu befreien.

10. Provence Rose (Rosa centifolia)
hilft uns, scheinbare Gegensätze zu überwinden und verbindet Herz und Verstand.

Essenzen-Cremes

Alle PHI® Cremes sind frei von tierischen Produkten und enthalten als pflegende Basis Avokado- und Weizenkeimöl. Alle Cremes sind nur zur äußerlichen Anwendung.

Amazonas-Hautcreme
Benutzen Sie diese Creme als Massagecreme und zum Einreiben von energetisch blockierten Körperstellen. Zur energetischen Rückenbehandlung können Sie die Creme auch auf der Fossa triangularis auf die Ohrmuscheln auftragen.

Braunelle-Hautcreme
Sie können die Creme als Balsam anwenden. Durch die hohe Schwingung der Essenz werden die natürlichen Selbstheilungskräfte der Haut angeregt. Auch beruhigt sie die Haut nach der Rasur.

Delph®-Hautcreme
Die Essenz der freilebenden Delphine mit ihrer herzöffnenden und reinigenden Eigenschaft durch die hohe Energieschwingung. Sie stellt den energetischen Ausgleich der Haut her und fördert das Wohlbefinden.

Lotus-Hautcreme
Die Creme stellt den energetischen Ausgleich der Haut her und trägt durch ihre entspannende Wirkung zur Harmonie der Haut bei.

RQ7-Erste-Hilfe-Creme
Diese wohltuende Creme wird mit sieben verschiedenen Blüten- Energie-Essenzen hergestellt. Tragen Sie sie in akuten Notfällen wie z.B. bei Schock oder Prellungen auf die Haut auf. Als energetisches Stimulans hilft sie auch bei großer Müdigkeit.

Venus-Orchid-Hautcreme
Benutzen Sie diese Creme täglich für Gesicht und Körper. Durch ihre tiefenentspannende Wirkung stimuliert sie die Sanftheit unseres Wesens und fördert eine zarte Haut.

Fleischfressende Pflanzen

1. Alpenfettkraut (Pinguicula alpina)
Reinigung der verschiedenen energetischen Ebenen, dient der Ausleitung von emotionalen Giften.

2. Sonnentau (Drossea filiformis)
sie verhilft zu einem tiefen Verständnis von Karmabefreiung. Die Essenz bringt uns alte Erfahrungen ins Bewußtsein, die wir dann mit Liebe und Verständnis auflösen können.

3. Venus Fliegen Falle (Dionaea muscipula)
wenn wir uns in Situationen gefangen fühlen, aus denen wir keinen Ausweg mehr sehen, hilft uns die Essenz mehr Abstand zu entwickeln und die Relativität der Umstände zu erkennen.

Europäische Orchideen

1. Breitblättrige Stendelwurz (Epipactis helleborine)
hilft, tief in uns hineinzutauchen, um innere Aspekte nach außen zu bringen und diese in Liebe anzunehmen. Sie erleichtert den Zugang zu unserem Unterbewußtsein.

2. Männliches Knabenkraut (Orchis mascula)
durch feste Verankerung in den Füßen sind wir frei, mit dem Kopf in geistige Höhen aufzusteigen. Die Essenz unterstützt Astralreisen, sorgt aber dafür, daß wir dabei nicht »abheben«.

3. Grünliche Waldhyazinthe (Platanthera chlorantha)
bringt geistige Klarheit und hilft uns zu erkennen, was für uns richtig ist. Sie unterstützt uns auf diese Weise bei Entscheidungsprozessen aller Art.

4. Rotes Waldvögelchen (Cephalanthera rubra)
hilft bei Problemen, sich auf ein Ziel hin zu fokalisieren. Sie schafft geistige Struktur und stärkt unsere Konzentration.

5. Vogelnestwurz (Neottia nidus-avis)
unsere unterdrückten Gefühle werden uns bewußt und dabei liebevoll transformiert. Nimmt die Angst vor einem falschen Umgang mit unseren Emotionen.

Orchideen-Essenzen
aus dem Amazonasgebiet

Wir empfehlen Ihnen , diese Essenzen vor Anwendung immer auszutesten, weil ihre Schwingungen sehr hoch sind.

1. Aggression-Orchid (Acineta superba)
befreit Blockaden in den unteren Chakren und transformiert sie. Die Basisenergie wird freigesetzt und Aggressionen erlöst. Dadurch steht uns unsere Vitalkraft positiv zur Verfügung. Insbesondere diese Essenz sollte bewußt und vorsichtig eingesetzt werden.

2. Amazonas (Flußpräparat)
wir entwickeln durch diese Essenz ein Verständnis für die Erde Sie unterstützt uns, Blockaden aufzulösen und hat sich bei energetischen Rückenverspannungen bewährt. Die Essenz hilft uns, wieder in Fluß zu kommen.

3. Angel-Orchid (Epidendrum secundum)
öffnet uns für das Bewußtsein und die Kommunikation mit höheren Energieebenen. Die Essenz macht uns leicht und frei, dabei fühlen wir uns trotzdem geborgen.

4. Angel-of-Protection-Orchid (Miltonia phalaenopsis)
für feine, sensible Menschen, die sich in der rauhen Umwelt allerlei Feindseligkeiten ausgesetzt fühlen und die dringend einen Schutzschirm um sich herum benötigen. Diese Essenz verbessert die Kommunikation mit unseren Schutzengeln.

5. Channeling-Orchid (Oncidium incurvum)
hilft uns direkt mit dem höheren Bewußtsein in Kontakt zu treten und besser in uns hinein hören zu können. Sie erleichtert den Zugang zu geistigen Ebenen.

6. Chocolate-Orchid (Stanhorpea wardii)
für Menschen, die sich dem Lebensgenuß öffnen möchten. Wir dürfen erkennen, daß das Leben ein Weg der Freude ist. Die Essenz befreit von geistigen Einengungen.

7. Colour-Orchid (Oncidium lanceanum)
hilft uns zu erkennen, daß unsere Gedanken die Farbigkeit des Lebens bestimmen. Dualität macht das Leben erst interessant: die Essenz erleichtert eine positive Lebenseinstellung.

8. Coordination-Orchid (Cymbidium lowianum)
hilft uns, mit unserem Zellbewusstsein auf physischer Ebene ganz bewußt umzugehen und unsere Selbstheilungskräfte zu stimulieren.

9. Deva-Orchid (Epidendrum prismatocarpum)
erleichtert uns den Kontakt mit den feinstofflichen Ebenen der Pflanzenwelt. Unterstützt und fördert der Kraftfluß zwischen Natur und Mensch. Die Essenz bringt uns den Zugang zur Kommunikation mit dem Pflanzenreich.

10. Füllhorn-Cattleya (Cattleya warscewiczii)
wir lernen, wie ein »Füllhorn« zu werden: zu geben und zu empfangen. Wir erfahren die All-Liebe des Universums und daß es keine Begrenzungen gibt.

11. Fun-Orchid (Vanda tricolor)
steigert unseren Humor und unsere Lebensfreude. Die Essenz hilft uns, uns selbst und unsere Situation von außen zu betrachten und darüber lachen zu können.

12. Heart-Orchid (Laeliocattleya Hybr.)
fördert den Ausgleich zwischen der Kraft des Solarplexus und Herzensqualitäten. Sie harmonisiert und unterstützt das Herzchakra.

13. Higher-Self-Orchid (Laeliocattleya anceps clara)
wir lernen, auf unsere innere Stimme zu hören und diese besser zu befolgen. Die Essenz erleichtert den Zugang zum eigenen höheren Selbst.

14. Inspiration-Orchid (Cattleya trianae)
gibt uns Inspiration für unser Schaffen. Wir verbinden uns mit unserer Schöpferkraft auf der geistigen Ebene und manifestieren dieses Potential in unserem Tun.

15. Love-Orchid (Oncidium abortivum)
hilft uns, die Energie der Liebe durch uns fliessen zu lassen. Diese Essenz öffnet unser Herzzentrum weit und läßt die reine Liebesenergie hindurchströmen. Sie unterstützt energetische Therapien.

16. Past-Life-Orchid (Paphiopedilum harrysianum)
bringt uns mit dem tiefen Wissen in uns in Kontakt; dem Raum in uns, in dem alle Erinnerungen gespeichert sind. Die Essenz ermöglicht uns dadurch, die Ursachen vieler Probleme leichter zu erkennen.

17. Psyche-Orchid (Paphiopedilum insigne)
hilft uns, tief in unser Inneres – in unser Unterbewußtsein – einzusehen, um Antworten auf die Fragen unseres Lebens zu finden. Die Essenz unterstützt uns dabei, unsere Lebensaufgabe zu erkennen.

18. Sun-Orchid (Epidendrum chioneum)
verbindet unseren Solarplexus mit einer höheren Ebene. Wir lernen nicht nur aus unserem Bedürfnis heraus zu handeln, sondern auch das Ganze zu sehen.

19. Venus-Orchid (Anguloa clowesii)
stimuliert den rezeptiven Teil , – das Yin – in uns. Eigenschaften wie Zuhören, Verständnis, Sanftheit und Liebe werden von dieser Essenz gefördert. Diese Essenz gibt es auch als Creme für die Haut.

20. Victoria Regia (Victoria amazonica)
birgt eine starke Energie für Transformationsprozesse in sich. Die Energie steigt vom Basischakra auf. Die Essenz unterstützt auch das Loslassen im Sterbeprozess.

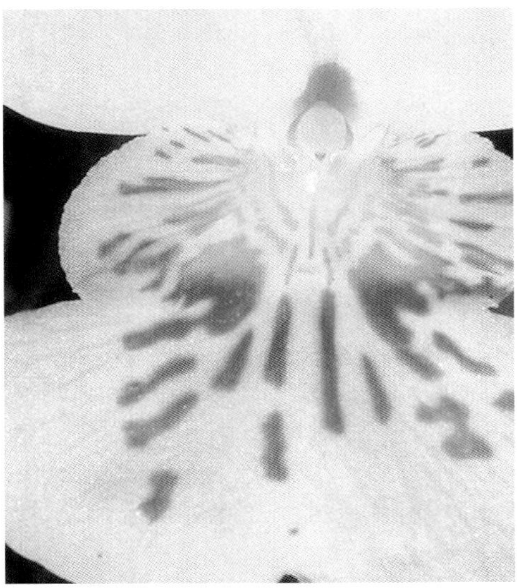

Meeresessenzen

Bei der Herstellung der Essenzen werden die frei lebenden Tiere in keinster Weise beeinträchtigt oder verletzt.
Die Tiere möchten von uns verstanden, respektiert und geschützt werden.

1. Algenessenz (Caulerpa racemosa)
wirkt stark regenerierend und energetisierend. Lebensinformationen werden miteinander verknüpft. Selbstheilungsprozesse werden stimuliert.

2. Delph® (Tursiops truncatus)
es ist eine sehr hochschwingende Energie, die auf all unsere Chakren gleichzeitig harmonisierend und reinigend wirkt. Die Botschaft der Delphine ist die Botschaft der all-umfassenden Liebe.

3. Krebs (Grapsus grapsus)
hilft Menschen sich mehr zu öffnen. Sie hilft uns aber auch erkennen, wann wirkliche Gefahr auf uns lauert, wann wir uns zurückziehen sollten.

4. Portugiesische Galeere (Physalia physalis)
verschafft Leichtigkeit und Klärung in zwischenmenschlischen Beziehungen. Wenn Beziehungen stark belastet sind.

5. Schleimfisch (Blenius sanguinolentus)
hilft, Spannungen loszulassen, die durch ungelebte Gefühle entstanden sind. Sie hilft, sich dem Fluß des Lebens hinzugeben und genießen zu können.

6. Seeanemone (Stichodactyla mertensii)
sie stärkt das Gruppenbewußtsein und den Zusammenhalt in einer Gruppe. Sie hilft zu unterscheiden, was zusammengehört und was nicht.

7. Seeigel (Echinotrix diadema)
hilft uns, den rechten Platz in Partnerschaften und anderen zwischenmenschlichen Beziehungen zu finden. Sie hilft uns das richtige Lot zu finden zwischen Nähe und Distanz.

8. Seeschnecke (Aplysia dactylomela)
wir lernen, auf den permanenten Schutz den wir haben, besser zu vertrauen und uns so sicherer zu fühlen.

9. Seestern (Asterias rubens)
wir entwickeln ein feineres Bewußtsein für zwischenmenschliche Beziehungen. Soziale Kontaktaufnahme und Kommunikation werden gefördert.

10. Wal (Globicephala melas)
Die Wale sind die Hüter des Wissens. Sie sind sehr ernst, aber väterlich liebevoll. Die Essenz wirkt auf unser Herzchakra weit öffnend. Unser Bewußtsein verbindet sich mit der tiefen Erfahrung von „Allem-was-ist“. Wir werden an unsere Hüterrolle für den Planeten erinnert und erkennen unsere Aufgabe.

Delph®

Delph-Anhänger

aus Glas mundgeblasen. Wir können die Delphinessenz so direkt auf dem Herzchakra tragen. Der Anhänger wirkt sehr harmonisierend und herzöffnend. Er hängt an einem individuell verstellbaren Lederband.

Wal-Anhänger

aus blauem Glas. Er wirkt stark energetisch aktivierend und herz-öffnend. Wir verbinden uns mit «Allem was ist» und nehmen das Leben bewusster wahr.

Rosaroter Amazonasdelphin-Anhänger

hilft uns das Wesentliche zu erfassen und mit dem Herzen zu sehen. Sie verbindet unser Herz mit der Natur und verbindet uns mit der tiefen Weisheit in uns, die uns lehrt, dass wir mit allem verbunden sind. Die Essenz hilft uns, den Weg der Liebe in unserem Leben mit Freude zu gehen und betont mehr den weiblichen Aspekt.

Paradise-Anhänger (Kornkreisanhänger Diessenhofen, CH 2008)

Die Formation hat eine starke positive, lebensstärkende Kraft. Sie wirkt auf sämtliche Chakren und Drüsen. Positive Gedanken werden verstärkt, die Lebensfreude gesteigert und das Immunsystem unterstützt. Sie hilft Menschen in schwierigen Situationen, sich auf das Positive zu besinnen, sich mit Gott zu verbinden.

Heart-Anhänger (Kornkreisanhänger West Kennet, UK (2000)

Diese herzförmige Formation entspricht der Venusenergie. Die Essenz möchte uns an die Freude des Herzens erinnern, an die Herzqualitäten. Wir lernen, dass alle Evolution und jegliche Heilung durch unser Herz geschieht. Tragen Sie den Anhänger auf dem Herzchakra.

Europäische Tieressenzen

Bei der Herstellung der Essenzen werden die frei lebenden Tiere in keinster Weise beeinträchtigt oder verletzt. Die Tiere möchten von uns verstanden, respektiert und geschützt werden.

1. Bär (Ursus arctos)
vermittelt Kraft und Güte. Sie fördert die Kommunikation und die Zärtlichkeit und bereichert sie. Sie verstärkt die Gedanken von Kraft und Güte.

2. Feuersalamander (Salamandra maculosa)
erinnert uns liebevoll an unsere Vergangenheit und hilft uns, diese zu integrieren.

3. Frosch (Rana eculenta)
hilft beim Ausdrücken tiefsitzender Gefühle. Sie hilft uns, uns innerlich zu befreien und fördert damit unsere Entwicklung nach vorne. Sie fördert das Erkennen der eigenen Gefühle.

4. Hase (Lepus europaeus)
steigert das Einfühlungs- und Wahrnehmungsvermögen, speziell das Hören. Sie führt zu einer feineren und sensibleren Wahrnehmung der gesamten Umwelt.

5. Libelle (Odonata)
wenn wir uns wie im trüben Wasser fühlen, nicht richtig wissen was wir wollen. hilft uns die Essenz ganz klar zu spüren und zu erkennen, was im Moment wichtig für uns ist.

6. Taubenschwänzchen (Macroglossum stellatarum)
schenkt Unterstützung, den für uns richtigen Weg zu gehen, gibt Frische und befreit aus starren Situationen. Die Essenz wühlt starre Muster auf.

7. Pfau (Argusianus argus)
ist für Menschen, die sich selbst nicht so annehmen möchten wie sie sind. Sie schenkt mehr innere Freude und Achtung vor sich selbst und fördert ein Gefühl für Aufrichtigkeit und Würde.

8. Pferd (Equidae)
verbindet mit dem Gefühl der Weite und der Schönheit der Natur. Sie vermittelt Flexibilität und Beweglichkeit.

9. Reh (Careolus capreolus)
gibt Bescheidenheit und Demut. Sie hilft loszulassen und Vertrauen zu entwickeln.

10. Rind (Bos primigenius f. tauraus)
schafft Verbindung zwischen Mensch und Tier. Aspekte wie friedvolles Miteinander und Vertrauen werden gestärkt.

11. Schaf (Ovis ammon f. aries)
hilft mehr Mitgefühl zu entwickeln. Wenn sie zu sehr auf unser Ziel hin fixiert sind.

12. Schmetterling (Roter Fuchs, Lepidoptera)
unterstützt in schwierigen Situationen. Sie ist die Essenz der Transformation und der Leichtigkeit, befreit die Seele und hilft uns, innere Seelenpotentiale zu erkennen.

13. Schwan (Cygnus olor)
hilft uns von Ängsten und Zwängen zu befreien, indem sie uns die Schönheit und ein Leben in Harmonie widerspiegelt.

14. Seehund (Photo vitulina)
bringt uns Verständnis für die spielerische Leichtigkeit. Wir lernen, durchs Leben zu gleiten, Fröhlichkeit und Lebensfreude in unser Leben zu bringen.

15. Spinne (Araneus diadematus)
hilft, Gefühle in der Gruppe/Familie besser wahrzunehmen, loslassen zu können, zum bedingungslosen Miteinander in gegenseitigem Respekt.

16. Steinbock (Carpa ibex)
hilft, mehr Herzenswärme zu entwickeln. mit materiellen Dingen spielerisch umzugehen. Sie ist gut für die Entwicklung von mehr Sanftmut und Zärtlichkeit, für mehr Freude und Toleranz.

17. Storch (Ciconia ciconia)
für gestreßte Menschen; sie zentriert uns und hilft uns, mehr Ruhe zu entwickeln und unser inneres Kinde zu aktivieren und wieder die Freude zu entwickeln.

18. Uhu (Bubo bubo)
hilft uns, unseren Sinn zu stärken und besser zu unterscheiden, was für uns gut und richtig ist und was nicht; gut für die geistige Reinigung.

19. Bisent (Bison bonasus)
birgt eine große Weisheit in sich; sie hilft uns, aus unseren Erfahrungen zu lernen und Schlüsse für unser zukünftiges Leben daraus zu ziehen.

20. Wolf (Canis lupus)
schärft die Wahrnehmung unserer Sinne und unsere Aufmerksamkeit. Sie stärkt unser Gruppenbewußtsein und unsere Dynamik.

Afikanische Tieressenzen

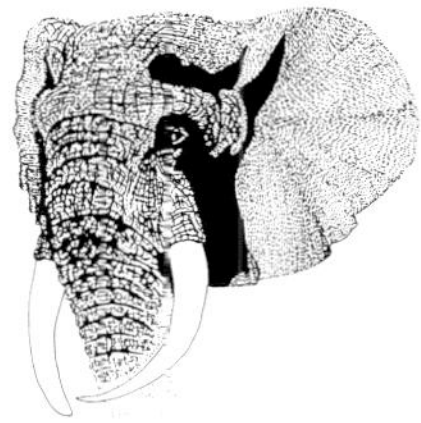

1. Affe (Ceropithecus aethiops)
hilft uns besser zu konzentrieren, in Gruppen zu integrieren und so Verhaltensregeln zu lernen.

2. Elefant (Loxodonta africana)
hilft sensiblen Personen, die oft überempfindlich auf ihre Umwelt reagieren, sich besser abzugrenzen und schützen zu können. Sie hilft, sich eine „dicke Haut" zulegen zu können.

3. Flusspferd (Hippopotamus amphibius)
gibt Zufriedenheit in sich selbst. Sie ist gut für den inneren Frieden. Sie hilft, sich in dem Gefühl zu aalen, mit sich selbst im Reinen zu sein.

4. Gnu (Connochaetes gnou)
hilft uns, unsere Grenzen zu finden. Sie stärkt die Fähigkeit, uns durchsetzen zu können. Sie gibt Zivilcourage und Mut, unser wahres Potential zu erfahren und zu entwickeln.

5. Leopard (Panthera pardus)
Schnelligkeit, Eleganz und Geschicklichkeit wird gefördert. Wir lernen, unsere Kräfte da einzusetzen, wo es sich lohnt. Wir lernen Vorsicht und Rücksicht.

6. Löwe (Panthera leo)
gibt Selbstsicherheit und Selbstvertrauen. Sie hilft, in sich selbst ruhen und das Leben genießen zu können. Man sieht sich im Mittelpunkt der Aufmerksamkeit.

7. Nashorn (Ceratotherium simum)
verkörpert das archaische Prinzip der Yang-Energie. Sie hilft, sich durchzusetzen zu können, stärkt unsere Willenskraft und unser Durchsetzungsvermögen.

8. Strauß (Struthius camelus)
ist für Menschen, die immer die Tendenz haben, Dinge nicht direkt zu tun. Sie hilft denen, die Schwierigkeiten aus dem Weg gehen, die eher zur Flucht und zum Ausweichen neigen, als den Problemen direkt ins Auge zu sehen.

9. Weißkopfseeadler (Haliaeëtus leucocephalus)
schafft geistige Klarheit, stärkt die Weitsicht der Dinge, lässt uns Flexibilität und Schnelligkeit erfahren. Sie schenkt uns ein Verständnis die Dinge aus einem größeren Blickwinkel heraus zu betrachten.

10. Schlange (Dendroaspis)
hilft energetisch bei Hautproblemen und unsere Selbstheilungskräfte anzuregen, fördert die Harmonie in emotional vergifteten Situationen.

11. ALLIGATOR (Crocodylus Acutus)
Wenn uns alte Traditionen und Muster nicht mehr entsprechen, macht uns diese Essenz bewußt, wie wir uns davon befreien können, um uns innerlich weiterentwickeln zu können. Hilft energetisch bei Zahnproblemen, Zähneknirschen.

12. SCHILDKRÖTE (Lepdochelys olivacea)
Die Essenz der Schildkröte dient zur Stressbewältigung und hilft Ihnen, sich eine harte Schale zuzulegen und den Stress nicht an sich rankommen zu lassen. Sie behalten Ihre innere Ruhe um aus der inneren Kraft zu agieren anstatt auf den Stress zu reagieren. Wir lernen, daß wir auch mit der inneren Ruhe argumentieren können.

13. Tiger (Panthera tigris)
Die Essenz schenkt Kraft und Vitalität. Sie hilft aufgetragen im Schulterbereich, Spannungen und Verstauungen in diesem Bereich energetisch zu lösen.

14. Ameise (Formicidae)
Die Essenz hilft, das Säure-Basen-Gleichgewicht in Körper energetisch auszugleichen. Die Essenz hilft auch bei Ablagerungen in den Gelenken, diese energetisch zu unterstützen.

15. Amazonas-Seekuh (Trichechus inunguis)
Die Essenz schenkt Ruhe, Vertrauen und Gelassenheit. Eher für gestresste Menschen, um innerlich wieder zu einem Punkt der Ruhe zu gelangen.

16. Biene (Apis mellifera Linnaeus)
Für die Lebensfreude, und hilft auch energetisch für die Assimilation für den Zuckerhaushaltsausgleich im Körper.

T1 – Antistrahlen-Essenz
hilft bei Erdstrahlenbelastung, nach Röntgenbestrahlung und Elektrosmog.
Wie Messungen mit Geigenzählern zeigen, kann T1 Radioaktivität absorbieren.
Anwendungsmöglichkeit:
Die geschlossene Flasche kann im Sitzen zwischen die Füße gestellt werden (Schuhe zuvor ausziehen), so dass wir die Flasche leicht berühren. In die rechte oder linke Hand nehmen wir eine Delph-Essenz und halten sie über den Kopf. Dann streifen wir mit der Flasche von oben nach unten durch unsere Aura bis zu den Füssen. Vergessen Sie bitte nicht, nach Beendigung der Behandlung die Flasche zu reinigen (Licht/Gedanken etc). – T1 danach separat aufbewahren.

Teide – Vulkanessenz
Sie bringt unser Bewusstsein und Wahrnehmung tief auf die Zellebene hinab. Wir erfahren unser Bewusstsein bis in die kleinsten Strukturen hinein. Sie bringt die Erfahrung von Makro- und Mikrokosmos.

Cheops-Pyramide für die Erdung / starke Schutzessenz
Chichenitza Pyramidenessenz - Pyramide in Mexico zur Erdung und Schutz
Güímar Pyramidenessenz - Pyramiden von Teneriffa, Kanarische Inseln, Schutz

Planetenessenzen

1. Jupiter
hilft uns, den Umgang mit der Macht zu erlernen und sie zu verstehen. Außerdem unterstützt uns diese Essenz dabei, Geld als eine Energieform zu erkennen und bewußt damit umzugehen. Desweiteren fördert sie unsere Fähigkeit, eine Verbindung zwischen den beiden Aspekten Macht und Freude herzustellen.

2. Luna (Mond)
ist die Essenz der mystischen Weiblichkeit, des Mutterprinzipes. Sie hilft uns, die göttliche Gnade der Mutterschaft zu erkennen. Sie fördert unsere intuitiven Kräfte. Auch führt sie uns in den normalen Biorhythmus zurück.

3. Mars
fördert unsere Lebensenergie und Kraft. Diese Essenz hilft, uns für den Kampf um das Licht einzusetzten und unterstützt unsere Willenskraft, in den entscheidenden Momenten auch ein Nein aussprechen zu können. Sie hilft, den Sinn von Kampf zu verstehen.

4. Merkur
hilft uns, die kosmische Wahrheit zu erkennen und über die persönliche Wahrheit zu stellen. Auch unterstützt diese Essenz unsere Kommunikations- und Lernfähigkeit, z.B. vor Prüfungen.

5. Neptun
Sanft und träumerisch unterstützt diese Essenz unsere innere Harmonie und bringt unsere Lebensenergie ins Fließen, dabei spült sie sanft Energieblockaden weg.

6. Pluto
hilft uns, unsere Gefühle die aus dem Mystischen, Unbewußten kommen, zu erkennen und zu integrieren. Diese Essenz verhilft zu einem besseren Verständnis für Themen wie z.B. Leben und Tod und unterstützt stark materiell orientierte Menschen dabei, ihre Materiegebundenheit behutsam loszulassen.

7. Saturn
wirkt befreiend und verhilft zu einem tiefen Verständnis der Wirkungsweise des Karmas. Wir lernen, uns des Karmas bewußt zu werden, und es durch Verständnis und Liebe aufzulösen, um so bwußt im Hier und Jetzt zu leben.

8. Sonne
entspricht dem Männlichen, dem Vater-Prinzip. Die Essenz unterstützt die geistige Klarheit und verbindet uns mit dem Ursprung, mit Gott.

9. Uranus

verbindet uns mit dem Urprinzip. Diese Essenz hilft uns, die Verbundenheit allen Seins zu erkennen.

10. Venus

entspricht dem weiblichen Prinzip. Diese Essenz hilft, unsere weibliche Seite zu erkennen und auszugleichen und unsere innere Schönheit auch nach außen strahlen zu lassen.

Wissenschaftlicher Wirkungsnachweis der Essenzen

Im Rahmen der Blütenakademie forschen verschiedene Wissenschaftler und Ärtzte über die Bioinformation der Blütenessenzen. Wissenschaftliche Unterstützung für den Wirkungsnachweis der Essenzen haben wir u.a. von Dr. Garcia aus Genf mit den Optocrystallographischen Untersuchungen und von Günter Haffelder mit den EEG Untersuchungen.
Im Institut für Kommunikation und Gehirnforschung in Stuttgart konnte Herr Haffelder und seine wissenschaftlichen Mitarbeiter nachweisen, wie sich die unterschiedlichen Frequenzbereiche (Alpha, Beta, Theta und Deltawellen) durch Essenzen verändern.

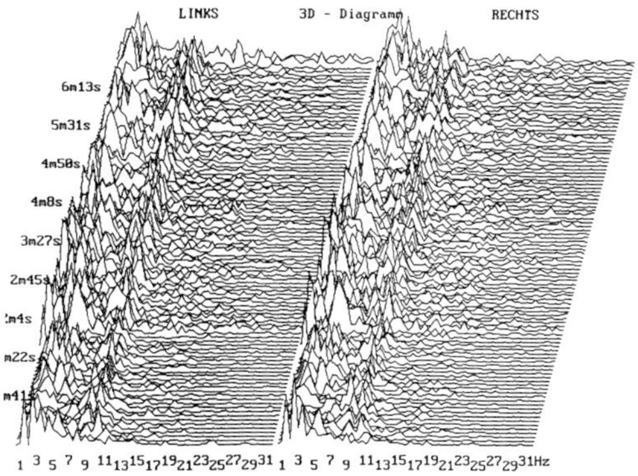

Grundmessung

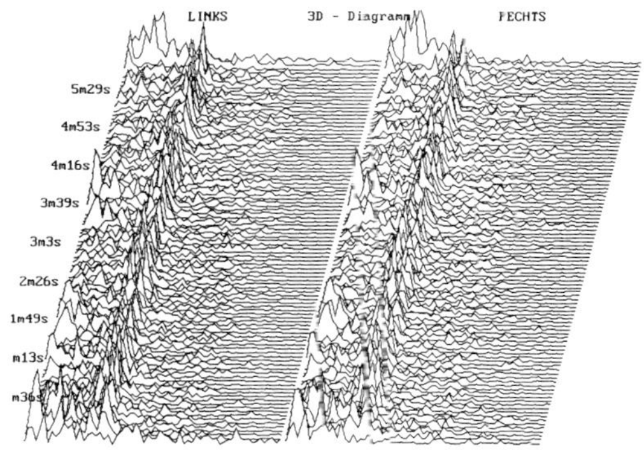

Messung mit Delph®

Der Wirkungsnachweis der Delph-Essenz in der Gehirnaktivität

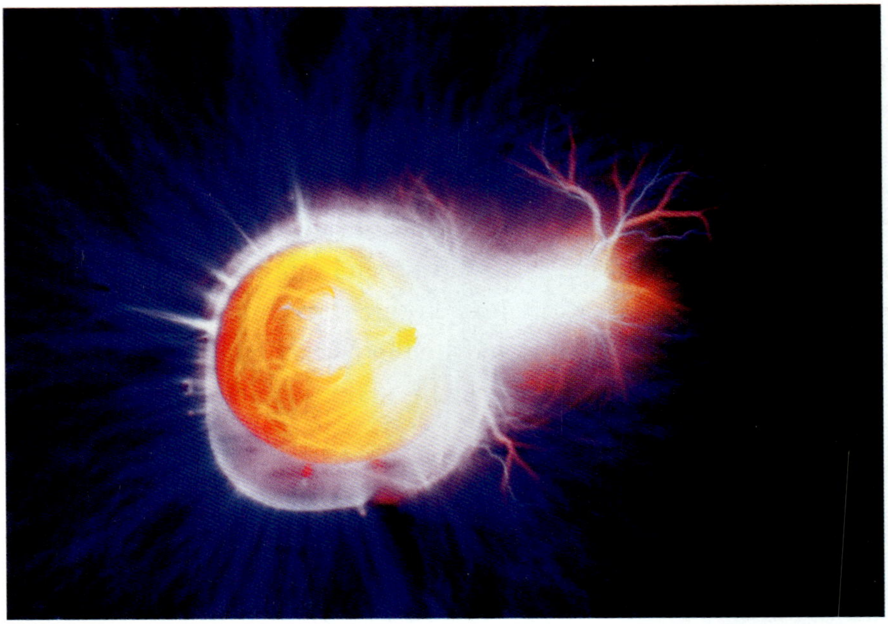

Aggression Orchid (Acineta superba) – Kirlian photo

MOTHER EARTH ESSENCES™

PHI ESSENCES BV

Rijksweg Zuid 1

NL 5951 AM Belfeld

Tel. +31-77-475 42 52 • Fax +31-77-475 41 31

E-Mail: info@PHIessences.com

Internet: www.PHIessences.com